社會醫療保險

附中國案例

陳滔 編著

財經錢線

前　言

　　社會醫療保險既是社會保障體系的重要組成部分，也深刻影響著醫療衛生體制的改革和走向。因此，社會醫療保險制度建設和改革不僅是中國經濟發展和社會建設中的熱點，也是社會各界廣泛關注的焦點。在當前的時代背景下，廣大人民群眾對健康生活的美好向往導致對健康保障需求不斷提升，這對中國社會醫療保障體系建設提出了更高的要求。社會醫療保險相關專業教育和人才培養也越來越受到高校和各類實踐部門的重視。雖然近年來中國社會醫療保險領域的改革實踐取得了驕人的成績，針對社會醫療保險的理論研究也取得了較為豐碩的成果，但涉及社會醫療保險的專業教材卻不多。為適應未來社會醫療保障體系建設的要求，特別是新時代社會醫療保險專業人才培養的具體需要，我們在多年社會醫療保險課程教學的基礎上完成了本教材的編寫。

　　本書立足於社會醫療保險制度改革與發展的具體需要，廣泛吸收國內外社會醫療保險領域的理論與實踐成果，力圖幫助讀者建立較為完整的社會醫療保險理論框架、深入的基礎知識要點和思考及分析上述專業問題的基本思路。本書不僅全面系統地介紹了社會醫療保險的基本理論、基本知識和基本方法，還對國內外醫療保險制度改革實踐及最新發展動態進行了闡釋與解讀。全書主要內容包括社會醫療保險的概念原理，健康保障模式，醫療保險基金，醫療保險的費用支付與控制，社會醫療保險改革，社會醫療保險的管理、監督和評估評價等內容。為幫助學生更深入地理解各章節內容，啓發學生思維和提高解決問題的能力，我們還精心選取了若干與各章節內容有關的補充閱讀資料。本書可供高校勞動與社會保障及醫療保險專業的大學生、研究生作為教材使用，亦可作為其他相關專業的教材及參考書。

　　本書由陳滔教授、葉小蘭副教授及珠方輝軍主任共同主編。研究生余芳、李平、朱莉、聶淇竹、楊入一、馬乾驍等也參與了相關章節的編寫工作，在此，對參與過本書編寫及出版的老師和同學一併致以誠摯的謝意。對於本教材中存在的錯誤及不足之處，懇請讀者和同仁批評指正並提出寶貴意見，以期不斷修改完善。

目 錄

第一章　緒論 ……………………………………………………………（1）
　【內容提要】 …………………………………………………………（1）
　第一節　健康風險與健康維護 ………………………………………（1）
　　一、疾病與健康 ……………………………………………………（1）
　　二、健康維護 ………………………………………………………（4）
　第二節　社會醫療保險概述 …………………………………………（6）
　　一、社會醫療保險的概念與內涵 …………………………………（6）
　　二、社會醫療保險的基本原則 ……………………………………（8）
　　三、社會醫療保險的意義和作用 …………………………………（11）
　第三節、社會醫療保險系統 …………………………………………（13）
　　一、社會醫療保險系統的組成 ……………………………………（13）
　　二、社會醫療保險系統中各方之間的關係 ………………………（13）
　　三、醫療保險系統與其他系統的關係 ……………………………（14）
　【本章思考題：重點及難點】 ………………………………………（15）
　補充閱讀材料一：世界衛生組織對健康的定義 ……………………（15）
　補充閱讀材料二：社會醫學模式的發展 ……………………………（17）

第二章　社會醫療保險制度的產生與發展 …………………………（20）
　【內容提要】 …………………………………………………………（20）
　第一節　社會醫療保險制度的起源和產生條件 ……………………（20）
　　一、社會醫療保險制度的起源 ……………………………………（20）
　　二、社會醫療保險制度產生的基礎 ………………………………（21）
　第二節　發達國家的醫療保險制度發展路徑 ………………………（22）
　　一、萌芽時期 ………………………………………………………（23）
　　二、建立時期 ………………………………………………………（23）
　　三、發展時期 ………………………………………………………（24）

四、改革時期⋯⋯⋯⋯⋯⋯⋯⋯⋯⋯⋯⋯⋯⋯⋯⋯⋯⋯⋯⋯⋯⋯⋯⋯⋯（25）
　第三節　發展中國家醫療保險制度的發展路徑⋯⋯⋯⋯⋯⋯⋯⋯⋯⋯⋯（26）
　　一、發展中國家醫療保險制度發展歷程⋯⋯⋯⋯⋯⋯⋯⋯⋯⋯⋯⋯⋯（27）
　　二、對發展中國家醫療保險制度的評價⋯⋯⋯⋯⋯⋯⋯⋯⋯⋯⋯⋯⋯（28）
　　三、發展中國家醫療保險制度的發展趨勢⋯⋯⋯⋯⋯⋯⋯⋯⋯⋯⋯⋯（29）
　【本章思考題：重點及難點】⋯⋯⋯⋯⋯⋯⋯⋯⋯⋯⋯⋯⋯⋯⋯⋯⋯⋯（31）
　補充閱讀一：奧巴馬醫改⋯⋯⋯⋯⋯⋯⋯⋯⋯⋯⋯⋯⋯⋯⋯⋯⋯⋯⋯⋯（31）
　補充閱讀二：醫養結合背景下的長期照護保險⋯⋯⋯⋯⋯⋯⋯⋯⋯⋯⋯（33）

第三章　醫療保障模式⋯⋯⋯⋯⋯⋯⋯⋯⋯⋯⋯⋯⋯⋯⋯⋯⋯⋯⋯⋯（36）

　【內容提要】⋯⋯⋯⋯⋯⋯⋯⋯⋯⋯⋯⋯⋯⋯⋯⋯⋯⋯⋯⋯⋯⋯⋯⋯⋯（36）
　第一節　國家醫療保障模式⋯⋯⋯⋯⋯⋯⋯⋯⋯⋯⋯⋯⋯⋯⋯⋯⋯⋯⋯（37）
　　一、國家醫療保障模式簡介及其代表國家⋯⋯⋯⋯⋯⋯⋯⋯⋯⋯⋯⋯（37）
　　二、國家醫療保障模式特點⋯⋯⋯⋯⋯⋯⋯⋯⋯⋯⋯⋯⋯⋯⋯⋯⋯⋯（42）
　　三、國家醫療保障模式的優缺點⋯⋯⋯⋯⋯⋯⋯⋯⋯⋯⋯⋯⋯⋯⋯⋯（42）
　第二節　社會醫療保險模式⋯⋯⋯⋯⋯⋯⋯⋯⋯⋯⋯⋯⋯⋯⋯⋯⋯⋯⋯（43）
　　一、社會醫療保險模式簡介及其代表國家⋯⋯⋯⋯⋯⋯⋯⋯⋯⋯⋯⋯（43）
　　二、社會醫療保險模式特點⋯⋯⋯⋯⋯⋯⋯⋯⋯⋯⋯⋯⋯⋯⋯⋯⋯⋯（49）
　　三、社會醫療保險模式的優缺點⋯⋯⋯⋯⋯⋯⋯⋯⋯⋯⋯⋯⋯⋯⋯⋯（50）
　第三節　私營醫療保險模式⋯⋯⋯⋯⋯⋯⋯⋯⋯⋯⋯⋯⋯⋯⋯⋯⋯⋯⋯（51）
　　一、私營醫療保險模式簡介及其代表國家⋯⋯⋯⋯⋯⋯⋯⋯⋯⋯⋯⋯（51）
　　二、私營醫療保險模式特點⋯⋯⋯⋯⋯⋯⋯⋯⋯⋯⋯⋯⋯⋯⋯⋯⋯⋯（58）
　　三、私營醫療保險模式的優缺點⋯⋯⋯⋯⋯⋯⋯⋯⋯⋯⋯⋯⋯⋯⋯⋯（59）
　第四節　醫療儲蓄模式⋯⋯⋯⋯⋯⋯⋯⋯⋯⋯⋯⋯⋯⋯⋯⋯⋯⋯⋯⋯⋯（60）
　　一、醫療儲蓄模式簡介及其代表國家⋯⋯⋯⋯⋯⋯⋯⋯⋯⋯⋯⋯⋯⋯（60）
　　二、醫療儲蓄模式的特點⋯⋯⋯⋯⋯⋯⋯⋯⋯⋯⋯⋯⋯⋯⋯⋯⋯⋯⋯（64）
　　三、醫療儲蓄模式的優缺點⋯⋯⋯⋯⋯⋯⋯⋯⋯⋯⋯⋯⋯⋯⋯⋯⋯⋯（64）
　【本章思考題：重點及難點】⋯⋯⋯⋯⋯⋯⋯⋯⋯⋯⋯⋯⋯⋯⋯⋯⋯⋯（65）
　補充閱讀一：社區醫療保險模式⋯⋯⋯⋯⋯⋯⋯⋯⋯⋯⋯⋯⋯⋯⋯⋯⋯（65）
　補充閱讀二：貝弗里奇模式與俾斯麥模式的比較與啟示⋯⋯⋯⋯⋯⋯⋯（68）

第四章　社會醫療保險基金籌集 (70)
【內容提要】 (70)
第一節　社會醫療保險基金概述 (70)
一、社會醫療保險基金的基本概念 (70)
二、社會醫療保險基金的基本特性 (71)
三、社會醫療保險基金與其他基金的區別 (72)
四、社會醫療保險基金收入的決定因素 (73)
五、醫療保險費率 (74)
第二節　社會醫療保險基金的籌資渠道 (77)
一、企業繳納的保險費 (77)
二、參保者個人繳納的保險費 (77)
三、利息收入 (78)
四、調劑收入 (78)
五、財政補貼 (78)
六、其他收入 (78)
第三節　社會醫療保險基金的累積模式 (79)
一、現收現付制 (79)
二、完全累積制 (79)
三、部分累積制 (80)
第四節　社會醫療保險精算 (81)
一、社會醫療保險精算概述 (81)
二、社會醫療保險保險費的計算原理 (82)
三、社會醫療保險基金的精算內容 (83)
四、社會醫療保險基金精算案例 (84)

【本章思考題：重點及難點】 (86)
補充閱讀一：社會保險基金徵繳的「稅費之爭」 (86)
補充閱讀二：社會醫療保險的「個人帳戶取捨之爭」 (89)

第五章　社會醫療保險費用支付 ……………………………………（91）

【內容提要】 ……………………………………………………（91）

第一節　社會醫療保險費用支付概述 ……………………………（91）
　　一、社會醫療保險費用支付的概念 …………………………（91）
　　二、社會醫療保險的支付項目 ………………………………（92）
　　三、社會醫療保險費用支付的特點 …………………………（93）
　　四、社會醫療保險支付的分類 ………………………………（94）
　　五、社會醫療保險支付的作用 ………………………………（95）

第二節　社會醫療保險支付對醫療費用的控制 …………………（97）
　　一、醫療保險費用控制的意義 ………………………………（98）
　　二、社會醫療保險費用支付的審核與控制 …………………（99）
　　三、對需方的費用控制 ……………………………………（102）
　　四、對供方的費用控制 ……………………………………（105）

第三節　社會醫療保險支付模式 ………………………………（114）
　　一、集中統一支付模式 ……………………………………（115）
　　二、準統一支付模式 ………………………………………（116）
　　三、分散獨立的支付模式 …………………………………（116）

第四節　國外醫療保險支付制度的改革趨勢 …………………（116）
　　一、醫療保險支付制度的共同特點 ………………………（117）
　　二、醫療保險支付制度的發展趨勢 ………………………（117）

第五節　中國醫療保險支付方式改革的實踐 …………………（120）
　　一、中國社會醫療保險支付方式面臨的現狀 ……………（120）
　　二、當前中國社會醫療保險支付方式改革主要內容 ……（121）

【本章思考題：重點及難點】 …………………………………（123）

補充閱讀一：衛生總費用 ………………………………………（124）
補充閱讀二：醫保移動支付 ……………………………………（125）

第六章　社會醫療保險管理 …………………………………（127）

【內容提要】 …………………………………………………（127）

第一節　社會醫療保險運作管理 ………………………………（127）

4

一、社會醫療保險的行政管理 …………………………………（127）
　　二、社會醫療保險的業務管理 …………………………………（133）
　　三、社會醫療保險的財務管理 …………………………………（138）
　第二節　社會醫療保險信息管理系統 ……………………………（141）
　　一、社會醫療保險信息管理系統的定義和構成 ………………（141）
　　二、社會醫療保險信息管理系統的功能 ………………………（142）
　　三、建立醫療保險管理信息系統的重要性 ……………………（144）
　第三節　社會醫療保險委託經辦 …………………………………（145）
　　一、社會醫療保險委託經辦 ……………………………………（145）
　　二、委託經辦模式的現實價值 …………………………………（147）
　　三、健康管理 ……………………………………………………（148）
　【本章思考題：重點及難點】………………………………………（149）
　補充閱讀一：HMO 組織 ……………………………………………（150）
　補充閱讀二：中國醫療保險基金審計公報 ………………………（151）

第七章　社會醫療保險的法制與監督 …………………………（153）
　【內容提要】
　第一節　社會醫療保險的法律制度 ………………………………（153）
　　一、社會醫療保險法律制度的概念與特徵 ……………………（153）
　　二、社會醫療保險法律的功能作用 ……………………………（155）
　　三、社會醫療保險立法的條件 …………………………………（157）
　　四、社會醫療保險法律與相關法律的關係 ……………………（158）
　　五、社會醫療保險法律關係的構成 ……………………………（158）
　　六、社會醫療保險法律的具體內容 ……………………………（162）
　第二節　社會醫療保險監督 ………………………………………（165）
　　一、社會醫療保險監督的含義與功能 …………………………（165）
　　二、社會醫療保險監督的基本原則 ……………………………（166）
　　三、社會醫療保險監督的方式 …………………………………（168）
　　四、社會醫療保險監督的內容 …………………………………（169）
　【本章思考題：重點及難點】………………………………………（174）

補充閱讀一：《中華人民共和國社會保險法》……………………………（174）
補充閱讀二：社會醫療保險監督的典型案例 …………………………（185）

第八章　中國社會醫療保險改革與評價……………………………（187）

【內容提要】……………………………………………………………（187）

第一節　中國醫療保險的改革與實踐 ……………………………（187）

一、城鎮職工醫療保險的改革與發展 ………………………（187）

二、新型農村合作醫療制度 …………………………………（189）

三、城鎮居民基本醫療保險制度 ……………………………（192）

四、醫療救助制度 ……………………………………………（193）

五、補充醫療保險制度 ………………………………………（197）

六、國家醫療保障局 …………………………………………（198）

第二節　社會醫療保險評價 ………………………………………（200）

一、社會醫療保險評價的概念 ………………………………（200）

二、社會醫療保險評價的原則 ………………………………（200）

三、社會醫療保險評價的目標 ………………………………（201）

四、社會醫療保險評價的分類 ………………………………（204）

第三節　中國社會醫療保險系統評價與改革發展 ………………（206）

一、社會醫療保險系統評價概述 ……………………………（206）

二、中國社會醫療保險系統評價分析 ………………………（208）

三、中國醫療保險制度的發展趨勢 …………………………（210）

【本章思考題：重點及難點】…………………………………………（213）

補充閱讀一：全民健康覆蓋 …………………………………………（213）

補充閱讀二：普通門診統籌與大病保險制度評價實例 ……………（216）

參考文獻 ………………………………………………………………（223）

第一章　緒論

【內容提要】

◇掌握健康風險的概念、特徵及健康維護的措施。
◇熟悉社會醫療保險的概念、特徵、總體原則和作用。
◇瞭解社會醫療保險系統的構成、各要素之間的關係，以及政府在社會醫療保險系統中的職能和醫療保險系統與其他系統的關係。

古希臘哲學家赫拉克里特曾指出，如果沒有健康，智慧就難以實現，文化無從施展，力量不能戰鬥，財富變成廢物，知識無法利用。健康是人類永恆追求的主題，伴隨著社會的進步和文明的發展，人類追求更高的生活質量，對自身健康日益重視，同時，高昂的醫療費用使人們感到難以承受疾病或者意外傷害可能導致的沉重的經濟負擔。在面臨生活中的風險常見的處理方式中（迴避、自留、限定、降低和分散轉移等），針對健康風險的特點，最好的策略便是採取保險的方式來分散疾病風險。降低疾病風險需要個人和社會共同努力，需要衛生部門和社會勞動保障部門等多部門相互配合，共同建設完善的社會醫療保險體系，解決老百姓看病難題，提高健康水準。

第一節　健康風險與健康維護

一、疾病與健康

（一）健康與疾病的定義

健康（health）與疾病（disease）是一對矛盾的概念，任何一個人，從生命開始到生命結束，健康與疾病這兩種狀態都將伴隨其一生。戰勝疾病，保障健康，是人類從古至今的美好願望和努力奮鬥的目標。

什麼是健康？健康涉及個人和社會兩個方面，受到經濟狀況、教育水準、營養、自然環境、生活習慣、衛生服務和住房條件等多種因素的影響。對健康的概念也有傳統的和現代的兩種理解。傳統的健康觀念從生物醫學的角度進行定義，認為健康等於無病，無病等於健康。這種傳統的健康觀念，將人完全理解為一種生物人，這是一種消極的、狹隘的健康觀。隨著社會的進步，經濟、教育和醫學科學的發展，醫學的模式也在發生著變革，由生物學向「生理—心理—社會」三位一體的醫學模式轉變，對

人的理解，也不再局限於生物人，而是兼具自然屬性、社會屬性和心理屬性的統一體。人們對健康的認識也趨於全面，世界衛生組織（World Health Organization，WHO）在1948年將健康定義為：健康不僅僅是沒有疾病和不虛弱，而是指人的身體、心理和社會適應方面的完好狀態。此定義反應了科學積極的健康觀，身體的完好是首要的，心理的健全也非常重要，同時還要有良好的社會適應性，不能與社會格格不入。

那麼疾病又是怎樣定義的呢？從生理或生物學角度，疾病是一個醫學概念，它表明身體的某一部分或系統在功能和結構上的異常；從生態學角度看，疾病是人與生態之間的關係不適應和不協調的結果；從社會學觀點分析，疾病是個人偏離了正常的群體或行為的狀態；從保險學的角度看，疾病是一種人們不期望發生的非正常狀態或損失，它的發生存在不確定性，即疾病風險。

(二) 健康風險與疾病風險的概念

健康風險，直觀地講，就是影響人身健康的風險因素。但要全面理解這一概念，需對健康及其影響因素做具體分析。

影響健康的因素概括來講，包括三個方面：自然界方面、社會方面和人自身方面。這些都直接或間接地對人的健康造成一定影響。源自自然界方面的，主要指雷電、暴風、洪水、地震、海嘯、瘟疫等；源自社會方面的，主要指戰爭、殺戮、饑餓、貧窮以及在從事物質生產過程中的意外事故和傷害等；源自人自身方面的因素，主要指由於人的內因而引發的疾病以及由人身體生長規律而產生的生、老、病、死等現象。

於是我們可以這樣定義健康風險：健康風險是指在人的生命過程中，因自然、社會和人自身發展的諸多因素，導致人出現疾病、傷殘以及造成健康損失的可能性。這種可能性的發生，輕者使人生病、身心不適、不能正常參加工作；重者則使人傷殘、死亡或者完全喪失勞動能力，並可能帶來嚴重的經濟損失。這種威脅人的健康的可能性即是健康風險。

疾病風險，分為狹義和廣義兩個層次。狹義的疾病風險是指由於人體所患疾病帶來的經濟、生理、心理等損失的風險；廣義的疾病風險指除了疾病引起的風險外，生育以及意外傷害等方面所引起的風險，我們把廣義的疾病風險，也常稱之為健康風險。

在我們常用的概念術語中，疾病風險只是健康風險的一種。

(三) 健康風險 (或疾病風險) 的特徵

健康風險與其他風險一樣，具有風險事故的客觀性、普遍性、不確定性（不可預知性）、危害性、大量風險的可測性和發展性等共同點，但是與其他風險相比，健康風險也有其自身的特性。

1. 共性

(1) 疾病風險的客觀性：它是指疾病風險在一定程度上可以認識、管理和控制，但不能完全排除，並總是以其自身的規律而發生和存在。

(2) 疾病風險的危害性：疾病風險會給個人、家庭以及社會造成損失和傷害，包括對軀體、精神、經濟等諸多方面造成損害。

(3) 疾病風險的不確定性：根據自然規律，人體各種機能隨年齡的增長而衰退，

容易受各種不良因素影響而患病，人的一生中或大或小的疾病不可避免；人與人之間存在個體差異，加之所處的環境不同，會遭遇不同疾病風險；而不同的個體面對相同的致病因素，由於抵禦能力的差異，遭受疾病風險損傷的程度也會不同。因此，個體發生疾病的具體時間、空間、類型和嚴重程度都具有不確定性。

（4）大量疾病風險的可測性：就人群總體而言，疾病風險是一種隨機現象，服從概率分佈。根據數理統計的原理，可以對特定時期人群疾病風險的頻率和損失等進行測算。

（5）疾病風險的可變性（發展性）：一方面，隨著政治、經濟、人文、氣候環境和人類生活方式等的變化，疾病譜發生改變，會出現新的疾病風險，而另一方面，隨著醫療技術水準的提高，治愈某些疾病或降低某些疾病的發病率、死亡率成為現實，進而降低疾病風險。

2. 特性

（1）健康風險危害的對象很特殊，是人。區別於直接的財產損失或間接的利潤損失，通常風險的發生會直接造成物質財富的損失，這種損失或輕或重，但都能用貨幣計算，並可通過保險機制給予賠付和補償，而健康風險的發生所導致的是人的身體乃至生命的損失。它不僅使遭遇者蒙受經濟上的損失，同時會給其造成身體上、精神上的痛苦和悲傷，這種損失是無法用貨幣計算，也無法用金錢或經濟補償來替代的。即使根據休伯納（S. S. Huebner）的生命價值理論能用貨幣來計量健康和生命的損失，但有時也會碰到一定的困難，也同時存在著道德和倫理學方面的爭議。人的生命和健康彌足珍貴，生命對於每個人都只有一次，一旦死亡，那人的生命和健康都只能隨風險事故而去，不得復返。這是疾病風險最突出的特點。

（2）健康風險的高發頻率性。由於人身健康的影響因素較多，所以很多渠道都可能造成健康風險事故。就自然界而言，自然災害年年不斷，瘟疫流感久治不絕，社會上車禍人禍時有發生。僅就健康風險中的疾病風險而言，疾病風險也是難以迴避的，它的發生率之高是遠遠超過其他任何風險的。我們可以斷言，任何一個人來到人世間，沒有不生病的。隨著人類生存環境的不斷惡化，危害人身健康的因素也在無形中增加，再加上人生命規律的作用，人在不知不覺中就會患上這樣或那樣的疾病。但就一個人而言，發生什麼樣的疾病、什麼時候發生是隨機的、不可預知的。因此從總體上來說，健康風險的發生是不可預知的，同時也是不可避免的，且具有發生頻率高的特性。

（3）健康風險影響因素的複雜性。與其他風險相比，影響健康風險的誘發因素不僅類型多樣，而且因素之間存在著交互作用；健康風險的發生不僅與個體的生理、心理、生活方式等因素有關，而且受自然、社會、政治和經濟等多種因素的影響。一切不利的因素都可能導致對健康乃至生命的危害。健康風險產生的根源十分複雜，僅就人患疾病而言，人類已知的疾病種類繁多，每一種疾病又因個體差異而表現得千差萬別；每種病的根源也是不一樣的，有的是細菌侵入，有的是病毒感染，有的是物理性創傷，有的是化學反應，有的是生物機制因素，有的是心理乃至社會行為產生的結果等。此外，還有相當數量的未知疾病或潛在疾病，以及由於環境污染（包括居住環境）、社會因素、個人生活方式、精神—心理因素（包括個性心理特徵、工作壓力）等

各種因素所導致的疾病，使得疾病風險化解的難度更大，而且用一般的風險測算技術也不能夠輕易地測算出來，在對疾病的防範上也比其他風險防範更為困難。

(4) 健康風險的群體性和社會性（蔓延性）。健康風險不僅直接危害個人健康，有的健康風險具有社會傳播擴展性，還可能威脅他人和社會的利益。這是因為人是社會性動物，生活在整個社會環境中，人患的某些疾病可能具有社會傳染性，比如某些傳染性疾病（肺結核、肝炎、非典型肺炎、瘧疾等）一旦發生，如不進行有效預防、治療和控制，會很快由一部分人傳染給另一部分人，甚至蔓延到整個地區或更寬範圍的社會群體，給這部分人群或社會造成巨大損失。單從勞動力生產的角度來看，損害也是非常嚴重的。如不採取有效的預防、治療和控制措施，對人群健康和生命所造成的損失將難以估量，嚴重時將影響經濟發展、社會穩定和國際交往。人類對此應該有足夠的認識，並採取相應措施予以管理和控制。

根據健康風險的特點，降低健康風險需要把握兩個方面。首先從微觀的角度，降低健康風險不能單純地依賴治療，還要積極採取預防保健措施，降低和消除健康的危險因素；針對社會人群，必須建立完善的醫療保險制度體系，保障人群的醫療服務需求，減輕醫療經濟負擔，提高人們的健康水準和生命質量。其次從宏觀的角度，把健康風險降低到最低必須具備兩個前提條件：其一要具備提供醫療預防保健服務的衛生服務系統，這是必需的物質技術條件和基礎；其二要擁有足夠支持該衛生服務系統的衛生經濟資源，這是必要的經濟條件和基礎。歷史的經驗和各國的實踐表明，醫療保險制度有效地滿足了這兩個條件，它可以實現衛生服務產品供給和需求的均衡，優化衛生資源配置；可以依靠國家、單位和個人的共同參與，籌集衛生費用，積極發展各類衛生保健事業，降低疾病風險。

二、健康維護

(一) 健康維護的定義

健康維護（health care）是為應對健康風險所採取的一系列維護健康的措施或方法。由於健康風險發生的不確定性和風險事故的損害性，會引起人們對健康維護的需求或對健康保障的需求。按照健康維護的對象範圍可將其分為個體健康維護和群體健康維護，本書所講的不是個體的健康維護，而是從更大範圍的社會群體、全人類、全民族的角度來談。下面談到的都是健康維護直接的工具和手段，主要考慮物質、技術和人力層面，也是從群體角度來看的，並不以個體最優為目標，而看重的是總體最優。這部分內容也是健康促進的內容，但健康促進的概念在中國沒有深入人心。下面我們詳細談一下健康維護的幾種措施。

(二) 健康維護的措施

第一類，公共衛生服務（public health service）。公共衛生服務必須要做的工作是疾病預防，特別是傳染性疾病的預防，還有就是保障食品和環境的安全。採取公共預防措施來防範健康風險是當今世界應對健康風險的重要方法，也是人類預防疾病最有效的措施。公共預防一方面表現為加大健康觀念的宣傳教育，提高人們對健康風險的防

範意識，另一方面採取若干具體措施，努力防止健康風險的發生，如改善人類的生活居住環境、遏制環境污染；建立各種衛生保健和疾病預防機構，監督並制止疾病產生、蔓延；發明製造各種先進的醫療設備和研製疫苗，定期給人體做檢查和預防接種，增強人體免疫力，使之防患於未然等。

第二類，臨床醫學（救死扶傷）。具體方式分為兩種：西醫和中醫。西醫解決健康問題主要從生物學角度出發，想辦法維持人體各種各樣的器官功能，使之正常。現代西醫科學更強調社會—心理學的因素，因為很多疾病是與社會和個性心理有關的。另一方面，疾病治療和康復照顧需要社會學方面的知識，比如心理精神方面的問題。而中醫主要依據的是傳統中醫藥學五千多年來的實踐經驗，很多從生理解剖學上找不到詳細的依據，更多的是描述人的某種狀態或功能，把人當成一個有機的整體來看，更強調功能的協調和統一。

第三類，康復和護理。對殘疾人及老年人群的康復和護理問題，在中國沒有得到很好的解決。① 據第六次全國人口普查及第二次全國殘疾人抽樣調查推算，2010 年年末中國殘疾人總人數達 8,502 萬人。且國家統計局數據顯示：2010 年年末全國總人口達到 13.409,1 億人。兩相比較可看出，中國各類殘疾人總數約占中國總人口的 6.34%。隨著人口老齡化的加劇，中國的康復和護理事業將存在巨大市場需求，現有的康復和護理提供與潛在需求存在較大差距。中國應努力尋求康復和護理服務方式的革新，建立和維持有效的服務提供和籌資機制，探索精神康復、社會心理康復、老年公寓、小區或家庭護理照顧等多種有益途徑。

第四類，組織與提供。儘管採取了很多公共預防措施，但健康風險還是不可避免地發生了。某些疾病或者意外事故總會防不勝防地降臨到某些人的頭上，給這些人帶來意想不到的痛苦和經濟損失。這就引出了風險轉移的問題。所謂轉移健康風險，是指單位或個人為避免承擔健康風險造成的損失，有意識地將此風險轉嫁給某一承保單位，而轉移風險最好的辦法就是購買保險。由於目前大家對疾病、醫療服務及市場的認識還不夠專業，中國在技術研究層面和制度體系構建方面還存在很多問題，其中健康維護的組織和提供就是一個很重要的方面。從群體的健康維護角度來看，如何組織健康的維護，資金從何而來，如何為之付費等問題需要大家共同努力。最終的籌資和補償問題才是健康維護服務組織與提供問題的實質。

隨著科學技術、社會經濟的發展，目前在中國城鎮地區在技術手段、服務提供的方面是沒有問題的。需要解決的問題是城鄉之間的不平衡、服務的不公平和高成本。這是因為中國的衛生醫療體系改革過多地強調市場、強調競爭，而資助的更多的是由公民單個購買的醫療服務，導致醫療服務發展畸形，但服務本身並沒有問題，我們需要解決的是籌資、衛生服務提供以及管理三者之間的矛盾。

---

① 資料來源：國家統計局。

第二節　社會醫療保險概述

　　人類在進行物質資料生產和日常生活當中，不可避免地會遭受意外事故所致的身體傷害和各種致病因素引發的健康損害。這些身體傷害和健康損害又會導致一定的經濟損失，主要是收入的減少和救治所需的醫療費用支出。對個人來講，要獨立承擔上述經濟損失有時是非常困難的，但卻可以依靠集體的力量，利用強制保險的方式籌集一筆醫療保險基金，對少數人因非職業傷害和健康損害導致的經濟損失進行補償，以保證勞動力的再生產和社會生產的正常進行，這就是社會醫療保險制度建立的依據。

一、社會醫療保險的概念與內涵

(一) 社會醫療保險的定義

　　關於社會醫療保險（social medical insurance）的定義，國內外有很多不同的表述方式，甚至連醫療保險這個名詞本身也有多種稱謂，有人稱之為「醫療社會保險」，國外則常用「社會健康保險」（social health insurance），本書統一這一稱謂為「社會醫療保險」。很顯然，健康保險所包含的內容要比醫療保險廣，國外發達國家的健康保險不僅包括補償由於疾病給人們帶來的直接經濟損失（醫療費用），也包括補償疾病帶來的間接經濟損失（如誤工工資），對分娩、殘疾、死亡也給予經濟補償，乃至支持疾病預防和健康維護等。因此，這是一種廣義的醫療保險概念，將它稱為健康保險更為準確。狹義的醫療保險按其字面的含義，是對醫療費用進行的保險給付。中國以往和現行的職工醫療保險制度從表現上看只支付醫療費用，但實際上，通過其他制度也補償了由疾病引起的誤工等費用，所以，它也屬於一種廣義的醫療保險。中國建立的社會醫療保險制度，從發展來看，在保險範圍上會不斷完善和擴大，也將成為一種廣義的醫療保險，即社會健康保險。

　　在社會醫療保險的各種定義中，具有代表性的主要有以下幾種：

　　第一種定義認為社會醫療保險是對國民收入進行分配和再分配，形成專門的醫療消費基金，對勞動者非因工受傷或國民因病醫治造成的經濟損失給予一定補償的保險保障制度。這一定義強調醫療保險除了是一種補償勞動者非因工受傷或國民因傷病造成經濟損失的保險制度，還是一種國民收入再分配的形式。

　　第二種定義認為社會醫療保險（實質為醫療社會保險）是通過國家立法，強制性地由國家、單位和個人繳納醫療保險費，建立醫療保險基金，當個人因傷或因病需要接受醫療救治時，由醫療保險機構按規定提供一定費用補償或醫療服務的社會保險制度。由這一定義可見，社會醫療保險籌集的基金來源是國家、雇主和個人，籌集的基金用於補償需要接受醫療服務的對象是參保個體。從這個社會醫療保險的概念表述可以看出，社會醫療保險應該具備政府行為、社會責任、勞動者權利、強制參加和保險補償等幾個關鍵要素。

第三種定義認為社會醫療保險是向法定範圍內的居民提供部分或全部預防和治療疾病的費用，並保證其在病假期間的經濟來源，保障其基本生活需求的社會保險項目。這一概念強調了法定參保範圍內的所有居民，醫療保險在補償居民的治療費用和收入損失以及在組織預防和治療服務等方面的責任。

從以上對社會醫療保險定義的不同表述可以看出，社會醫療保險應該具備政府行為、社會責任、勞動者權利、強制參加和保險補償等幾個關鍵要素。因此，我們認為，社會醫療保險可以簡單地定義為由國家負責建立的，為全體公民或所有社會勞動者因為疾病和非因工負傷喪失勞動能力後的治療和生活給予物質幫助的一種社會保險制度。

還需說明的是，除了社會醫療保險和商業醫療保險之外，在兩者之間還有一些中間形式的醫療保險組織，如美國的健康維護組織，藍盾、藍十字健康保險，社區醫療保險（包括中國的合作醫療制度）等，其中社區醫療保險可以看成是社會醫療保險的一種初級形式。它們除了不具備強制性等少數特徵外，一般都具有社會醫療保險所共有的許多特徵。

(二) 社會醫療保險的特徵

社會醫療保險與其他社會保險相比，既有聯繫又有區別。但由於健康風險和醫療服務的特殊性，和其他幾種社會保險制度相比，社會醫療保險又有一定的自身特點，其特徵主要體現在以下幾個方面：

1. 廣泛性和普遍性

由於傷病風險存在普遍性，醫療保險的保障對象也具有廣泛性。原則上，社會醫療保險制度的覆蓋對象應是全體公民。每個社會成員，不管性別、年齡、貧富和地位如何，都會面臨傷病風險的威脅，也都有權利獲得醫療保障。相比較而言，工傷、生育和失業保險的保障對象則比較局限，保險金給付的對象就更少了。因此，社會醫療保險在各項社會保險制度中的保障對象和給付範圍都相當廣泛。

2. 涉及面廣，結構複雜

社會醫療保險制度的涉及面廣，結構複雜。首先，醫療保險涉及醫、患、保還有用人單位等多方之間複雜的權利義務關係。其次，健康風險的表現形式多種多樣，發生損失的表現形式也多種多樣，社會醫療保險在支付、費用控制等方面涉及很多技術層面的東西。為了確保醫療保險資源的合理利用，醫療保險還存在著對醫療服務的享受者和提供者的行為進行合理引導和控制的問題。最後，醫療保險不僅與國家的經濟發展有關，還涉及醫療保健服務的需求和供給。這些都是其他社會保險項目所沒有的。

3. 短期性和經常性

社會醫療保險屬於短期的、經常性的保險。短期性是指大部分的疾病治療過程相對來說是比較短的，或者說從繳費到保險金的給付，再到醫療服務的補償之間所花費的時間很短。由於疾病的發生是隨機的、突發性的，醫療保險提供的補償也只能是短期的、經常性的，而不像其他社會保險項目（如養老保險或生育保險）是長期的、可預測的或一次性的。因此，社會醫療保險在財務處理方式上也與其他社會保險項目有所不同。正因為對醫療服務的償付和健康損害的經常發生，使得醫療保險管理部門在

很多時候對醫院的支付或對參保者的報銷手續經常發生，而且很繁瑣。

4. 服務提供的保障性和費用補償性

補償性是指實際的花費可以得到相應的補償或者足夠的補償。社會醫療保險採用醫療給付的補償形式，是非定額的費用補償。社會醫療保險資金的籌集和使用具有明確的目的性。為了確保社會醫療保險資金專款專用，對享受者主要採取醫療給付的補償形式，而且補償多少，往往與享受者所繳納的保險費無緊密關係，而與實際病情需要的關係更大。這與其他社會保險制度中強調保險金的現金給付不同，社會醫療保險提供的保障主要是使勞動者在非因工受傷和生病後能夠得到及時和必要的醫療救治，即保障的核心是醫療服務。因此，在社會醫療保險中，保險基金可以直接將保險金補償給醫療機構，甚至可由政府和全社會直接利用保險基金來組織並向勞動者提供必要的醫療服務。

5. 給付頻率高、費用難控制

健康風險的普遍性和廣泛性導致社會醫療保險支付發生的高頻性，且費用難以準確測算和控制。每個人都可能會遇到健康風險，有的人甚至會多次遇到傷病的打擊。因此，社會醫療保險的保險金給付頻率遠高於工傷、生育和失業保險。每個人每次醫療開支的費用都不會相同，且發生的費用數額差別大，低時不會影響生活，高時又足以致患者於困境，再加上醫療服務提供方的影響，使得費用控制非常困難。因此，社會醫療保險相對於其他社會保險項目來講，其風險的預測和費用的控制是一個重要問題。

二、社會醫療保險的基本原則

社會醫療保險的特殊性，決定了它與其他社會保險項目的區別。社會醫療保險的實施必須遵循以下基本原則：

（一）強制性原則

社會醫療保險必須堅持強制性原則，即任何單位及全體社會勞動者都必須參加，不管參保人是健康還是有基礎疾病都必須參加社會醫療保險，社會醫療保險管理機構也必須接受任何單位和所有符合條件的個人投保，雙方都不能有所選擇。因此，社會醫療保險制度通常由國家立法，強制實施，通過國家法律強制建立醫療保險基金，以解決勞動者因患病或受傷帶來的經濟損失。強制性原則保證了社會醫療保險制度的投保規模，又避免了自願投保所帶來的「逆選擇」風險，對社會醫療保險制度的建立和實施都有非常重要的意義。違背強制性原則的自願投保型的社會醫療保險制度（如中國的新型農村合作醫療制度和城鎮居民基本醫療保險制度），將會對其制度的有效和持續實施埋下隱患。

（二）互助共濟原則

從某種意義上講，互助共濟原則是社會醫療保險產生的理論基礎。根據這一原則，投保人繳納的保險費依據其經濟能力而定，而與其年齡、性別和健康狀況無關。這樣，身強力壯者繳納的保險費用於補助體弱多病者，年輕人繳納的保險費用於補助老年人，

從大多數人身上籌集到的醫療保險基金用在少數有傷有病的人身上，減輕了他們的經濟負擔，相當於大多數人分攤了少數人的健康風險，因為僅靠勞動者個人的力量去抵抗疾病的風險是不夠的。社會醫療保險以法律手段使這種社會合作成為一個很大群體的義務，即該群體所有人的共同責任，這就使得風險能夠共同分擔，抗風險能力能夠得到增強。

(三) 福利性原則

社會醫療保險有很強的福利性，建立社會醫療保險制度的宗旨是保障全體參保者的身心健康、促進經濟發展和維護社會穩定，不以營利和賺錢為目的，不管參保人有無基礎病都可以參加社會醫療保險。社會醫療保險基金的籌集採用以支定收的原則，社會醫療保險基金的節餘和累積也不能像商業保險公司的盈餘一樣在股東中進行分配，只能累積下來以備後用，這與商業醫療保險是截然不同的。另外社會醫療保險的福利性還體現在在此制度覆蓋下的對象在享受醫療保險待遇上是無區別的（但疾病風險是有區別的），在繳費上高收入的人還應該多付費，起到了一定程度的收入再分配功能。

(四) 公平與效率相結合原則

公平與效率相結合原則是指社會醫療保險既要體現公平，又要兼顧效率。社會醫療保險強調待遇公平，即勞動者在患病後就醫和用藥等治療方面的待遇是平等的，所有的治療服務和醫療費用補償都是根據病情做出的，不受勞動者收入、職業和地位等的影響。但是，效率和公平始終是一對矛盾，近年來，由於醫療費用的增長，人們越來越認識到，除了要堅持公平的原則外，還要重視醫療保險基金籌集、使用以及醫療服務過程中的效率，以減少衛生資源的浪費。因此，實現醫療保險待遇的公平仍然要以兼顧效率為原則。公平和效率要達到平衡是很難做到的，但二者必須要有機結合。

(五) 保障性原則

社會醫療保險制度中確定的保障水準要與該國或該地區的社會生產力水準相適應，還受政府、單位和個人等各方的財務承受能力的影響。國家財力的大小和社會經濟發展水準決定了社會醫療保險的保障程度。這一原則近年來越來越受到人們的重視，許多發達國家社會醫療保險制度改革的經驗和少數發展中國家社會醫療保險制度發展中的教訓都深刻地說明了這一點。中國在制度設計時也較多地強調了這一原則，這是由於中國是發展中國家，經濟發展和居民收入是有限的，所以必須強調這一原則。從發達國家來講或從世界範圍內來看，很多的工業化國家在這個問題上曾經吃過虧，若不堅持這個原則，整個制度將會面臨越來越大的財務問題。雖然人們對醫療保障的需求是多層次的，但社會醫療保險保障的應該是最基本的醫療服務。因為對醫療服務「供方」（醫院）來說，基本醫療是可以提供的；對醫療服務「需方」（患者）來說，基本醫療是必需的；對「保險方」（保險機構）來說，基本醫療是有能力支付的。只有堅持這一點，才能使得制度長期平穩地運行，在財務上才能實現長期的收支平衡。對於基本醫療之外的各種醫療服務需求，可以通過補充醫療保險來解決。

(六) 專項基金原則

無論採用何種形式籌集的醫療保險基金，必須確保醫療保險基金確實用在患者的身上，不得挪作他用。因為社會醫療保險基金是直接關係到被保險人因患病或傷殘時能否及時得到醫療費用償付的物質基礎，所以，必須嚴格加強管理，遵守規章制度，將社會醫療保險基金納入社會保障基金財政專戶統一管理，單獨列帳，任何單位和個人不得挪用；要按照社會保險基金管理等有關規定，嚴格執行財務制度，加強對社會醫療保險基金的管理和監督，探索建立健全基金的風險防範和調劑機制，確保基金安全。

(七) 費用分擔原則

該原則是指國家、單位、個人三方面合理分擔費用，這有兩層含義：

(1) 醫療保險基金由國家、單位、個人三方面共同籌資，改變過去公費醫療經費完全由財政支付，勞保醫療經費完全由企業支付的局面。隨著醫學科技的進步，各種高、精、尖的檢查和治療手段日新月異；隨著疾病譜的改變和醫學科普知識的廣泛宣傳，人們對醫療服務的需求日益提高；隨著物價上漲，醫藥衛生材料的價格和醫療服務收費標準不斷提高，再加上不合理的醫療費用支出，造成醫療費用不斷上漲。在這種情況下，僅靠單方面來籌措醫療保險基金，是難以承受的。因此，要遵循「危險共同分擔」原則，個人應該承擔醫療保險費用的一部分。

(2) 在遇到特大的疾病風險時，超過一定金額的醫療費用由國家、單位、個人三方面負擔。這有利於勞動者的疾病得到及時、有效的醫治，有利於消除或減輕勞動者及其家屬由於生病或負傷而在經濟上或精神上產生的負擔，保證勞動者及其家庭的正常生活。在中國社會醫療保險體系中，無論年齡大小、工資多少，繳費比例基本上一樣。在遇到特大疾病風險時，對超過一定金額的醫療費用採取國家、單位和個人三方面合理分擔的辦法是必要的，否則，醫療保險基金將入不敷出。

這也是個基本原則，是多年經驗的總結。1974年美國蘭德公司的醫療保險研究表明，增加患者的自付比例能抑制需方對醫療服務的需求。對於健康維護的費用，國家、單位、個人都要承擔相應的責任，其中單位是繳費的主體，個人也要承擔責任，這樣有助於培養患者的費用意識。這在發達國家特別是福利化國家開始時提得並不多，老百姓印象也不深，現在發達國家之所以強調個人負擔是因為政府財政壓力過大。另外，出於維護全民族、全社會、全人類健康的角度，國家也要承擔相應的責任。

(八) 儲蓄性原則

在建立社會醫療保險制度時，徵收醫療保險費的原則是「以支定收」。在確定社會醫療保險費標準時，應考慮以往醫療費用的實際支出，尤其是應考慮醫療費用的上漲速度。社會醫療保險基金使用的原則是「量入為出」。社會醫療保險費標準一旦確定下來，社會醫療保險機構就會根據籌集到的基金數量、基金的償付能力來決定償付標準。「收支平衡」是社會醫療保險基金營運的基本要求。「略有結餘」是社會醫療保險未來發展的要求，累積部分資金，也是對各種疾病暴發、流行等突發事件的應急儲備。在

制度運行時要盡量保持收支平衡，這一點其實是非常難的，要做到這一原則十分不易，有很多技術要求。

（九）合理償付醫療費用原則

合理償付醫療費用原則又稱為基本保障原則，是指社會醫療保險機構對符合醫療保險規定的醫療服務費用給予及時、合理的償付。該原則要求建立針對醫患雙方的費用制約機制，使醫療服務的「供方」做到因病施治、合理檢查、合理用藥、合理治療和合理收費，使醫療服務的「需方」具有較強的「費用意識」。對醫院的監督和管理是社會醫療保險制度成敗的關鍵，建立對「供方」的費用制約機制比建立對「需方」的費用制約機制更重要。然而實際生活中這一原則的重要性顯得相對靠後。健康維護的過程如醫療服務、健康促進、康復、護理等都需要動用資源，都需要專業的人士來提供服務，必然應該得到合理的補償。結合中國的情況來看，醫生作為勞動者和專業人士，他的勞務方面的付出應該得到合理的償付。中國改革開放以後，對國有醫療機構實行差額預算制，醫務人員的部分工資和獎金要通過業務收入獲得，而醫生的專業價值沒有通過低廉的門診費用體現。因此，社會醫療保險機構償付定點醫療機構的醫療費用時，應在醫療成本的基礎上附加一定比例的利潤，以維持醫院的正常運轉和發展。

（十）屬地化管理原則

中國城鎮職工基本醫療保險實行屬地管理，不搞行業統籌，即要求在一個統籌地區內（原則上以地級以上行政區為統籌單位）的所有單位及其職工，在參加基本醫療保險過程中，執行統一政策，統一籌集、使用和管理基金。醫療保險的屬地化管理可以避免行業統籌的弊端，減輕用人單位的負擔，同時也有利於加強統籌區域內職工就醫管理，方便職工就近就醫。

三、社會醫療保險的意義和作用

社會醫療保險是為了解決人民由於身體健康方面所產生的醫療問題，其意義具體體現在它的作用上。社會醫療保險從表面上看是直接作用於勞動者個人及其家庭，而實際上其影響遠遠深入生產單位和全社會中，它不僅保護和加強了勞動者的生理、心理、精神健康，也是延續、推動和發展生產的一個不可缺少的重要條件。社會醫療保險是健康保障的一個方面，它同良好的醫療服務以及與其他有關各項保險相輔相成，發揮著重要的作用，概括起來，主要有如下幾個方面：

（一）保護勞動者健康，促進生產進步和經濟發展

社會醫療保險是社會生產發展到一定階段的必然結果，反過來，社會醫療保險制度的建立和完善又會進一步促進社會生產的發展。勞動力的保護和再生產是社會生產和再生產的基礎。社會醫療保險制度保證了勞動者的身心健康能夠得到定期的照顧，維護了勞動力的正常再生產，解除了勞動者的後顧之憂，使其能夠安心工作，從而可以提高勞動生產率，促進生產的發展。另外，社會醫療保險是社會經濟發展的重要影

響因素。在中國，隨著改革的進一步深化，勞動用工、企業制度等改革的進行，要求各項配套措施必須跟上，社會保險制度必須與之相適應。社會醫療保險對於促進改革開放，建立社會主義市場經濟體制具有重要積極作用。社會醫療保險制度有利於勞動力資源的自由流動，減輕企業社會負擔，促進企業體制改革，符合建立現代企業制度，適應市場經濟體制的要求。因此，發展和完善社會醫療保險制度，也是各國政府當前面臨的重要任務。

(二) 互助共濟，促進社會進步

社會醫療保險還是促進社會文明進步的重要手段。社會醫療保險是強調社會互助和共濟的一種社會保險制度，通過在被保險人之間分攤疾病的治療費用，體現人與人之間一種相互關心、相互幫助的新型社會關係，有利於促進社會的文明和進步。另外，社會醫療保險制度的建立，可以有效地依靠國家、單位和個人的經濟力量，籌集衛生費用，積極發展各類衛生保健事業，加強重大疾病的防治，改善城鎮和農村醫療衛生條件，實現「人人享有初級衛生保健」的衛生發展戰略目標，從而對提高全民健康水準和身體素質，乃至民族昌盛、國家富強發揮著重要作用。

(三) 實行收入再分配，改善社會公平

社會醫療保險也是一種重要的收入再分配手段，它通過徵收醫療保險費和償付醫療服務費用來調節收入差別，是調節社會關係和社會矛盾的一種重要社會機制。在社會醫療保險基金的籌集過程中，單位和個人都要承擔繳費的責任。一般來講，收入高者多繳，收入低者少繳，個別收入極低者不承擔繳費責任，而個人繳納的保險費與其身體狀況無關。對於符合條件的勞動者來說，享受醫療保險的機會和待遇是依病情而定的，不受其他因素的限制和影響。因此，社會醫療保險制度在一定程度上實現了醫療資源的公平分配，彌補了按勞分配和市場機制造成的不平等，改善了社會公平。

(四) 提供醫療保障，維護社會安定

社會醫療保險對勞動者在患病時給予經濟上的幫助，減輕其疾病經濟負擔，維持其正常生活，有助於消除因疾病帶來的社會不安定因素，是調整社會關係和社會矛盾的重要機制。勞動者及其家庭的生活主要依靠勞動報酬維持，而健康的身體又是勞動者獲取勞動報酬的先決條件，勞動者一旦受傷或患病，正常收入就會中斷或減少，還要面對醫療費用支出的壓力。尤其是在市場經濟條件下，競爭激烈，企業、家庭和個人都面臨多種多樣的風險。此時，社會醫療保險可以向其提供必要的物質幫助，使其盡快恢復健康和工作，有效地防止勞動者陷入「因病致貧」和「因貧致病」的惡性循環，有助於消除社會不安定因素，穩定社會秩序，從而對國民經濟體制改革的進行和社會主義市場經濟體制的建立起到安定保證作用。因此，政府施行社會醫療保險制度，有利於保障勞動者的基本醫療服務，有利於社會主義市場經濟體制和國民經濟的健康發展，有利於社會安定。

第三節　社會醫療保險系統

一、社會醫療保險系統的組成

　　系統是指相互作用、相互依存的若干要素所組成的，具有特定功能並處於一定環境之中的有機整體。按照系統論的觀點，社會醫療保險系統應該包括社會醫療保險制度相關的那些主體、參與者以及它涉及的對象。從社會醫療保險制度本身相關的對象講應該至少包括被保險人（或醫療服務的消費者）、保險人或醫療保險機構（基金的管理者和運行者）、醫療服務的提供方和政府。醫療保險機構、被保險人、醫療服務提供者這三方是社會醫療保險系統裡最主要、最重要、最核心的組成部分。政府在其中也起著不可或缺的作用，從制度的建立、維持、監督和運行都離不開政府。即使在發達國家（如德國的疾病基金會），社會醫療保險系統再有自主性和自主權，仍然要受到相應的政府的管制。政府的責任更多地體現在它作為一個管理者和組織者的方面。在社會醫療保險系統中還有一些關係方，如參與繳費的單位或雇主，還有醫藥衛生資源（包括藥品、醫療器械等）的供應方。

　　在社會醫療保險系統中我們最關注的是社會醫療保險機構。社會醫療保險機構應該是獨立的公益性質的機構或對象，社會醫療保險基金管理中心和這種性質是相匹配的。社會醫療保險機構只為參保者負責，代表參保者的利益。社會醫療保險機構從總體而言，可能是按行政區或者按行業來設置的，在中國基本上都是按行政區劃分的，發達國家的行業屬性是傳統上就有的，有些地方也就將其保存下來了，但按行政區來劃分社會醫療保險機構是一種趨勢。

　　社會醫療保險機構最主要的職能有兩個方面：第一是籌集和管理基金。籌集基金在中國就是基金徵繳，包括制度設計、繳費比例的確定等。基金管理方面更多的是涉及技術層面的內容，如投資和財務管理，但目前中國政策干預性很強，涉及的技術層面較少。第二是醫療服務的供給，這在整個醫療服務體系或者醫療保障體系中占主導地位，包括醫療衛生服務內容、範圍、質量、結算辦法和醫療費用的審核與控制等內容的協議。社會醫療保險管理機構最重要的功能就是這兩部分，其中籌集和管理基金的功能和其他的社會保險基金管理是相通的，而保證醫療服務供給的職能則和其他社會保險不同。

二、社會醫療保險系統中各方之間的關係

　　社會醫療保險系統中的四個基本構成要素，圍繞著保險基金的籌集和醫療費用的補償問題相互作用、相互影響。系統中各方關係實質上是一種經濟關係，表現在以下四個方面[①]。

[①]　周綠林，李紹華. 醫療保險學［M］. 3版. 北京：科學出版社，2017：21.

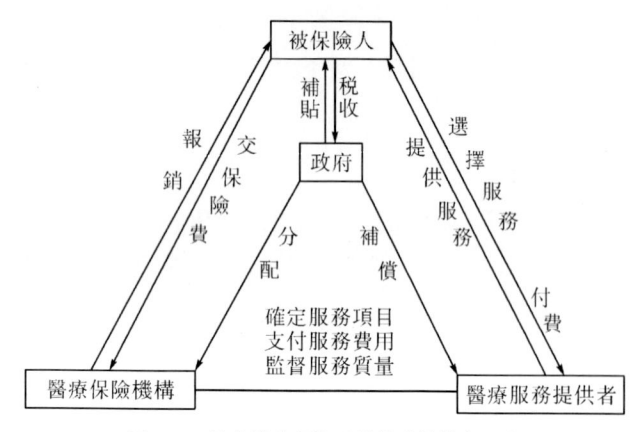

图 1-1　社會醫療保險系統構成的基本形式

（一）保險機構與被保險人

　　醫療保險方與被保險方是一種醫療服務供給與消費的關係，兩者的聯繫表現在保險費的徵繳、組織醫療服務、給付醫療費用補償等。影響這一關係的因素主要是被保險方的參保方式、保費高低、保險方的費用償付方式等。

（二）被保險人與醫療服務提供者

　　被保險方與醫療服務提供者的關係為提供服務、接受服務與支付服務費用。影響二者聯繫的主要是被保險人選擇服務的自由度，需要支付的服務費用和醫療服務提供方的服務水準。

（三）保險機構與醫療服務提供者

　　保險機構為參保人確定醫療服務的範圍，並通過一定的支付方式設計向醫療服務提供者支付醫療費用，同時對醫療服務質量進行監督。兩者的關係主要表現為醫療保險機構確定醫療服務範圍、支付醫療費用及監控服務質量。影響二者聯繫的主要因素是醫療服務提供方服務範圍的大小、項目的多少和保險方的支付方式設計。

（四）政府與醫療保險系統其他三方的關係

　　政府與醫療保險系統其他三方的關係，指政府對醫療保險組織機構、參保人、醫療服務提供方的管理與控制。實行社會醫療保險的目的正是為了保障參保人的基本醫療，同時通過第三方付費的方式，由醫療保險機構監控醫療服務提供者的行為，使其合理用藥、合理施治，將醫藥費控制在合理範圍內。

三、醫療保險系統與其他系統的關係

　　醫療保險系統是社會經濟系統中的子系統，必然與其他社會系統發生聯繫，其中與醫療衛生系統和社會保障系統的關係最為密切。

(一) 與醫療衛生系統的關係

醫療衛生系統是為社會人群提供預防、保健、醫療、康復等衛生服務，保護人們健康的社會子系統。社會醫療保險的特點是第三方付費，就是將醫療服務提供者與患者之間雙向的經濟關係變成了有醫療保險機構介入的三方關係，由醫療保險機構代替患者對醫療服務提供方進行費用補償。從這個角度來說，醫療保險可以看成是醫療衛生系統的經費保障子系統。兩者密不可分，醫療保險系統不可缺少醫療服務的提供方，醫療衛生系統也不能沒有醫療保險的費用補償。同時，二者也有相對的獨立性。醫療保險系統除了和衛生服務打交道，還包括醫療保險資金籌集、管理和運用等，具有金融保險行業的特點。醫療衛生系統除了提供醫療服務外，還包括衛生防疫、疾病控制、婦幼保健等方面內容，其經費來源除了醫療保險外，還包括國家財政投入、社會籌資和個人出資。在實際營運中，為了達到相互監督、相互制衡的目的，讓二者相對獨立運行，造成一定的競爭態勢可以提高醫療保險系統和醫藥衛生系統的效率。

(二) 與社會保障系統的關係

社會保障是指與社會保障功能有關的各個方面所形成的一個社會系統，在國家層面，進行國民收入再分配，保障人民群眾的基本生活，實現社會公平與企業生產和勞動力再生產，推進經濟體制改革，促進社會安定，是社會經濟發展過程中的穩定機制，包括社會保險、社會救濟、社會福利和優撫安置四個子系統，社會保險是其中的重要組成部分。社會保險由醫療保險、養老保險、失業保險、工傷保險和生育保險五部分組成。可以看出，醫療保險系統是社會保障系統中提供醫療服務、維護人民健康的社會子系統。

【本章思考題：重點及難點】

◇健康風險與疾病風險的概念及其內涵特徵有哪些？規避健康風險（或疾病風險）的方法有幾種？

◇醫療保險與健康保險，社會醫療保險與社會健康保險的概念及其區別是什麼？

◇中國醫療保險系統的基本構成是什麼？政府在社會醫療保險系統中起什麼作用？

◇影響醫療保險需求的因素有哪些？在醫療保險系統中政府與市場的關係應該是怎樣的？

補充閱讀材料一：世界衛生組織對健康的定義

世界衛生組織1948年在《組織法》中提出的「健康」定義影響深遠。該定義內容為：健康不僅僅是沒有疾病和不虛弱，而是指人的身體、心理和社會適應方面的完好狀態。然而這一定義雖由世界衛生組織頒布，但是其具體提出者在國際上仍有爭論。[①]

---

① 蘇靜靜.世界衛生組織健康定義的歷史源流探究［J］.中國科技史，2016（04）：485.

1945年4月25日到6月26日期間，施思明以宋子文私人秘書的編外身分參加了在舊金山召開的聯合國國際組織大會。施思明和巴西代表蘇扎注意到會上一致通過的《聯合國憲章》初稿未提及衛生工作的內容，在有關建立新的國際組織的文件中也未提到建立國際衛生機構，於是共同起草了關於建立一個國際性衛生組織的宣言，並由中國和巴西作為兩個創始國共同發出。這一宣言很快得到大會的認可，在幾個月內召開一次大會，邀請各國政府派出代表參加，以討論建立一個世界性的國際衛生組織，即後來的「世界衛生組織」，並在《聯合國憲章》中列入了衛生工作的內容。

1946年2月，成立了專家技術籌備委員會，旨在為1946年7月19~22日在紐約召開的國際衛生大會做籌備工作。世界衛生組織的名稱、組織結構、政策綱領與其他已有國際衛生組織的關係等問題，都有待在此次會議上提出草案。

1946年3月18日至4月5日，技術籌備委員會在巴黎的奧賽酒店召開了22次會議。技術籌備委員會由16位來自不同國家的衛生專家組成，他們後來大多數成了世界衛生組織的締造者。來自中國的專家代表金寶善被指定進入該委員會，施思明為其候補，但金寶善因國內事務無法出席，由施思明全權代表。此外，泛美衛生局國聯衛生組織聯合國救濟署國際公共衛生辦公室等國際衛生組織的負責人或代表作為觀察員出席。在會議開始之前，南斯拉夫、美國的團隊，法國團隊以及英國團隊各交了一份組織法議案。最終決定成立兩個分委會，一個負責起草組織法序言和擬定世界衛生組織的名字，另一個負責起草衛生組織的目的。每個委員可以自願選擇加入的分委會，然後在全體會議上報告討論的結果。後續問題也是採取類似的方式，諸如執行機構治理機構決議國際衛生會議的日程安排、如何處理已有的國際衛生組織與世界衛生組織的關係等，技術籌備委員會先後成立了8個分委會，其中貝爾曼、錢奇克、奇澤姆和施思明選擇加入《組織法》序言起草分委會。

在序言部分，埃旺對司丹巴和卡瓦水的兩個版本均表示支持。司丹巴認為分委會提交的正式報告中應當包括對健康一詞的定義。桑德對此表示讚同，並且認為還應該定義流行病、地方病和社會病，明確它們的基本內涵。據海德晚年口述，整個分委會圍繞健康的定義討論了數日，最後方達成一致意見。

在司丹巴提交的組織法版本中，有一個單獨列出的序言，並且序言第二條給出健康的定義：健康不僅是沒有羸弱或疾病，而且是經由適度的飲食、住房和鍛煉等良好的因素而獲得的軀體和精神的完好，並提出健康是脫離貧困、獲得社會安全和快樂的必要條件。美國團隊的組織法草案中雖沒有類似的定義，但對健康也有闡釋，認為：促進健康的國際合作和聯合行動都將提高全世界所有民族的生活水準，促進自由尊嚴和快樂。英國的版本提出：應當清楚的一點是，健康應包括精神健康。技術籌備委員會最後遞交聯合國經濟與社會理事會的組織法草案序言將健康定義為：健康是一種軀體的完全適宜，精神和社會的安樂，而不僅僅是不存在虛弱和疾病。這一定義僅增加了完全一詞。對比1948年國際衛生大會所通過的組織法中對健康的定義，其他只是措辭的改變，基本內涵並沒有實質性的改變。

施思明在其回憶中提到自己與奇澤姆在完成組織法序言時曾有過默契的合作和互相支持。他支持奇澤姆加入令人滿意的個人和集體的情感健康對人際關係的和諧至關

重要的觀點，而奇澤姆支持施思明加入健康是一種身體舒適，精神和社會的幸福，而不僅僅是沒有虛弱和疾病的主張。

奇澤姆在技術籌備委員會的第四天做了一個非常精彩的報告，深刻剖析了他對疾病和健康的理解：「這個世界已經生病，而遭遇到的疾病大多是由於人們的墮落，無法與自身和平共處導致的。微生物已經不再是我們主要的敵人，如果不是由於諸如迷信、無知宗教不容忍悲慘和貧窮的存在，科學的發展已經足以使其毫無還手之力。對於當下的罪，人們必須找到造成它的原因，然後才可能找到治療的處方……人們應該盡其所能地為全人類提供軀體社會和精神健康的服務。」顯然，他所理解的健康包含了軀體、社會和精神三個方面，和世界衛生組織的健康定義在本質上是一致的。

海德回憶道：「我們所提出的組織法草案沒有真正的序言；但沒有序言是由於組織結構的問題；司丹巴博士提供了一份序言的草案，我們是在這個序言的基礎上進行改造的，組織法起草分委會在這上面下了很大的功夫。」

因此，雖然技術籌備會發生在世界衛生組織成立之前，在世界衛生組織的歷史上仍被認為擁有無可比擬的地位。

顯然，司丹巴對世界衛生組織提出健康定義起到了關鍵性的作用，但也離不開施思明、奇澤姆、桑德等委員的大力支持，以至在最終全體會議上投票表決時得以順利通過，但這些都離不開當時的社會氛圍。1947年12月，在日內瓦舉行的聯合國人權委員會在人權憲章中提出的健康觀念：每個人，不論其經濟或社會狀況，有權維持其健康，利用國家或社會資源所能提供最高標準之糧食衣服住所以及醫療便利。國家或社會對於人民健康與安全之責任，只有用完善健康與社會福利措施方能負起。

世界衛生組織健康的概念提出之時，由於其涵蓋的維度之廣，亦被認為是一大創舉，畢竟它比恩格爾在1977年提出的生物—心理—社會的醫學模式早了近30年。它對社會群體健康而非單純個人健康的關注，被認為超越了狹隘的民族主義、種族主義和區域主義。

補充閱讀材料二：社會醫學模式的發展

社會醫學家們對在醫學發展過程中的醫學模式進行了明確的劃分[①]：神靈主義醫學模式、自然哲學醫學模式、生物醫學模式以及生物—心理—社會醫學模式。但是每種醫學模式的歷史邊界其實並不明顯，舊的模式仍會在新的歷史條件下存在，並與新模式相互衝突、相互滲透。在這四種醫學模式中，前兩種模式被視為古代和近代醫學的指導思想；後兩種則被認為是當代醫學的模式。前兩種醫學模式雖然存在各自的缺陷，被視為一種落後的醫學模式，但他們在醫學發展過程中都曾發揮積極作用，並為當代醫學模式的產生和發展奠定了基礎。而生物醫學模式與生物—心理—社會醫學模式作為當代醫學模式，都對當代的醫學實踐產生了影響。儘管生物—心理—社會醫學模式

---

① 王波. 論醫學模式的演變與醫務社會工作概念的發展 [J]. 華東理工大學學報（社會科學版），2006 (4)：16.

被普遍認為是一種現代的、未來的醫學模式,但就目前而言,生物醫學模式在醫學中仍然占據主導地位。

在古代,由人類對世界認知有限,因而圖騰崇拜與泛神論思想普遍存在。人們認為世間一切是由超自然的神靈主宰,疾病是天譴神罰,所以占卜、祭祀、祈禱等為主要的治療方式,儘管也有根據經驗使用藥物來治療的例子,但總的說來醫術與巫術通常是合二為一的。而隨著社會生產力與科技水準的提高,人類對世界的認知加深,人類努力用自然主義的觀點來解釋疾病,將哲學思想和醫學實踐相結合,以樸素的唯物論和辯證法為武器,將人體各部分看成一個整體。中國的中醫學和古希臘醫學均屬於此。而在西方文藝復興運動以後,自然科學的發展也推動了生物科學的進步,解剖學、組織學、生理學、細菌學、病理學等生物學體系的形成,使人們開始從生物學的視角來認識生命、健康與疾病。生物醫學與實驗醫學的發展,尤其是顯微技術的發展、基礎醫學的進步,使人們對疾病的認識深入細胞的水準,使人們發現了傳染性疾病的真正原因。這一階段的醫學模式被人們稱為生物醫學模式。生物醫學模式因許多傳染性疾病的特異性病原體的存在而使人們形成了單因單果的疾病與病因關係模式,認為疾病具有微觀的生物學基礎,也具有微觀的物理與化學基礎,認為對疾病的治療最終都歸結為採用物理與化學的方法。生物醫學模式的出現標誌著人類第一次衛生革命的勝利,促進了現代醫學的發展。無論是在基礎醫學方面,還是在臨床醫學方面,或是在公共衛生方面,生物醫學模式對現代醫學都做出了巨大的貢獻。

儘管生物醫學模式使現代醫學取得了巨大的成就,但其以還原論和心身二元論為方法論基礎,使其存在著深深的缺陷。生物醫學模式認為人體所有疾病都是局部組織或細胞的損害,都可以在器官、細胞或生物大分子上找到形態結構和生化代謝的特定變化,都可以找到特異性的治療手段。這種還原論的觀點認為醫學過程是純粹的技術過程,技術的發展將可以解決人類的一切健康問題。這一技術至上主義已經形成了現代醫學發展的障礙。心身二元論的觀點認為人的精神與軀體存在著精密的分工,疾病具有微觀的生物學基礎。正如美國醫學家恩格爾指出「疾病完全可以用偏離正常的可測量生物(軀體)變量來說明;在它的框架內沒有給病患的社會、心理和行為方面留下餘地」。生物醫學模式的這種狹隘的觀念,忽視了人的生物性與社會性的統一性,限制了人們對健康與疾病的全面認識。因此,由生物醫學模式向生物—心理—社會醫學模式的轉化,就成為現代醫學發展的必然。

由於醫學的進步、經濟社會的發展,世界上的許多國家都完成了第一次衛生革命,成功控制了曾經威脅人類健康的傳染性疾病。所以,進入20世紀50年代以後,世界和中國的疾病譜與死因譜發生了重大變化,逐漸由過去的生物因素引起的傳染性疾病轉變為以非生物因素為主的、慢性非傳染性疾病。例如,中國城市居民疾病死亡原因,在20世紀50年代依次為呼吸系統疾病、傳染病消化系統疾病、心臟病和腦血管病,到了80年代,死因則變成心臟病、腦血管病、惡性腫瘤(癌症)、呼吸系統疾病、消化系統疾病。心腦血管病已成為人們健康和生命的主要殺手。這些病與心理緊張、環境污染、社會文化、個人行為等密切相關。與此同時,醫學科學在技術進步的同時,其方法論也在發展與進步,其對健康與疾病的認識,開始由傳統的單因單果向多因單果

以及多因多果深入；在整體與整合的觀念下，提出從生物、心理與社會因素相結合的視角來認識疾病與健康，認為社會與心理因素在人的健康長壽方面，或在疾病的發生發展方面，能起決定性的作用。這就是作為現代醫學模式的生物—心理—社會醫學模式。這一模式要求臨床醫師在瞭解病人疾病和病史時，應從病人的社會背景和心理變化出發，對病人所患疾病進行全面的分析及診斷，從而制定有效的綜合治療方案；要求醫療工作者提高對病人的心理社會因素作用的觀察和分析能力，提高治療效果。應該說生物—心理—社會醫學模式更能全面客觀地觀察和解決現代的健康和疾病問題。

第二章　社會醫療保險制度的產生與發展

【內容提要】

◇ 瞭解社會醫療保險制度的起源和產生條件。
◇ 熟悉發達國家醫療保險制度的產生與發展改革歷程。
◇ 熟悉發展中國家的醫療保險制度構建和改革措施。

第一節　社會醫療保險制度的起源和產生條件

一、社會醫療保險制度的起源

　　社會醫療保險的雛形可以追溯到古希臘、古羅馬時代各種互助組織對其成員患病或受傷後的幫助，但真正意義上的社會醫療保險制度卻是資本主義工業革命完成後，在產業工人隊伍不斷壯大的基礎上，首先在歐洲大陸上發展起來的。18世紀產業革命解放了生產力，創造了巨大的社會財富，同時也造就了除自己的勞動能力外別無所有的無產階級，大批被奴役、被剝削的無產者聚居在條件惡劣、疫病蔓延、道德淪喪的城市貧民窟中。為了解決社會化大生產和雇傭勞動制度所產生的社會問題，各種行業工會通過每個會員定期繳納會費的籌資方式對其成員提供醫療補助，幫助病人渡過難關。工人在工廠裡做工，因病不僅會造成收入損失，甚至工作也會受到巨大威脅。在當時還沒有社會保險制度的情況下，產業工人為了減輕由於惡劣的工作狀況和生活狀況所造成的風險，他們自發地採取各種方法對付疾病，共同分擔風險。他們成立了「共濟會」「友誼社」等，大家出錢，以解決工人的生、老、病、死等問題。除了同行業的工人，同一地區的農民也相繼組織起互助性團體，籌集資金，以便在患病時互相幫助。因此，這種簡單形式的醫療保險從一開始，就具有一種人們之間團結協作、互助互濟的社會自助特徵，被稱為團結、休戚與共（social solidarity），從而使其明顯區別於一般商業性保險。到18世紀末19世紀初，這些互助團體甚至開始與醫生簽訂合同以保證會員能夠得到醫療服務，後來還發展到組建自己的醫療機構。

　　這些早期自願性互助團體對社會醫療保險的產生起了重要作用。隨著勞工運動的發展，雇主和政府也開始意識到勞動者因病而導致收入減少的威脅應該是一種需要全

社會共同分擔的風險。於是政治家們開始採取積極的態度推行社會醫療保險制度，以鼓勵雇主改善工人的健康狀況，也作為安撫工人的一項重要手段。1883年，德國政府頒布了「疾病保險法」，這標誌著世界上第一個強制性醫療保險制度由此誕生了。這項法令明確規定了某些行業中工資少於限額的工人應強制加入疾病保險基金會；基金會強制徵收工人和雇主繳納的保險費。勞動者只有按規定繳納了保險費才能拿到相應的疾病津貼並受到醫療照顧。這種制度獲得了工人及其家屬的廣泛支持，體現了政府和社會在維護勞動者健康方面的責任。

19世紀末以後，這種互助共濟的醫療保險不斷擴大發展，由一定人群擴大到一個行業，然後許多國家由政府出面擴大到全社會的大多數勞動者，直至將醫療保險融為整個社會保險和社會保障的一部分。其中，更有一些極端形式，索性由國家把整個醫療衛生的融資和醫療衛生服務包下來，稱為所謂國家衛生服務制度，或稱為國家健康保險。同時，大多數國家的商業保險也捲入醫療保險業務之中，但那僅僅是作為補充醫療保險的一小部分。而真正把醫療保險按一般商業性保險的原理來經營的只有美國等少數國家。

二、社會醫療保險制度產生的基礎

根據社會醫療保險制度的起源，我們可以歸納出以下基礎條件：

（1）生產力的發展是社會醫療保險制度產生和起源的物質基礎。社會保險絕大部分是由政府舉辦的，國家財力來源於收繳的利稅，它是社會一部分剩餘產品的聚集。只有當生產力有較大發展、社會剩餘品增多時，國家才能夠掌握足夠的物質和貨幣用於開展社會保險。社會生產力的水準在一定程度上也決定了保險的範圍、保險項目的數量和待遇標準。

（2）生產的社會化是直接動力。因為生產的社會化，資本家為了使勞動力的價值得到最大體現，最大限度地榨取剩餘價值，再加上分工、協作達到了全社會的層面，於是出現了更多的無產階級者。當這部分人群有了更多更強大的行會組織時，他們有為自己的成員提供醫療保障服務需求的可能和能力，而且由於勞動者為參與社會化大生產、創造社會財富做出了重大貢獻，從而迫使政府提供享受基本醫療保險待遇的權利，這才是社會醫療保險產生的直接動力。同時，在社會化的大生產中，由於機器操作使勞動緊張程度提高，勞動者在生產中的危險因素增加，職業病、傷殘事故屢見不鮮，客觀上也要求建立醫療保險。生產社會化也引起了家庭結構的變化，多代同堂減少，核心家庭增加，使得家庭、親友與團體的保證功能大為削弱，生老病死等基本生活需要國家、政府和社會保障。

（3）社會政治條件。許多發達國家的政府將社會醫療保險作為穩定社會的政治手段，因為它能減少或分散疾病損失，緩解社會成員因疾病、傷殘、失業等不幸事件而陷入絕境，發揮其保障、穩定、再分配、風險分擔等功能。因此，許多執政黨均把社會保障作為政府職責和穩定政治的手段加以推崇，把它譽為「社會穩定器」或「減震閥」。這也是社會醫療保險制度持續的重要保證。

（4）理論基礎。社會醫療保險制度產生的理論基礎有福利經濟學、福利國家理論、

政府干預經濟「刺激需求」，還有英國著名的貝弗里奇報告。這些理論都主張政府興辦公共設施，建立覆蓋面全、內容廣泛的高福利制度。這是社會醫療保險制度產生的思想基礎。

（5）技術基礎。商業健康保險的理論和經驗為社會醫療保險的建立和發展提供了很多管理和技術上的啟示和幫助。廣義上講，社會醫療保險也是為人身風險提供保險，與商業人身保險有相同之處，因此，商業人身保險的技術方法對社會醫療保險具有特別重要的參考價值，社會醫療保險在很大程度上借鑑了商業人身保險的經典理論和實踐經驗。

（6）組織基礎。各種互助組織的產生和發展是社會醫療保險產生的組織基礎。在資本主義原始累積時期，產業工人收入微薄，經常面臨失業、傷殘、疾病、年老等各類風險，極易陷入困境。為此，他們自發創立了互助互濟基金組織，共同分攤意外事故與疾病造成的損失，抵禦風險，渡過難關。而社會保險制度正是借鑑了互助組織的經驗建立起來的。

綜上所述，社會醫療保險的產生不是偶然的，而是政治、經濟、思想、技術和組織等方面發展的必然結果。生產力的發展是社會醫療保險制度的產生和起源的物質基礎；生產的社會化是它產生的直接動力；社會政治條件是它持續的重要保證；福利經濟學、福利國家理論、政府干預經濟「刺激需求」，還有英國著名的貝弗里奇報告是它產生的思想基礎、理論基礎；商業健康保險的理論和經驗是它建立和發展的技術基礎；各種互助組織的產生和發展是社會醫療保險產生的組織基礎。

第二節　發達國家的醫療保險制度發展路徑

繼德國1883年《疾病保險法》頒布之後，許多歐洲國家也相繼建立了自己的社會醫療保險制度（奧地利在1887年，挪威在1902年，英國在1910年，法國在1921年）。到20世紀30年代，大多數歐洲國家都建立了社會醫療保險制度。亞洲國家中日本在1922年出抬了《健康保險法案》，建立了德國式的社會醫療保險制度。

1911年國際勞工組織（ILO）成立以後，很快就成為各國討論社會醫療保險政策的論壇，它創立了多項有關社會醫療保險的國際勞工公約，並促請各成員國積極採納，這對整個歐洲和世界其他地區相關法律和制度的建設起了很好的推動作用。如1944年ILO通過的「醫療服務建議（第69號）」就呼籲各國政府滿足「公民對醫療服務和設施的需要，以便恢復健康和預防病情進一步惡化，以及減輕疾病所帶來的痛苦，並進一步保護和改善健康狀況」。此後，ILO又進一步明確了社會醫療保險的基本原則，包括醫療服務的資金應由被保險人、雇主和政府共同籌集；凡收入不低於貧困線的成員均應繳納保險費；被保險人繳納的最高保險費應控制在不造成其生活困難的範圍內；政府應為生活在貧困線以下者支付保險費；社會醫療保險支付範圍外的醫療費用應由自己負擔等。這些指導原則使得社會醫療保險制度在世界範圍內得到了鞏固和發展。

在社會醫療保險制度的建立過程中，許多國家採取了所謂的國家衛生服務模式

（NHS），即政府直接組織向全體公民提供醫療服務，經費主要由國家稅收和財政支付。如匈牙利在1920年，蘇聯在1935年都建立了這種制度，英國在1948年也開始實行這種體制。此後，東歐國家都效仿蘇聯的模式，而加拿大、新西蘭和瑞典、挪威、芬蘭、冰島、丹麥等北歐國家則採用了與英國類似的模式。在西方工業化國家中，美國一直是商業醫療保險占優勢，直到1965年，才出現了由政府開辦的針對老人和貧困人口的社會醫療保險。

一、萌芽時期

17世紀初，受工業化革命的影響，英國社會經濟結構發生了變化，城市出現了失業、流浪和貧困等現象。英國政府為了維護社會穩定，在1601年頒布了《伊麗莎白濟貧法》（舊濟貧法），規定國家要對患病者和身體不健全者提供救濟和醫療服務，這可以視為廣義的醫療保險——健康保險的萌芽，當然這種保險在當時還非常不穩固、不完整。到了18世紀60年代，歐洲開始了第一次工業革命，工人階級隊伍迅速壯大。為分散疾病經濟負擔，工人們自發組成互助組織提供醫療保險。到了19世紀中下葉，歐洲許多國家出現了工人互助組織，如英國的友愛社、德國的扶助金庫等，這些組織為工人提供民間醫療保險，並且日益成為這些國家籌集醫療經費的重要形式。這種民間保險多半是工人們在一種職業或者一個地區的基礎上，自願組成各種基金會或互助組織，共同集資以償付醫療費用。保險基金主要由工人本人支付，雇主和國家並未參與。

二、建立時期

19世紀末到第二次世界大戰，是醫療保險制度的建立時期。

19世紀70年代，德國經濟危機此起彼伏，進一步加劇了階級矛盾。為了緩解勞資矛盾，當時的德國首相俾斯麥採取了「胡蘿蔔加大棒」的鎮壓和安撫兩方面政策，建立和實行了一系列社會保險計劃，其中包括1883年頒布的《疾病保險法》。《疾病保險法》的頒布，意味著政府正式介入國民的健康問題，這是社會醫療保險與以前民間醫療保險之間最大的區別，因此，《疾病保險法》的頒布通常被認為是現代社會醫療保險誕生的標誌。

之後，英國、法國、奧地利、比利時、荷蘭和義大利等很多國家紛紛效仿德國，頒布法律以建立醫療保險制度。瑞典於1910年出抬了《疾病保險法》並在各地普遍推行（1947年改為實行國民健康保障制度）；英國於1911年12月出抬了《國民保險法》，明確規定在全國範圍內實施醫療保險制度（1948年被國家衛生服務制度所代替）；法國於1928年在全國範圍內推出統一的《疾病社會保險法》，涵蓋了疾病、生育、死亡、殘疾和養老等各項保險。

1922年後，這一制度逐步由歐洲傳至其他大洲。日本於1922年率先在亞洲建立了醫療保險制度，巴西於1923年率先在美洲實行社會醫療保險制度，1938年新西蘭將社會醫療保險的火種在大洋洲點燃。

俄國率先建立了針對勞動者和供養人的免費醫療制度。在這個制度下，醫療服務

機構全部變為國有，國家舉辦醫療衛生服務事業，直接向勞動者提供免費醫療服務。這一模式曾被作為社會主義制度的優越性廣為宣傳。波蘭（1920年）、古巴（1934年）等社會主義國家普遍效仿蘇聯模式，建立了免費醫療制度。

這一時期的醫療保險制度建設具有以下幾個特點：①大多數國家建立社會醫療保險制度的最初動因是為了解決工業化帶來的社會問題和緩解階級矛盾，加強和鞏固資產階級的統治；②保險對象大多僅局限於城市某些行業和特殊工種的工人及其家屬，主要目的是補償因疾病蒙受的直接利益損失，而且各項保障措施分散且不成體系；③這一階段是各種理論比較活躍的時期，福利經濟學、凱恩斯主義和馬克思主義理論對醫療保險制度的建立和發展都產生了重要的影響，這些思想和觀念是日後逐步形成不同的醫療保險模式的理論基礎。

三、發展時期

第二次世界大戰結束到20世紀70年代是醫療保險制度的發展時期。一方面是早期建立醫療保險制度的國家從單一制度向多元化制度體系發展並逐步完善，另一方面是原來沒有建立醫療保險制度的國家奮起直追，建立包括醫療保險在內的社會保障制度成為一種國際潮流。1952年，國際勞工組織制定並通過了《社會保障最低標準公約》，對疾病津貼、醫療護理等的最低標準做了規定。雖然《社會保障最低標準公約》對各國不具有實質性的約束力，但是它的通過表明包括醫療保險在內的社會保障制度已經被國際社會所接受，從而促進了醫療保險制度建設的蓬勃發展。

1948年，時任英國首相的艾德禮採納了貝弗里奇《社會保險及有關服務》報告中的主張，正式頒布《國家衛生服務法》，宣布建立國家衛生服務制度（national health service，簡稱NHS）。這一制度的服務範圍很廣，從緊急事故救護、嬰兒接生到殘疾人護理，幾乎無所不包。1964年，英國對《國家衛生服務法》進行了修訂，明確規定：國家衛生服務制度的宗旨是根據病人的需求提供服務並確保人人享有免費的醫療服務。隨後，新西蘭、澳大利亞、南非、加拿大、瑞典、西班牙等國紛紛效仿英國，建立了國家衛生服務制度。

美國是一個移民國家，信奉市場經濟，國家成立後一直將民眾的健康和醫療問題看成是個人問題，主要通過商業醫療保險的形式予以解決。實行商業醫療保險100多年後，在其他國家的影響下，美國政府開始干預國民健康問題，於1965年建立了社會醫療保險性質的醫療補助計劃（medicaid），由聯邦政府和州政府共同出資，向窮苦的老年人、殘疾人、單親父母等弱勢群體免費提供一些基本的醫療服務，有薪階層仍以商業醫療保險為主，逐步形成了多元化的醫療保障體系。

同時，隨著全世界經濟的復甦和第三世界國家民族獨立運動的勝利，亞洲、拉丁美洲等地區的國家也開始著手建立包括醫療保險制度在內的社會保障制度。特別是第二次世界大戰以後新獨立的國家，借鑑歐美國家建立和發展醫療保險制度的經驗和教訓，紛紛建立了社會醫療保險制度。亞洲的許多國家，如菲律賓、韓國等，從20世紀60年代開始，先後在全國範圍內推行強制性社會醫療保險制度。以韓國為例，韓國自1977年建立社會醫療保險制度後，按照企業規模逐步擴大覆蓋面，社會醫療保險覆蓋

面從最初擁有 500 名僱員及以上的企業，逐步擴展到擁有 300 名、100 名僱員的企業，最後擴展到擁有 16 名及以上僱員的企業。在逐步擴大企業覆蓋面的同時，1979 年將參保人群擴展到政府官員和私立學校教師，1980 年擴展到軍人家庭和私立學校基金會僱員，1988 年、1989 年又擴展到農村和城市自由職業者，直至今天幾乎覆蓋全民，其間歷時 20 多年，而這 20 多年正是韓國經濟高速增長的時期。

這一時期醫療保險制度發展的主要特點是：①社會醫療保險的觀念更加深入人心，各國政府不僅把社會醫療保險制度作為維護政權統治和保持社會穩定的「安全網」，同時也將其視為促進經濟發展的重要經濟政策，醫療保險開支占整個社會保障和國民生產總值的比重明顯提高；②醫療保險制度的覆蓋範圍進一步擴大，逐漸從產業工人擴展到其他僱員，再擴展到供養人，有的甚至擴展到全民；③醫療保險的待遇水準逐步提高，從疾病津貼發展到支付醫療費用的疾病保險，從住院等大病保險擴展到普遍的衛生服務保障，絕大多數國家將生育津貼和生育期間的醫療費以及傷殘醫療費等也納入了醫療保險範圍。

四、改革時期

20 世紀 70 年代以來，各國醫療保險都出現了醫療費用增長迅速與醫療保險基金籌集能力下降之間的矛盾。產生這一矛盾的主要原因有：

（1）隨著計算機、基因分析等高科技在醫學中的運用，醫藥技術迅猛發展，成本相應提高。

（2）出生率下降、死亡率降低和人口預期壽命延長等因素加速了人口結構老齡化的進程。這一方面使疾病譜發生重大變化，老年病、慢性病增多，對醫療衛生經費的需求增加；另一方面也導致了醫療保險繳費人口相對減少，醫療保險基金籌集能力下降。

（3）隨著人民生活的改善，人們的健康需求普遍提高。

（4）傳統的醫療保險體系導致醫療服務供需雙方缺乏費用意識，造成醫療保險基金浪費和支出結構不合理，醫療保險基金利用效率低下。一些西方國家的醫療保險制度開始出現收不抵支、入不敷出的現象。

面對這些困難和壓力，各國紛紛對醫療保險制度進行改革，核心是提高醫療衛生資源的利用效率，節約醫療費用。主要的改革措施有以下幾個方面：

1. 多渠道增加醫療保險基金收入

為增強醫療保險基金的支付能力，20 世紀 80 年代以來，各國紛紛採取措施增加醫療保險基金收入，主要辦法有兩個：一是擴大繳費基數，二是提高醫療保險繳費率。如法國自 1991 年起開徵「社會共同救濟稅」，將許多替代性收入，如養老金、失業保險津貼、遺產性收入以及財產性收入（股票所得、房屋租賃收入、銀行利息）等納入繳費（稅）基數，並且稅率逐年上升，1991 年、1993 年和 1996 年分別是 1.1%、2.4%和 3.4%，1998 年為 7.5%，該項稅收全部用於醫療保險；日本從 1999 年 9 月起，將政府管理的健康保險費率從月工資的 8.2%提高到了 8.5%；德國社會醫療保險的平均籌資率已由 1970 年的 8.2%增長到了 2002 年的 14%。此外，一些國家還通過發行彩

票、開徵菸草附加費等辦法補助醫療保險基金,如法國政府要求藥商將營業收入的4%交給政府,用於補助醫療保險基金。

2. 加強需方控制,建立醫療費用分擔機制

為增強患者的費用意識,許多國家都引進了醫療費用分擔機制,並逐步提高了患者的自付額度。如在英國,患者(16歲以下兒童、孕婦及哺乳期的母親、退休人員以及接受家庭收入補助者除外)自付的處方費由1971年的20便士,逐步提高到了1979年的45便士、1980年的1英鎊、1983年的1.4英鎊、1987年的2英鎊、1991年的3.75英鎊和2000年的7英鎊。自1979年起,增加配眼鏡和牙科治療的自付費用數額。1987年規定,治牙全部費用的個人最高負擔額為115英鎊,常規治療費用超過17英鎊的部分,個人要負擔40%。葡萄牙於1984年、1986年和1988年先後3次規定並調整了醫療保險中四類藥品的自付比例。日本從1999年開始,政府管理的健康保險制度中個人負擔的醫療費用從10%提高到了20%。

3. 加強供方控制,控制手段日趨多樣化

(1) 加強社區衛生服務,提高全科醫生的地位。

通過強調全科醫生在整個醫療保健體系中的「守門人」地位,控制醫療費用、減少醫療浪費、提高初級衛生保健的質量和優化資源配置,從而提高整個醫療保健體系的質量。推行這種做法的典型國家是英國。患病時,除非是急診,否則患者必須先到全科醫生處就診,只有在全科醫生認為病情嚴重、確有必要轉診的情況下,患者才可以到醫院就診。實行全科醫生「守門人」制度後,英國全國的平均轉診率只有15%。

(2) 改革醫療費用結算辦法。

從傳統的按服務項目付費等後付制向總額預算、按病種付費等預付制的醫療費用結算辦法轉變。通過制定預付標準和總量等來約束醫療服務提供者的醫療行為,並通過在結算辦法中引入獎懲機制使其共同承擔經濟風險,自覺、自願規範醫療行為,使用適宜的醫療技術以控制醫療費用。美國的醫療照顧福利計劃(medicare)從1982年開始實行按病種付費,到1987年,5年內65歲以上老人的住院率每年下降了2.5%,平均住院天數從1982年的10.2天縮短為1987年的8.9天。

(3) 加強政府部門對醫療服務特別是藥品價格的管理。

傳統的醫療服務價格由服務提供者制定,這種由供方主導的、可自由變動的價格是造成醫療費用上漲的主要原因之一。許多國家都對醫療服務的定價方式進行了改革,實行政府定價或由社會保險經辦機構與醫療機構協商定價,用統一的價格來規範醫療服務提供者的行為。

第三節　發展中國家醫療保險制度的發展路徑

中國是發展中國家,由於社會保障與經濟發展階段之間有一定的內在聯繫,因此,瞭解國際上發展中國家醫療保險制度的建立和發展情況,對中國醫療保險制度的發展將有積極的借鑑意義。

1924 年，醫療保險制度擴展到發展中國家，南美洲的智利最早建立了社會醫療保險制度。第二次世界大戰結束以後，亞洲、非洲和拉丁美洲等地的許多發展中國家，包括印度、土耳其、埃及、阿爾及利亞、突尼斯、古巴、利比亞和尼加拉瓜等國都先後建立了自己的社會醫療保險制度。

由於社會經濟環境不同於發達國家，這些發展中國家在建立社會醫療保險制度時都結合自己的實際情況採取了不同於歐洲國家的制度模式。由於這些國家的衛生服務體系都不完備，政府必須首先建立、健全醫療服務體系來向被保險人提供醫療服務。其次，由於這些國家的經濟不發達，社會醫療保險制度的建設也採取了先從大城市開始再逐漸推廣的方式。此外，這些國家還很重視由被保險人選出代表或董事會來參與醫療保險的管理。隨著時間的推移，這些國家的社會醫療保險制度也在不斷地進行調整，不斷變化的政局也是某些國家制度模式發生變更的原因。隨著經濟的發展，非洲、東南亞和加勒比海地區的部分國家也逐漸開始建立自己的社會醫療保險制度。其中，政府的支持和國際組織的幫助起到了非常重要的作用。

一、發展中國家醫療保險制度發展歷程

對於國家層面的醫療保險制度而言，發展中國家醫療保險制度的出現相對較晚。一般來講，發展中國家醫療保險的最初立法和有關機構的建立，都較多地借鑑了歐洲國家的經驗。發展中國家醫療保險制度或者是在新興的強有力的政府支持下建立而成的，如中國、古巴等國家，或者是當時的殖民地國家從其宗主國繼承發展而建立的，如印度、巴西等國家。

發展中國家醫療保險制度的建立可以追溯到 20 世紀 20 年代。早在 1918 年，智利就為軍隊以外的工人提供了綜合醫療保險；1924 年，智利頒布了《社會保障法》，醫療保險作為社會保障項目的重要組成部分從此有了法律依據。拉丁美洲國家在醫療保險制度的建立和有關法規的頒布方面都早於其他地區的國家。阿根廷於 1934 年，厄瓜多爾於 1935 年，秘魯於 1936 年，哥倫比亞於 1938 年，委內瑞拉於 1940 年，巴拿馬於 1941 年，都出抬了有關社會醫療保險制度的法律法規。

20 世紀 40~50 年代，由於極端貧困落後和缺醫少藥，疾病肆虐，人們處於水深火熱之中。在這種情況下，不少新獨立的發展中國家開始著手建立和發展自己的醫療保險制度。在這一時期，建立醫療保險制度的發展中國家除了拉丁美洲的哥斯達黎加、墨西哥、危地馬拉之外，還有印度、阿爾及利亞、土耳其、印度尼西亞等國家。發展中國家的醫療保險制度在建立之初，主要有三種發展路徑：

第一種路徑，也是最常見的路徑，是醫療保險機構通過大力發展醫療服務機構來保障全體參保者。這些醫療服務機構通過配備全職或兼職醫生來運作，醫生和管理人員的工資通常由醫療保險機構承擔。在這種模式下，社會醫療保險資金來源於雇主和雇員的繳費以及國家財政的支持。此外，養老金營運機構提供的貸款也為這種制度的發展提供了資金來源。這種模式下的醫療保險制度往往是社會保險制度的子系統。最先採取這種發展路徑的國家主要是拉丁美洲國家。20 世紀 50 年代以後，其他地區也有不少國家採取了這種發展模式，如埃及、利比亞、牙買加和土耳其等。

第二種路徑，被稱為「漸進發展模式」。在這種模式下，社會醫療保險的覆蓋範圍較為有限，如根據地理因素、行業等來覆蓋不同人群。一般而言，最先覆蓋城市職工，然後逐漸擴大至在城市的其他群體，如自雇者和非正規就業人員等。然而，由於政治、經濟和歷史方面的阻礙，這種模式很難覆蓋全體國民，尤其是大量的農村人口，這也是目前這種模式所面臨的主要挑戰之一。

第三種路徑，則是由參保者選擇由政府或者某個代理機構來運作的醫療保險制度。

目前，直接由政府免費提供醫療保障不再是發展中國家的唯一選擇。不少國家，如巴西、哥倫比亞和秘魯等，都開始發展包括私有醫療部門在內的多樣化的醫療保險模式。與此同時，不少發展中國家的醫療保險制度已經不能歸為建立之初的三種制度體系。突尼斯早在1960年就採取了由社會保險部門對受保者低層次的醫療需求一次性總給付的形式來保障受保患者。黎巴嫩、朝鮮和阿爾及利亞則採取了對受保者部分償付的方式，即通過醫療保險部門與醫療服務機構正式協商來實現受保者一定程度的付費。

自20世紀70年代末，隨著社會經濟的發展，發展中國家在醫療保險制度方面出現了一些新的進展。古巴於1979年，利比亞於1980年，尼加拉瓜於1982年，各自將覆蓋特定人群的強制性的醫療保險制度轉變為覆蓋全體國民的國民醫療保障體系。

二、對發展中國家醫療保險制度的評價

（一）所處階段與保障水準

各發展中國家的醫療保險制度發展可以說存在較大差異。相比之下，拉丁美洲國家，如智利、巴西、墨西哥等國家的醫療保險制度已經較為成熟，保障水準較高，而一些非洲國家的醫療保險制度還處於初創期，保障水準較低，甚至有一些國家沒有醫療保障制度。各國的保障水準也有顯著區別，一般來說，各國醫療保險制度的發展與經濟發展水準成正比。按照收入水準我們可以把發展中國家分為以下幾類：

（1）極低收入國家（人均GNP300美元以下）：盧旺達、莫桑比克、埃塞俄比亞、坦桑尼亞、塞拉利昂、馬拉維、乍得、烏干達、馬達加斯加、尼泊爾、越南、孟加拉國、海地、尼日爾、幾內亞比紹、肯尼亞、馬里、尼日利亞和也門等。這些國家由於經濟發展水準低下，除國家公務員與國有企業（如鐵路、民航等）雇員外，整個社會基本上沒有醫療保障制度。

（2）低收入國家（人均GNP300～750美元）：布基納法索、多哥、印度、岡比亞、尼加拉瓜、讚比亞、貝寧、中非、阿爾巴尼亞、加納、巴基斯坦、毛里塔尼亞、津巴布韋、幾內亞、洪都拉斯、塞內加爾、科特迪瓦、剛果、吉爾吉斯斯坦、斯里蘭卡、亞美尼亞、喀麥隆和埃及等。這些國家，由於經濟發展水準不高，除國家公務員與大、中型企業雇員外，其他人群的醫療保障制度正在逐步建立的過程中，醫療保障人口覆蓋面較小。

（3）中等收入國家（人均GNP750～2,900美元）：玻利維亞、摩爾多瓦、印度尼西亞、菲律賓、烏茲別克斯坦、摩洛哥、哈薩克斯坦、危地馬拉、巴布亞新幾內亞、

保加利亞、羅馬尼亞、厄瓜多爾、多米尼加、立陶宛、薩爾瓦多、牙買加、巴拉圭、阿爾及利亞、哥倫比亞、突尼斯、烏克蘭、秘魯、斯洛伐克、拉脫維亞、哥斯達黎加、波蘭、泰國、土耳其、巴拿馬、委內瑞拉和愛沙尼亞等國。這些國家，由於經濟持續發展，除國家公務員、企業雇員及其家庭外，個體勞動者（含農民）的醫療保障制度逐步建立，醫療保障人口覆蓋面迅速擴大。

（4）中上等收入國家（人均 GNP2,900～9,000 美元）：巴西、南非、毛里求斯、捷克、馬來西亞、智利、特立尼達與多巴哥、匈牙利、加蓬、墨西哥、烏拉圭、斯洛文尼亞、阿根廷等國。這些國家由於經濟發展水準較高，各種人群（含農民）家庭醫療保障制度均已建立，城鄉醫療保障制度已並軌，醫療保障人口覆蓋面逐步擴大到全國所有家庭。

(二) 存在的主要問題

發展中國家醫療保險制度面臨的問題有：

1. 醫療保險制度可持續性的問題

發展中國家由於經濟水準所限，通常只能提供較低層次的社會醫療保險。在非洲一些國家，衛生條件極其惡劣，人們尚未解決溫飽問題，也不可能建立社會醫療保險制度。即使是在醫療保險制度較為完善的國家，在醫療費用不斷上漲的今天，在經濟社會經歷轉型的背景下，發展中國家的醫療保險制度也將面臨異常嚴峻的考驗。

2. 擴大覆蓋面的問題

大多數建有社會醫療保險制度的發展中國家，在醫療保險制度的建立之初，都選擇了較少的覆蓋人群，如印度在醫療保險制度的建立之初僅覆蓋了國有企業職工，南非僅僅建立了醫療救助制度等。但隨著經濟社會的發展，醫療保險制度迫切需要擴大覆蓋範圍。不僅如此，廣大發展中國家城市化水準相對較低且擁有大量的農村人口，而如何把廣大農村地區囊括到社會醫療保險體系中去，是發展中國家未來醫療保險制度發展過程中的重大挑戰。

3. 醫療保險營運機制的問題

從世界範圍來看，醫療保險的營運機制，無非是公共機制和私營機制兩種。就發展中國家來看，古巴是典型的公共機制（包含社會制度的成分），此外，泰國、巴西等國的公共機制也都較為突出，而智利、印度等國的市場機制則發揮著較為明顯的作用。可以說，公共機制在解決市場失靈的問題上較為有效，但也帶來了更多的等候時間，造成了一定的低效率；私營機制運作效率較高，但帶來了更多的市場失靈，有失「社會公平」。如何更好地平衡市場和政府兩種營運機制，把公共機制和私營機制更好地結合起來，是廣大發展中國家未來要解決的難題。

三、發展中國家醫療保險制度的發展趨勢

未來發展中國家醫療保險制度將朝著以下方向發展：

1. 保障對象向全民發展

當前，除巴西、泰國等少數發展中國家外，大多數發展中國家還遠遠未達到「全

民皆保障」的程度。但是，各國在改革中都把擴大保障範圍、普及醫療保障作為政策的重點，即使是實行商業醫療保險型的國家，也把擴大保險參與者的範圍作為政策目標去努力實現。

2. 從醫療保障逐步向健康保障發展

從醫療保障制度發展的歷程來看，在工業化初期或中期階段，各國一般都因傳染病流行而特別重視公共衛生醫療的發展，並投入大量的醫療資源，對貧困或低收入的個人或家庭給予醫療援助，提供低費用的服務。因此，從整體趨勢來看，隨著經濟的發展，發展中國家以醫療為主的保障體系必然向以預防為主的公共保健發展。

3. 籌資機制多元化、保障層次多樣化

由於政府財源供給的有限性和個人醫療需求的多樣化，發達國家所採取的醫療保險模式雖然各不相同，但都不是以單一的機制來籌措醫療保障費用，而是開闢多種籌資渠道。即使是在以商業醫療保險為主的美國，政府也通過徵收工資稅和動用政府的一般收入來籌集資金；而英國雖以國家稅收籌集資金為主，但也允許通過私人投保、自付部分費用來拓寬籌資渠道；新加坡政府則實施了保健儲蓄、健保雙全、保健基金三大計劃，形成了由個人、社會、政府共同承擔醫療費用的模式。

4. 注重公共機制和市場機制的有機結合

醫療保健商品是一種特殊商品，具有許多與一般服務不同的特點，如疾病發生與治療結果等各個環節的不確定性、醫患雙方由於技術壟斷形成的嚴重信息不對稱、醫保雙方存在的逆向選擇與道德風險、醫療服務的外部性等，這為政府運用公共機制對市場進行各種干預提供了理由。但不少政府對醫保市場的干預實踐卻顯示，政府對醫保市場的過多干預效果並不理想，如出現了醫療費用失控、醫療服務體系效率低下等現象。因此，近些年的醫療保障制度的發展傾向就是注重公共機制和市場機制的有機結合。例如，南非對醫療改革模式的探討、智利的醫療保險改革都在強調市場和政府的結合。

5. 加大個人負擔責任、增強個人保障意識

從需求源頭上控制醫療費用上漲，實行費用分擔是首選途徑。因此，各發展中國家都注重強化個人責任，實行費用分擔。在實施過程中，具體方法有確定起付線、確定費用分擔比例、確定封頂線等。

6. 注重社區醫療預防與治療的有機結合

社區衛生服務應集醫療、預防、保健、康復、健康諮詢為一體，把部分常見病、多發病以及公共衛生問題解決在基層，這樣既可以分流大型醫療機構的壓力，又可以避免大型醫院醫療資源的浪費。社區衛生服務具有廣泛性、高質性、便捷性、經濟性的特點，這對於加強老年病、慢性病的防治和發展婦女、兒童保健有著特別重要的意義。泰國社區醫療保險的成功運行，為廣大發展中國家甚至為發達國家提供了重要的借鑑。

【本章思考題：重點及難點】

◇發達國家醫療保險制度的產生與發展改革歷程，有哪些教訓值得我們反思，有哪些先進經驗值得中國借鑑和學習？

◇通過查閱相關資料，歸納總結，熟悉瞭解發展中國家的醫療保險制度構建和改革措施，並思考這些醫療保險制度構建和改革措施中有哪些教訓值得我們反思，有哪些經驗值得中國借鑑和學習？

◇中國社會醫療保險制度在新歷史環境下面臨哪些發展與改革問題？

補充閱讀一：奧巴馬醫改

高度依賴市場作用的美國，在醫療衛生服務上面臨兩大難題：①占據 GDP 高達 20%且不斷增長的醫療費用負擔，②涉及約 5,000 萬美國公民的醫保覆蓋不全的問題。因此，旨在擴大醫保規模並削減醫療費用支出的奧巴馬醫改於 2010 年正式簽署實施[1]。

一、奧巴馬醫療保險制度改革的歷程[2]

奧巴馬醫改法案通過的歷程極其曲折，從提出到正式簽署歷時約 14 個月。自奧巴馬 2009 年 1 月 20 日入主白宮之後，有關醫療改革的重要時間點及事件如下：

1. 2009 年 6 月 17 日開始，美國參議院和眾議院陸續討論各自的醫改方案，其目標為在同年 8 月國會休會前整合併出抬一項民主黨和共和黨均能接受的議案，但是未能如願以償。

2. 2009 年 9 月 9 日，奧巴馬在國會兩院聯席會議上進行演講，希望能得到國會議員對其醫療保障制度改革計劃的廣泛支持。

3. 2009 年 10 月，參議院財政委員會通過了一項較為符合奧巴馬提倡的改革原則的醫改法案。

4. 眾議院審議階段：2009 年 11 月 7 日，眾議院以 220：215 的投票結果，通過近 2,000 頁的眾議院版本的醫改法案（Affordable Health Care for America Act），總額約為 1.2 萬億美元。

5. 參議院審議階段：2009 年 12 月 24 日，美國參議院以 60：39 的投票結果，通過了全面醫療改革法案（Patient Protection and Affordable Care Act），總額約為 8,710 億美元。

6. 2010 年 2 月 22 日，參議院和眾議院討論醫改法案統一文本的進程受挫。為了挽救醫改計劃，奧巴馬參照參議院醫改法案，強力推出第一個內容詳細的白宮版本醫改提案。

---

[1] 李俊，李重. 從奧巴馬醫療到特朗普醫療：美國醫療改革對中國的啟示［J］. 中國衛生經濟，2018（4）：94.

[2] 郭林，楊植強. 奧巴馬醫療保障制度改革綜論［J］. 江漢論壇，2013（3）：127.

7. 兩院聯合審議階段：2010 年 2 月 25 日，奧巴馬主持召開兩黨醫改峰會，圍繞控制醫療成本、改革醫療保險市場、削減政府預算赤字、擴大醫保覆蓋面等方面展開磋商。3 月 21 日，美國國會眾議院以 219：212 的投票結果，通過了參議院醫改方案。3 月 25 日，美國參議院以 56：43 的投票結果，通過了修正後的醫療保障體系改革補充法案，即「預算協調」法案。

8. 總統簽署法案階段：2010 年 3 月 23 日，奧巴馬簽署了「Health Care Reform in the United States」，3 月 30 日簽署了醫療保障體系改革補充法案，即「預算協調」法案，標誌著美國醫改立法程序完成。

9. 在奧巴馬簽署醫改法案後不久，以佛羅里達州司法部長邁克科倫為首的 13 名司法部部長聯合向佛羅里達州彭薩科拉地方法院提起訴訟，理由是醫改法案有違美國憲法。隨著這一起訴呈蔓延態勢，更多的州、獨立企業聯合會和一些私企紛紛採取了起訴行動。2010 年 11 月，美國高級法院正式宣布將對此案舉行聽證。

10. 2012 年 6 月 28 日，最高法院以 5：4 的投票結果裁定奧巴馬醫改法案核心內容不違憲，使得奧巴馬醫療改革得以持續進行。

上述醫改法案通過的過程極其艱難，眾議院前議長佩洛西在 2010 年 1 月的新聞發布會上，用生動的語言描述了民主黨人的醫療改革歷程：如果門關上了，我們就翻籬笆；如果籬笆太高了，我們就撐竿跳；如撐竿跳還是夠不著，我們就跳傘。總之，無論如何，我們都要通過醫改方案。

二、奧巴馬醫療保障制度改革的具體內容[①]

根據最終通過的美國醫改方案，超過 3,200 萬沒有醫保的人將在 2019 年年底擁有醫療保險；保險公司有權拒絕為已經患有癌症和心臟病的申請人投保或續保的霸王條款將被取消；醫療援助計劃將擴大，大約 1,600 萬年收入低於 1.5 萬美元的人口將被納入其覆蓋範圍；老年公民在自付藥費達到 2,830 美元時，將可獲得 250 美元的處方藥補助；每位美國公民都必須投保，否則他們會面臨一定數額的罰款（2016 年的罰款數額為 695 美元或當年收入的 2.5%）；用人單位必須為其雇員投保，否則將按每名員工 2,000 美元施以罰款（雇員數在 50 人以下的企業不受此規定的制約）。醫改法案實施時間表如下：

1. 90 天後，向由於先前存在健康問題而被拒保的人提供高風險保險計劃。

2. 6 個月後，禁止保險公司把患病者和先前患有疾病的兒童擋在參保的大門之外，不允許保險公司給終生可獲得的保險福利設定上限，不可取消生病保護的保險計劃，允許父母的保險可覆蓋 26 歲以下的子女。

3. 1 年內，向加入聯邦醫療保險處方藥保險計劃的老年人提供 250 美元的補貼。

4. 2011 年，規定小型保險公司必須將保費的 80% 用於醫保，大型保險公司至少將保費的 85% 用於醫保。

5. 2013 年，按 3.8% 的稅率，向收入高於 20 萬美元的個人或收入高於 25 萬美元的夫婦的收入、紅利或利息收入徵收醫保稅。

---

① 郭林，楊植強. 奧巴馬醫療保障制度改革綜論［J］. 江漢論壇，2013（03）：128.

6. 2014年，為年收入低於88,000美元的四口家庭提供醫保補貼。

7. 2018年，向為雇員提供個人年度保險金超過10,200美元的雇主徵收保險金40%的額外稅。

8. 2019年，實現以前無任何醫保的3,200多萬人獲得醫療保障的目標。

美國衛生與公眾服務部2016年發布的報告顯示，奧巴馬醫改將為約2,000萬底層民眾帶來醫保福利，其中1,770萬人通過交易平臺獲保。借助健康群體對醫療成本的義務性分擔、「零歧視」法則以及產品服務標準的建立，《平價醫療法案》顯著擴大了弱勢群體在追求利潤、逃避風險的醫保市場中的參與面，其本質是部分底層民眾的醫保負擔向上層群體的轉移①。

補充閱讀二：醫養結合背景下的長期照護保險

在當今世界，人口老齡化已經成為一種全球性的發展趨勢。根據聯合國對老齡化的規定，中國早在2001年就正式進入老齡化社會，並且由於中國人口基數大，從而老齡化發展速度更快。中國老齡化程度的逐步加深，不僅給社會經濟帶來了壓力，還給醫療服務和醫療保險帶來了壓力。國家在嘗試機構養老、居家養老、社區養老、以房養老等模式之外，近年來又出現了醫養結合的養老模式。2011年老齡事業「十二五」發展規劃提出探索「醫養結合」新型養老服務模式。2013年9月發布的《國務院關於加快發展養老服務業的若干意見》中明確提出要推進醫療衛生與養老服務相結合，推動醫養融合發展。而在2015年11月，國務院辦公廳轉發的《關於推進醫療衛生與養老服務相結合的指導意見》中確立了醫養結合養老模式的推進思路。並且在2016年4月，民政部、衛生計生委印發的《醫養結合重點任務分工方案》②中將各項重點任務分工落實。2017年10月，黨的十九大報告進一步提出，推進醫養結合，加快老齡事業和產業發展。這一系列文件的出拾，標誌著醫養結合政策在中國當前具有迫切性和重要的現實意義。

醫養結合是一種將醫療資源與養老資源相結合，有病治病，無病療養的養老服務模式，也是中國積極應對人口老齡化的長久之計。它包括七種模式③，分別是：醫養結合，即醫院辦養老院；養醫結合，即養老院對接醫院；康養結合，即康復醫院與養老院相結合；護養結合，即專業護理機構與養老院相結合；終養結合，即安寧照護或者臨終關懷機構與養老院相結合；線上線下結合，即將互聯網和養老結合、居家照護或居家護理相結合；醫、養、康、護、療、健、終或稱一體化模式，通常指大型養老綜合社區。但如何實現醫養結合養老模式正是當前需要解決的重要問題。

---

① 李俊，李重. 從奧巴馬醫療到特朗普醫療：美國醫療改革對中國的啟示 [J]. 中國衛生經濟，2018（04）：95.

② 中國國家衛生和計劃生育委員會. 國家衛生計生委辦公廳民政部辦公廳關於印發醫養結合重點任務分工方案的通知 [EB/OL]. http://www.nhfpc.gov.cn/jtfzs/s3581c/201604/f2d857e2467d487fa5a54843fe7c166b.shtml.

③ 烏丹星. 醫養結合與老年長期照護的中國思考 [J]. 中國社會工作，2017（9）.

早在20世紀40年代，德國就成了老齡化國家。為解決老年人群，尤其是高齡群體、失能老人的護理問題，德國在1994年頒布並實施《長期照護保險法》（Long Term Care Insurance Act），1995年建立了長期照護保險制度並在1996年全面施行[1]。在20世紀70年代，日本同樣面臨著老齡化下老年人的照護問題，日本在借鑑歐洲LTCI（長期護理保險）的基礎上，2000年建立了LTCI。所以按照以上國際經驗，可以通過建立長期照護制度來減輕老齡化時代醫療支出的沉重壓力。另外，醫養結合養老模式強調在提供養老服務的同時，保障老年人日益增長的醫療服務需求，提高老年人晚年生活質量。故在借鑑發達國家LTCI制度的基礎上，建立適合中國國情的長期照護保險制度是實現醫養結合養老模式的有效途徑[2]。

《關於開展長期護理保險制度試點的指導意見》中提出「國家選擇有條件、有代表性的地區組織開展醫養結合試點，規劃建設一批特色鮮明、示範性強的醫養結合試點項目」，醫養結合養老模式試點是邁出LTCI制度建設的開端，總結試點經驗的成效和不足，才能逐步推進LTCI全面覆蓋。2016年以來，人社部已選擇了15個城市開展長期護理保險制度試點[3]，也取得了一些積極效果，拉動了區域護理服務產業發展。但同時也反應出一些問題，核心其實就是一個字「缺」：缺人、缺錢、缺技術、缺服務。中國專業醫療護理人員數量不足且服務人員質量總體不高[4]。中國養老護理人員的缺口有200多萬人，而目前全國養老護理人員總數只有幾十萬人，取得專業資格的更少，且結構不合理。醫生、護士、營養師、康復師、心理諮詢師、社會工作師等專業人才匱乏。另外，因工資待遇低、勞動強度大、社會地位低、工作風險大等原因，養老機構護理人員年流失率達到30%以上。這導致醫養結合型養老服務質量總體不高，被服務對象的滿意度偏低。

從未來發展來看[5]，醫養結合與老年長期照護，應該在核心理念上達成共識。中國未來的長期照護之路應當：首先需要在人才可持續、發展模式可持續和自主經營可持續這三個環節上有所突破。單純走商業路線，不是養老及長期照護的本質；單純走政府路線，不具備可持續性；單純走公益路線，也不是永久的生存模式。在新的公益理念下，要把「公益」的元素，一開始就植入商業體系中，尤其是與社會服務、社會公共產品、準公共產品相關的事情上。將一種社會需求，通過社會企業的努力，最終打造成社會福祉。習近平總書記也多次提到社會福祉問題，所以，社會企業是未來做長期照護非常重要的一個載體。社會企業與一般企業有什麼不同？第一，公益性的事業，市場化的運作；第二，非暴利，以社會福祉為使命，但不等於不營利，甚至不等於營

---

[1] JONG CHUL RHEEAB, NICOLAE DONEC, GERARD F ANDERSOND. Considering long-term care insurance for middle-income countries: comparing South Korea with Japan and Germany [J]. Health Policy, 2015, 119 (10): 1, 319-1, 329.

[2] 於夢根，蓋鬱馨，周令. 醫養結合養老模式下長期照護保險的探索 [J]. 2017 (6): 843.

[3] 人社部. 關於開展長期護理保險制度試點的指導意見 [EB/OL]. http://www.gov.cn/xinwen/2016-07/08/content_5089283.htm.

[4] 甄炳亮. 抓住新機遇 迎接新挑戰 推進新時代養老服務業發展 [J]. 養老產業, 2018 (20).

[5] 烏丹星. 醫養結合與老年長期照護的中國思考 [J]. 中國社會工作, 2017 (9).

利了一定不容許適度的分紅，否則資本無法運作；第三，需要政府支持，但不依賴政府，形成自我造血機能；第四，形成常態化的社會籌資共建機制；第五，形成常態化訓練有素的服務隊伍和志願者隊伍，這是全球長期照護模式的總結和提煉，中國也不例外；第六，未來在社區這個平臺上，要把人社、衛計、民政、殘聯等原來各自為政的服務體系進行整合，通過信息化手段和路徑，變成一個政社服務統一的大平臺，這麼做不但能夠大大節約資源和成本，更能夠讓老百姓獲得更便捷、更高性價比的綜合性服務。

第三章 醫療保障模式

【內容提要】

◇掌握醫療保障模式劃分的主要依據，掌握國家醫療保障模式、醫療社會保險模式、私營醫療保險模式和醫療儲蓄模式的特徵和優缺點。

◇各類醫療保障模式在不同國家和地區，其產生和發展的歷史背景原因，以及在不同國家和地區的制度適用性，一定要以歷史唯物辯證主義的觀點去客觀分析和看待。

縱觀世界各國的醫療保障制度模式，形式多種多樣，可以從不同的角度進行不同的分類。但在每一個國家中，基本上是以某種保險為主，其他多種保險並存，如果從具體形式和細節去分析，可以說沒有完全相同的兩個國家。實行醫療保障制度的國家，由於各自的經濟發展水準不同、傳統文化不同、價值理念不同，其制度運行也呈現出不同的特點。醫療保障制度包含的內容有醫療資金的籌集、醫療費用的支付、就醫方法的確定、醫療基金的管理等。醫療保障制度模式的分類是一個相當複雜的問題。比如：

按醫療保險基金籌集方式來劃分，有國家醫療保障、醫療社會保險、醫療儲蓄保險和商業醫療保險等類型。

按醫療費用的支付方式來劃分，有按服務項目付費、按服務單元付費、按病種付費、按人頭付費等類型。

按醫療費用負擔方式來劃分，有全免費、半免費、自費等類型。

本章主要討論按資金籌集來源分類的幾種醫療保障模式。即使是按醫療保險基金籌集方式來劃分的醫療保障模式，也是一個相當複雜的、綜合性的概念。應該說，以上幾種分類方法都僅僅強調了醫療保障的某一個方面的特徵，人為地將醫療保險分割成幾個部分，其目的是使讀者從各個角度全面瞭解醫療保障的各個方面。而在實際運行中，它們是連為一體的。因此，本章在著重論述醫療保險基金的籌集方式時，不可避免地會涉及其他方面的特徵。

比如，美國以私營健康保險模式為主，但仍然存在醫療救助，還有醫療社會保險性質的保障模式。中國現行的城鎮職工基本醫療保險是適應中國當前實際、在城鎮地區建立的一種醫療社會保險制度，屬於社會健康保險模式，但是現行的模式中又包含了其他成分，如個人帳戶中又有醫療儲蓄模式的成分，因此城鎮職工基本醫療保險制度是一個複合的模式。實際上在大多數以社會健康保險為主要籌資、補償和組織方式的健康保障模式的國家和地區中，往往都有私營的健康保險作為它的補充，只是所占

比重可能有所區別。

醫療保障模式的核心內容是醫療資金籌集、使用和償付，直接涉及醫療服務供給者、醫療服務需求者與醫療基金經營管理者三方利益的再分配。因此，我們主要從醫療資金的籌集、使用和償付的角度，將世界各國醫療保障模式分為國家（政府）醫療保障型、醫療社會保險型、私營醫療保險型、醫療儲蓄保險型四大類型，下面具體分析各種模式的內容、特徵、優點、缺點，其代表國家及它們的影響等。

第一節　國家醫療保障模式

一、國家醫療保障模式簡介及其代表國家

(一) 國家醫療保障模式簡介

國家醫療保障又稱之為全民健康保障服務，也可稱之為政府醫療保障模式，它是由政府直接舉辦醫療衛生事業，通過稅收方式籌集醫療保險基金，再通過財政撥款給公立醫院以維持醫院正常運行，而醫院直接向國民提供免費或收費低廉的醫療服務。醫療費用預算按各地人口的實際需要進行分配，從而保證每個人都能平等地享受必需的醫療服務。在國家醫療保障模式下，大多數醫療機構都屬於國家所有，醫生及其有關人員的工資由國家支付，國民看病不需要付費或者付費很少，這種制度實質上是一種醫療福利制度或全民公費醫療制度。

這種模式是由國家預算來籌集健康基金，為全體國民提供免費醫療服務的健康保障模式。從籌資來講，它不是借助市場的，不是借助私營保險的方式，也不是借助雇主和雇員一起籌資的方式，它籌資的對象往往是全體國民，最好採用稅收的方式，因此又有人將該模式稱之為「稅收模式」。具體來說，國家通過財政稅收（包括一般稅和特殊稅）的形式徵繳醫療保險基金，然後由中央政府和地方財政逐級通過預算撥款的方式給醫療服務提供方提供資金，為國民提供免費或低收費的醫療服務。在各種醫療保障模式中都有政府稅收這一籌資方式，但不同醫療保障模式的國家從稅收中籌集的費用占衛生保健總費用的比例不同。英國這一比例高達90%，美國的醫療照顧和醫療救助及其他政府補貼占衛生費用總額的43.9%。用這種方式來資助健康保障或健康維護十分流行，比如英聯邦以及受英國影響的大部分國家都採用這種機制，其健康維護主要的籌資方式是稅收。

1. 稅收籌資方式的優點

利用稅收的方式來為健康保障制度籌集資金不失為一個很好的選擇，這種方式的優點很明顯：

（1）效率高。用收稅的方式特別是直接從稅收中來籌資，比如社會保障稅、健康稅，考慮用立法的方式來強化或直接由稅務部門來徵繳。如果一個制度的主要財源是稅收的話，那就解決了後顧之憂。

（2）共濟性強。風險的分散或者說整個全體國民的健康實際上由大家一起來維護，

每個人都在做貢獻。另外這種方式的公平性很高，因為用的是稅收這種方式。

（3）計劃性強。採用稅收籌集健康維護的費用，其籌資標準夠不夠、稅率需不需要提高、該不該提高很明確，都可以計算出來。在英國的模式下只能用加稅的方式來改革，美國也是如此。

2. 稅收籌資方式的缺點

稅收籌資方式也有一些缺點：

（1）受經濟波動影響大，經濟景氣不景氣對醫療保險基金的籌集有直接的影響。

（2）稅收模式對政府財政的要求很高，政府的負擔因此會很重，這在很多的福利國家中一直有所體現。

（3）個人的參與意識和費用控制意識差，很難抑制醫療費用的過快上漲。

國家醫療保障模式中所有的國民都在它的保障系統當中，全體國民都可以獲得保障，而且這種保障是一樣的。實際上國家醫療保障模式又有人翻譯為國民醫療保障模式，這種模式又分為兩種，一種是國家衛生服務模式，一種是國家健康保險模式。

國家衛生服務模式是以英國為代表的，名為 National Health Service（NHS）的系統，因此又有人將國家衛生服務模式稱為「貝弗里奇模式」①。英國的模式從籌資來看是國家主導的，衛生服務和健康維護服務的提供也都是由政府出面來做，政府用預算的方式來分配籌資，在全國範圍內不同地區綜合考慮，建立公立醫院。公立醫院雇傭拿薪金的醫生來為國民直接提供健康維護服務。國家健康保險模式的籌資與前者（英國）相似，但是健康維護服務的提供不一定以由政府出面設立公立醫院為主，而可能是以私營機構或私人醫生為主來提供，如加拿大以及北歐的福利國家，相當於政府是最大的買家，向私人購買健康服務（特別是門診服務和家庭醫生等）。國家保險這種方式和社會保險、商業保險的方式有一定的區別，它肯定是強制的，每一個對象往往都要為籌資做貢獻，當然國家財政也肯定是要出錢（源於每個國民）來建立保險制度的。例如，印度在農村當中推行醫療保障體制改革，嘗試建立國家健康保險公司的方式，政府直接承擔保費。國家通過提高財政補助，減少國民看病自己繳納的費用，從而加強印度農村地區衛生保健體系。細看採取國家醫療保障模式的代表國家，實際上這些國家都主要是英聯邦國家或受英國殖民統治影響的國家和地區。

（二）國家醫療保障模式代表國家——英國

英國是最早實行全民醫療保健制度的國家，也是國家醫療保障類型最具有代表性的國家，其他實行國家醫療保障制度的國家，都是從英國學習來的。英國於 1911 年頒布《國民保險法》規定，所有工資收入者都應參加醫療保障，在指定的醫院就醫。應該說，英國今天的整個社會福利制度，包括國家醫療保障計劃與「貝弗里奇報告」有十分密切的關係。1941 年 6 月，英國政府成立了一個綜合研究機構——各部研究社會保險及有關福利聯合會，任命英國經濟學家、牛津大學教授貝弗里奇（W. H.

---

① 國家衛生服務模式以英國為典型代表，而時任倫敦經濟學院院長的貝弗里奇勳爵受英國政府委託，研究戰後重建社會保障制度的重大理論和政策問題，正式提交了《社會保險及有關服務》的研究報告，史稱「貝弗里奇報告」。此報告對英國社會保險制度的建立有著重大影響，因此又把國家醫療保障模式稱為貝弗里奇模式。

Beveridge, 1879—1963) 為委員會主席。經過一年多的調查與研究，貝弗里奇於 1942 年發表了《社會保險和相關服務報告書》（Social Insurance and Allied Services），史稱《貝弗里奇報告》。在這個報告中，貝弗里奇向政府提出了建立「福利國家」的方案，主張實行失業、殘廢、疾病、養老、生育、寡婦、死亡七個項目的社會保險。他還提出，社會保險的對象是全體公民，個人所得待遇同個人繳費多少沒有太大的聯繫，以保證大家都享受到最低的保障水準。該報告進一步提出了有關社會保險的基本原則，即所有的家庭不管其收入水準如何，應當一律按照統一的標準上額供款（保險費）和領取津貼；領取津貼的時間與數額應當充分；行政管理應當統一。第二次世界大戰後，英國工黨政府全面推行「貝弗里奇計劃」，終於在 1948 年宣稱建立了「從搖籃到墳墓」的「福利國家」保障制度。此後，英國的「福利國家」保障制度被其他工業化國家，尤其是北歐國家和英聯邦國家爭相效仿，這些國家先後建立起「普遍保障」的社會福利制度。

1944 年，英國政府提出「國家衛生服務」的口號和建議，並提出醫療保障服務的三個原則：要對每個人提供廣泛的醫療服務；衛生服務經費應該全部或大部分從國家稅收中支出；衛生服務應該由初級服務、地段醫療服務和中央醫療服務三個部分組成。初級衛生服務由通科開業醫生提供，地段醫療服務由當地政府提供，主要提供專科醫療和住院服務，而中央醫療服務主要負責疑難病的診治和進行醫療科技研究。1948 年，英國通過了《國民醫療保健服務法》，實行了對所有醫療機構的國有化，醫療機構的醫護人員是國家衛生工作人員。1964 年，英國又頒布了《國家衛生服務法》，對所有公民提供免費醫療。該法規定，凡是英國公民，無論有多少財產，均可免費享受公立醫院的醫療，患者只需付掛號費。

在英國醫療總費用中，來自政府稅收的費用約占 79%，其他費用來自社會保險繳費、患者自己負擔以及其他收入。其中，社會保險基金部分是由雇主和雇員繳納的社會保險費（國民保險金）中用於醫療保險開支的部分，約占整個醫療費用總開支的 15%；患者就醫時，可以享受免費門診醫療、住院醫療和藥品，但要自付掛號費。鑲牙、配眼鏡需收取少量費用，還要交一定數額的處方費。但對 16 歲以下兒童、孕婦和有不滿 1 週歲嬰兒的母親、60 歲以上婦女和 65 歲以上男子、津貼領取者以及領取家庭補助的低收入者，不收處方費。患者自付費用部分約占醫療費用總開支的 4%。此外，來自土地售賣的收入約占醫療總費用的 4%。

在組織管理方面，英國的醫療保障管理體制實行政府統一管理。衛生部是英國醫療制度的最高權力機構，下設地區和地段（社區）衛生局，共三級。衛生部控制資源分配，地區衛生局的職能主要是制訂計劃，地段衛生局是衛生服務的執行機構，它由董事會領導，對衛生部負責並獨立於當地政府。在地段一級還有地段衛生委員會參與管理，它代表當地居民的利益，一般由 18~30 人組成，其中 1/6 的成員由地區一級單位任命，5/6 由當地自願組織推選。該委員會沒有參與管理職能，但可向當局提出地段衛生工作建議以及進行社會調查，對地區衛生局的工作進行評價和監督。此外，還有其他管理機構，如家庭醫生委員會，負責管理通科開業醫生。

在醫療衛生服務提供方面，英國的醫療服務體系分為中央醫療服務、地區醫療服

務和地段初級醫療服務三級組織。中央醫療服務機構主要負責疑難病的診治和進行醫療科技研究，地區醫院服務提供綜合醫療服務和專科醫療服務，地段家庭醫生提供初級醫療服務。英國的公立醫院占全部醫院總數的95%，包括綜合醫院和專科醫院。其主要職能是向必須住院的病人提供治療，服務項目包括急診、少量門診、短期住院和長期住院。初級醫療服務也叫家庭醫生服務或通科醫生服務，提供初級醫療服務的醫生稱為家庭醫生或通科醫生。家庭醫生通過家庭醫生協會與地區衛生局簽訂醫療服務提供合同，由家庭醫生個人或集體聯合開設診療所。英國政府規定居民一律在所在地段的家庭醫生診療所登記註冊，患病時首先到家庭醫生診療所去就醫。如果病人需要轉院的話，也必須通過家庭醫生的介紹才能轉到上一級醫院（地區綜合醫院或專科醫院）繼續治療。家庭醫生根據登記註冊的居民數領取政府發給的工資。全國每個家庭醫生的平均註冊居民數為2,200人。根據英國政府規定，家庭醫生的註冊居民數少於1,800人時不得開業。此外，家庭醫生還負責居民的疾病預防及保健服務。

除了由政府提供的全民醫療保健服務以外，英國還有一些私人醫院和私人醫療保險。為滿足人們對醫療服務的不同需要並增加醫療服務供給，英國政府從20世紀60年代中期開始鼓勵和幫助私人開展醫療保健業務，1979年又進一步修改了私人開業行醫的有關法律措施，促進了私人醫院的發展。例如，允許國家醫療機構與私人醫院簽訂合同，讓私人醫院承擔一些公立醫院的醫療服務業務等。1991年，英國共擁有能開展手術治療的私人醫院216家，10,911張病床。私人醫院主要提供專科醫療服務，一般具有較好的醫療設施、技術和醫療環境。但是，與公立醫院相比，私人醫院的收費往往非常昂貴。根據英國有關部門的估算，私人醫院一例扁桃體切除手術的收費平均在1,500英鎊左右，心臟搭橋手術的費用則高達上萬英鎊。在私人醫院就醫的費用一般要由個人負擔，如果不借助於私人醫療保險，個人是很難承擔的。

目前，英國有30多家提供私人醫療保險的公司，所提供的保險項目多達200餘種，主要可以分為三類：一是普通私人醫療保險。保險公司負責支付投保人在私人醫院診斷、手術和住院的費用。保險費的多少取決於投保人的年齡、賠償數額、職業等因素。與社會保險不同的是，私人醫療保險公司只承保可治愈的疾病。二是危急病醫療保險，包括癌症、心臟病、中風、大的器官移植手術或永久性殘疾等。這種保險的賠償往往採取一次性支付大筆賠償金的方式，數額一般在上萬英鎊。三是永久性或長期醫療保險。英國政府規定，對於家庭財產價值在1.6萬英鎊以上的公民，國家不提供家庭護理補貼。一些需要家庭護理的患者因無法負擔這項費用，不得不變賣家產。保險公司推出永久性或長期醫療保險，可支付部分或全部的家庭護理費用，使患者免除傾家蕩產之災。目前，英國人口中參加私人醫療保險的比例在20%左右。

國家衛生服務制度實施以後，雖然解決了全民就醫的公平性問題，但同時，也引起了醫療機構缺乏激勵機制，服務效率低下，醫療需求膨脹，醫療費用急遽上升等問題。為了解決這些問題，英國在20世紀70年代、80年代和90年代都進行了醫療制度的改革。這些措施包括：第一，加強中央控制，每年國家對NHS費用投入的財政預算一經確定，就不再追加，超支部分由地方負責補充。第二，加強基層保健，即社區衛生服務，以節約衛生費用。重視社區保健是英國政府不得已而為之的，由於國家對

NHS投入有限，政府不得不通過耗資較少的社區保健積極預防，減少居民的發病率，以降低醫藥費用。第三，改革管理方式，引入市場形式的激勵機制和管理職能，結合衛生服務行業的特點，將購買者和提供者分離，建立一個衛生服務的「內部市場」。應用市場運用的管理結構和管理技術，使衛生服務部門向全體居民提供合理的衛生保健服務，提高衛生服務的效率與效益。

(三) 國家醫療保障模式代表國家——加拿大

1966年，加拿大聯邦政府制定了《全民疾病保險法案》，1972年建立國家健康保險模式，也是國家醫療保障模式之一，籌資主要是稅收方式再加上國民健康保險保費的方式，因此也叫全民健康保險或國民健康保險。加拿大也採用國家立法、地方政府管理的國家醫療保障模式。各省的醫療保障資金主要來源於聯邦政府撥款和省級財政預算，各省和地區政府獨立組織、營運省內的醫療保障計劃。除特殊項目外，公眾免費享受所有基本醫療服務。與英國的中央政府、大一統方式不同的是，加拿大是聯邦制的，省和聯邦政府要分權，各省之間制定的政策不同，所以在加拿大各省之間的籌資和待遇有點區別，也強調每個人都應該獲得必需的醫療服務而且是全免費的，但是在實際中不同的省之間是有差異的。加拿大的體系跟英國的區別主要是在省和省之間的差異上，另外從籌資的方式來看，英國主要是稅收，而在加拿大保費所占的比重更大些。

在組織管理方面，加拿大聯邦政府對醫療衛生服務實行了中央統一計劃和管理，在衛生服務提供的過程中表現出許多國家壟斷的特徵，這一點與其他發達國家不同。加拿大主管醫療保障的最高機構是聯邦衛生福利部。聯邦政府下屬十個省及三個地區均設有相應的衛生管理機構——各省或地區衛生署，以負責貫徹國家衛生法令和政策、管轄本省或地區的醫療服務、衛生保健及醫療保險計劃等。省以下設衛生區域理事會，這是在自然區域的基礎上建立的，其職能是制定和實施各地區基層醫療衛生發展計劃、指導和監督基層醫療衛生工作、向上一級組織反應基層的醫療衛生服務情況及需求和建議等。

在醫療保險費用的籌集方式上，各省都有各自的個人繳納保險費的方法和比例，但醫療保險基金主要來自聯邦所得稅和省所得稅，即各省醫療保險基金主要由聯邦政府撥款和省級政府財政預算構成，各省和地區政府獨立組織和營運省內醫療保險計劃。

在醫療服務提供方面，加拿大也實行三級醫療衛生服務體系，醫療機構主要有大學醫院和省綜合醫院、地區醫院及社區醫院三種類型。其中，大學醫院和省級綜合醫院科類齊全、技術和設備先進，主要擔負教學研究任務及處理各種複雜、疑難疾病；地區醫院是各地區的醫療中心，規模相對較小且多為專科醫院；社區醫院負責提供基層醫療服務，一般設有100~150張病床。大部分普通疾病的患者可在這類醫院進行治療。

在加拿大的全民醫療保障計劃下，所有公民不論經濟狀況如何，都自動成為醫療保障計劃的投保人和保險享受者。所有的加拿大公民都可以在個人只需支付很少醫療費用的條件下，即能享有基本的住院醫療服務和門診醫療服務，但不會因為醫療費用

的支出而降低人們的生活水準。窮人或喪失經濟能力的人和家庭，可以申請部分或全部減免保險費，所有 65 歲以上的老人均可自動成為免費醫療保險的享受者，終身享受醫療保健服務。

二、國家醫療保障模式特點

國家醫療保障也叫政府醫療保障模式，是指政府直接舉辦醫療保險事業，通過稅收形式籌措醫療保險基金，採取預算撥款給國立醫療機構的形式，向本國居民直接提供免費或低收費的醫療服務。這類醫療保險的主要特徵有：

第一，從籌資方面來看，醫療保險基金絕大部分來源於稅收，包括一般稅和特殊稅。必須有雄厚的國家財力作後盾，因此資金大部分來源於財政預算撥款。

第二，醫療服務提供具有國家壟斷性。政府衛生部門直接參與醫療服務機構的計劃、管理、分配與提供，醫務人員的工資由國家支付，醫療衛生服務活動具有國家壟斷性。醫院建設與日常運行經費一般通過預算下撥給政府開辦的醫療機構，或者政府通過合同方式購買民辦醫療機構或私人醫生的醫療服務。健康維護方面的服務既可以由政府組織來提供，也可以來自私營業者。

第三，國家健康保險模式是針對全體國民的。這是其最顯著的特點，它的保障範圍應該是覆蓋所有的國民，在英國還包括外國人。這種制度能夠保障每個人都平等地享受必要的醫療服務，每個人都能夠獲得很好的健康服務，同時在利用健康服務時是保證可以獲得的。這是因為英國的工業化完成最早，建立這種制度時有經濟方面的物質保證。

第四，社會公平性是該制度最高的宗旨。醫療服務面向本國全體公民。醫療服務基本為免費或低收費服務，個人基本上不需要付費，體現了社會分配的公平性與福利性。

第五，醫療服務的高度計劃性，衛生行政部門直接參與醫療服務機構的建設與管理，市場機制對衛生資源配置、醫務價格制定基本不起調節作用，能相對有效地控制醫療總費用，較好地體現社會公平原則。

三、國家醫療保障模式的優缺點

(一) 國家醫保保障模式的優點

首先，國家醫療保障模式覆蓋面廣。正如上文所述，國家醫療保障模式是以國家稅收作為主要資金來源的國民健康服務體系，而商業醫療保險在醫療保險體系中僅起補充作用。因此政府承擔了絕大部分醫療費用。醫療對象就醫時基本上不需支付費用或者僅支付較低費用，正因如此，國家醫療保障體系亦稱為全民醫療保險或國家醫療保障。

其次，國家醫療保障制度體現了較好的公平性。在國家醫療保障制度下，無論是勞動者還是非勞動者，也無論個人支付能力的大小，都可以得到免費的全方位醫療服務。國家醫療保障制度主要根據患者的實際需要，而不是其實際支付能力提供醫療服

務，體現了較好的公平性。

國家醫療保障模式最大的優點在於它的廣泛性和公平性，能滿足人們的基本醫療服務需求，使醫療保障可以覆蓋到全體人民。

(二) 國家醫療保障模式的缺點

這一模式的突出問題在於，醫療機構微觀運行缺少活力，難以滿足居民不斷增長的醫療需求；宏觀上財政也對免費醫療不堪重負。

(1) 難以滿足民眾的真實醫療服務需求。這在國民衛生服務模式下更明顯，比如在英國，農村地區根本就沒有納入這個系統當中，醫院裡缺醫少藥，沒有達到要求。而稅收這種籌資方式在發展中國家很多情況下是行不通的。

(2) 缺乏競爭，效率低下。政府醫療保障模式實行財政預算撥款，且只能在指定的醫院就診，因此人們所需的醫療服務有時不能及時獲得。如在英國，患者有時要經過長時期的等待才能獲得治療。據統計，1971 年登記等待住院的人數為 60 萬人，1979 年達到 80 萬人。候診時間和人數的增加使英國政府於 20 世紀 60 年代中期決定進行內部改革，公立醫院之間也開展競爭，允許開辦私人醫院和私人醫療保險組織，促進了商業醫療保險的發展。但從總體上來看，在推行政府醫療保障模式的國家，人們的醫療需求基本上都通過政府提供的免費醫療服務獲得，商業醫療保險的份額一般都比較低。

(3) 衛生服務質量差。由於醫療服務系統是國家所有，醫護人員領取固定工資，這樣就缺乏激勵機制和競爭機制，導致醫護人員工作積極性差，對患者缺乏足夠的關懷，甚至用一種完成任務式的工作態度來進行診療服務，這樣的話，醫療服務效率和質量不能得到保證。

(4) 財政負擔重。從籌資這個角度，這種模式最大的問題就是財政負擔相當重，動輒加稅。另外對人們的醫療需求缺乏有效的控制，造成醫療費用的急遽增長，國家財政負擔越來越重。近年來，實行政府醫療保障模式的國家為減輕政府財政壓力，紛紛出抬了一些控制醫療費用的措施。

第二節　社會醫療保險模式

一、社會醫療保險模式簡介及其代表國家

(一) 社會醫療保險模式簡介

社會醫療保險，英文為 social health insurance，簡寫為 SHI，是通過國家立法強制實施，由雇主與雇員按一定比例繳納保險費，政府酌情補貼，建立社會醫療保險基金，用於雇員及家屬看病就醫時用的一種健康保險制度。這種模式目前仍然被認為是所有的健康保障模式中綜合起來看比較優秀的，而且適應面也較廣，是全世界範圍內正在推廣的模式，影響越來越大。因為該制度從技術、立法、基金建立、監督管理和推廣

等方面，社會醫療保險模式都比較好推廣。從世界範圍內來看，已經有上百個國家和地區以社會健康保險模式為主建立了相應的醫療保障制度，特別是有些發達國家以這種模式為主建立了全體國民的醫療保障體系。目前，採用這種方式的代表國家包括德國、法國、日本、韓國等，其中，最典型的代表是德國。

社會醫療保險的最大特點是採取多渠道方式籌集醫療保障費用。它主要通過立法形式強制規定雇主和雇員按一定的比例繳納保險費，建立社會保險基金，用於雇員及其家屬看病就醫。社會醫療保險的籌資渠道一般包括雇主、雇員、政府，還有其他的募捐或慈善贊助資金等。患者在就醫時，需要自付一定比例的醫療費用。這種模式採取社會保險稅或社會保險費的方式籌集資金，具有強制性。社會保險稅的籌資方式是一種由企業和個人按工資的一定比例納稅，形成社會保險基金，並由獨立的第三方管理，償付率由國家預先規定的籌資模式確定。在這種方式下，承保的項目除醫療保險之外，一般還包括養老保險和失業保險等。當保險稅集中起來之後，按國家規定的比例分別建立養老保險基金、失業保險基金、醫療保險基金，它們應由不同的專門機構獨立進行運作，保證基金的保值、增值。由於通過社會保險稅方式籌集的醫療保險基金直接分配到各醫療組織而不計入財政收入，因此，它並不增加政府的財政負擔。但是因為企業負擔的部分比個人大得多，所以對於勞動密集型的企業負擔較重。此外，社會保險稅還直接影響產品的市場價格。

1. 社會醫療保險籌資方式的優點

（1）多渠道籌資，來源穩定，靈活性高。它主要的籌資來源是用人單位或雇主的繳費。

（2）共濟性較強，比私營保險有更好的互助共濟性，因為在參保時不存在風險選擇，不論個體風險大小的差異，統一都納入社會醫療保險的保障體系內，起到了年輕人幫助老年人、健康群體幫助體弱群體、高收入群體幫助低收入群體的互助共濟的特性。

（3）公平性較高，不論個體風險大小的差異，參保繳費都一樣，而且參保後也不受年齡、性別和職業的差異影響，享受的醫療保險待遇也都是一樣的。

（4）保險效率較高，制度統一，運行集中，管理成本較低。

（5）有專門的社會醫療保險機構對其進行管理，對費用的增長有一定的控制能力。

2. 社會醫療保險籌資方式的缺點

（1）存在一定的社會不公平。因為該籌資方式的來源主要是雇員和雇主單位，即有收入來源的那部分人群，而沒有工作或者沒有收入來源的那部分人群就無法參加社會保險，所以它的涉及面仍然是有限的，最好能覆蓋到勞動者及其家屬。

（2）現收現付制帶來很嚴峻的問題，如老齡化。對這一問題要有正常的看法，因為社會保險更多的財務制度採取的是現收現付制，能夠實現參保人群之間的橫向轉移，實現在職人口與退休人口的代際轉移，較好地體現了社會公平性，但隨著老齡化的加劇，在職人口的負擔將日益加重。中國從2005年開始已步入老齡化社會，到2035年將出現8.1億勞動人口對2.94億65歲以上老齡人口的局面。屆時，不足兩個納稅人就要

供養 1 個養老金領取者①。

(二) 社會醫療保險模式代表國家——德國

社會醫療保險模式下醫療保險基金主要由雇主和雇員繳納，政府補貼，然後按照社會統籌和互助共濟的原則對勞動者接受的醫療服務進行補償。目前，世界上有上百個國家都採用這種模式，其中德國是這種模式的代表，所以又有人將其稱之為俾斯麥模式②。德國是世界上最早實行強制性醫療保險的國家，也是醫療保障體系最完整的國家，迄今已有 100 多年的歷史。

德國的社會醫療保險最初是由於德國工業會的興起與發展而產生的。由於工會化在 19 世紀的迅猛發展，各種工傷事故和職業病不斷上升，為了保障勞動力的健康，緩解工人和資本家的矛盾，在俾斯麥的支持下，德國於 1881 年頒布了《社會保險法》，並於 1883 年頒布了《疾病保險法》，用法律形式強制規定雇主和雇員各自負擔 50％的保險費。到 1911 年，德國政府頒布了《帝國保險法》和《雇員保險法》，將醫療保險擴大到普通居民。隨著歷史的發展，這個社會保險系統不斷完善，從最初的醫療保險，到 20 世紀 90 年代定下來的護理保險，再加上社會福利系統，使德國變成了一個全保險的社會。

德國的社會保險（包括醫療保險）經歷了第二次世界大戰前的穩定發展和戰後的大發展兩個階段。戰前的穩定發展期間，社會保險主要是為了保障每個社會成員在遭受各種意外風險後的基本生活，維持社會穩定；戰後的高速發展主要是由於德國政府強調社會保險是為了保障每個公民的基本生活，而且把它作為福利國家的重要標誌，作為國家實施社會政策和進行國民收入再分配的重要手段。

德國的醫療保險主要包括社會醫療保險（也稱之為「法定醫療保險」）和私人醫療保險兩大系統。法律規定任何有工作的人員都必須購買醫療保險，這包括：在職人員、工作過的人員、受訓練將要工作的人員、臨時失業人員等。因此，幾乎所有人員都有醫療保險，不同的只是高收入者可以自己選擇是參加私人醫療保險還是參加社會醫療保險，而低收入者則必須參加社會醫療保險。在德國 8,200 萬人口中，約 7,200 萬人參加了法定醫療保險，540 萬人參加了私人醫療保險。這兩種醫療保險覆蓋的人口占總人口的 95％。

依據德國相關的法律規定，社會醫療保險的參加者分為義務保險者和自由保險者，義務保險者包括月稅前收入不超過社會義務界限的就業者、失業者、領取養老金的退休人員、大學生和就業前的實習生等，這些人必須參加社會醫療保險。自由保險者是指月稅前收入高於社會義務界限的就業者、公務員、自由職業者、律師、軍人等。這些人可以在社會醫療保險公司或私人醫療保險公司之間進行選擇。選擇了私人保險公司的自由保險者，不得隨意退出而轉入社會醫療保險機構參加社會醫療保險，但參加

---

① 資料來源：2010 年 9 月，21 世紀論壇社會保障專題研討會。
② 1883 年，德國俾斯麥政府頒布《疾病保險法》，從而揭開了人類現代社會保障制度建設的序幕。時任德國首相的俾斯麥以其鐵腕手段對德國進行了社會改革，促成了德國社會保險制度的建立。因此把德國社會保險模式稱為俾斯麥模式。

了社會醫療保險的義務保險者可以自行決定是否改為參加私人醫療保險。對於私人醫療保險的保險金繳納因人因病而異。年輕人、身體好的人相對便宜，老年人和慢性病患者的保險金相對要貴，但私人醫療保險提供的服務範圍要比社會醫療保險更廣，如住院可以選擇單間，就醫時可以選擇最好的醫生為你服務等，而參加社會醫療保險的人，如果也想獲得這些特需服務，就必須再買附加保險。

德國醫療保險的資金主要來源於雇主和雇員的繳費，政府不撥款，銀行也不貸款。由於醫療保險實行分散管理，全國沒有統一的醫療保險繳費率。繳費的基數是投保人的毛工資，按照規定每年調整一次。費率由各醫療保險經辦機構根據收支預算自行確定，報監督機關審批後實施。德國的社會醫療保險資金的管理採取現收現付方式，雇主和雇員各承擔50%。雇員的子女和無工作的配偶不交保險費，也可以享受醫療保險待遇，雇員只需要按照工資總額的固定百分比繳納保險費，這個比例與雇員的健康狀況好壞、雇員家庭人口數等無關。靠社會福利生活的人，由社會福利局給他們交保險費。平均的保險費率在20世紀70年代中期約為工資總額的10%，80年代初約為12%，1992年和1993年高達14.08%，1995年下降到13.2%。2009年，德國法定醫療保險的繳費率為14.9%，其中雇員承擔總費用的7.9%，剩餘7%由雇主繳納。2011年，德國政府將繳費率上調至15.5%，其中雇主、雇員各自的繳費率分別調整為7.3%和8.2%。①

德國社會醫療保險（法定醫療保險）的內容主要包括：①疾病的預防和疾病的早期診斷；②疾病的治療；③病愈後的身體康復；④生病期間的護理；⑤喪葬待遇；⑥婦女孕期及哺乳期的有關待遇；⑦當病假超過6周時，投保者可以從醫療保險機構領取相當於基本工資80%的病假補貼，每三年最長為78周；⑧職工子女如果生病，則該職工每年可以享受10天的護理假期。

德國的法定醫療保險管理體制與英國和加拿大的國家醫療保障模式有很大的不同，它是一種統一制度、分散管理、鼓勵競爭的管理體制。德國的醫療保險是社會團結互助行為，政府不參與法定醫療保險的具體操作，國家也沒有統一的醫療保險經辦機構。德國政府的醫療衛生管理體制分為三個層次：第一個層次是聯邦衛生部，負責全國醫療衛生管理，它的主要職能是制定和頒布衛生、醫療保險方面的法律和政策，對全國衛生和醫療保險運行中的重大問題進行研究和宏觀調控，制定衛生防疫規劃等。第二個層次是各州的衛生管理部門，負責對醫院的監督和醫生的組織，並負責對醫院的規劃和建設等。第三個層次是州以下一級的地方，包括市、縣，共有大約500個衛生局負責公共的醫療問題，如社會公眾和企業的衛生醫療和防疫工作等。另外，政府的職能還包括對各醫療保險機構進行監督。政府的監督分為三級進行，即聯邦、州和地區。聯邦醫療保險局依法律規定，負責每五年對所有醫療保險機構進行一次檢查，包括章程、準則、預算的執行情況。州政府的醫療保險局負責對州保險協會與州直屬社會保險機構和州一級提供醫療保險服務的機構進行定期檢查監督。地區政府對醫療保險經辦機構進行監督檢查。

---

① 朱明君，潘瑋．德國法定醫療保險的現狀［J］．中國醫療保險，2012（02）：66-69．

德國法定醫療保險由國內 154 家非營利性的疾病基金運行，按照其法律地位和所屬組織的不同可以分為 7 類，分別是地區疾病基金（General Local Insurance Fund）、替代性疾病基金（Alternative Health Insurance Fund）、以公司為基礎的疾病基金（Company Health Insurance Fund）、行會疾病基金（Guild Health Insurance Fund）、農民疾病基金（Agricultural Health Insurance Fund）、礦工疾病基金（Sickness Fund for Miners）和海員疾病基金（Sickness Fund for Seamen）。7 種疾病基金分別屬於不同的疾病基金協會，彼此之間獨立運行。投保人可以自由選擇醫療保險經辦機構，醫療保險經辦機構與提供醫療服務的醫生、藥店和醫院等簽訂合同。合同規定，後者的職責是在被保險人生病的時候提供醫療服務，前者承擔醫療費用。一般情況下，被保險人不用再支付費用。這就是德國法定醫療保險管理中提出的所謂實物原則，即在被保險人生病的情況下，以實物形式提供必要的服務和待遇，並且原則上不要求特別的支付義務。

（三）社會醫療保險模式代表國家——法國

法國也實行社會醫療保險模式，但它在制度設計上與德國有許多不同之處。法國的醫療保險組織機構複雜且繁瑣，有法國福利部主管的按行業區分的三大類醫療保險，還有專門從事補充保險的機構，如互助保險公司、私人保險公司、互助會組織等。值得一提的是，法國社會保障體系在 2002 年被聯合國評選為最佳社會保險體系。

法國福利部的三類醫療保險制度分別是：

（1）向工薪人員包括企業雇員、公務員、失業者、養老金領取者以及該類人員無收入的配偶和子女提供的普通醫療保險制度。參加普通醫療保險的人數最多，約占全國人口總數的 80%。

（2）向農業勞動者和農業經營者及其家屬提供的特殊醫療保險制度，參加的人數約占全國人口總數的 9%。

（3）向個體職業者（包括手工業者、個體工商戶、自由職業者等）提供的特殊醫療保險制度，參加的人數約占全國人口總數的 6%。

此外，還有一些小規模的醫療保險機構，參加的人員大多屬於從普通制度中分離出來的某些行業的特殊人員，如公務員、大學生、軍人等，還有些行業有自己專門的醫療保險組織，如礦工保險體制和國家鐵路部門工人和職員保險體制等。目前，法國的醫療保險已覆蓋了全國 99.8% 的人口。

法國社會醫療保險的基金主要來源於雇主和雇員的繳費以及政府的專項稅費（如機動車附加保險費、醫藥廣告費、酒精和菸草附加稅）。繳費比例約為雇主按雇員年薪的 13% 繳費，雇員按本人年薪的 3.65%～8.75% 繳費。法國醫療保險實行基金收支兩條線，即基金的徵收由國家和地方的社會保險和家庭津貼徵收聯盟負責，醫療保險基金的支出由國家和地方基金會負責。

法國的醫療保險管理體制是政府參與的基金會管理體制。以普通醫療保險制度為例，由全國疾病保險基金會（總會）、地區疾病保險基金會和初級（地方）疾病保險基金會三級機構負責管理，接受國家的監督。法國共有 16 個地區基金會，123 個地方基金會。首先，社會福利部與全國疾病保險基金會簽訂目標和管理協議，明確權責；

其次，由全國疾病保險基金會與地區基金會、地方基金會簽署合同，執行協議。總會由雇主及雇員代表各13名組成；地區和地方基金會由雇主和雇員各8名組成。基金會實行董事會制，董事會成員從雇主委員會和工會代表中選舉產生。董事長和副董事長任期5年，只可連任一屆。總會由政府任命4名高級管理人員參加董事會，這名高級管理人員只有發言權，無表決權。總會的經理由政府徵求董事會意見後任命。全國疾病保險基金會的主要職能是負責向地區基金會提供資金，協調地區基金會的工作，研究和制定基金會的發展規劃和政策，並經過政府批准後組織實施。地區基金會主要負責協調各地方基金會的工作。而地方基金會具體負責向投保人發放補貼和報銷醫療費用等，此外，它們在工作中，還要向公立醫院和具有法人地位的私人醫院提出支付投保人醫療費用的建議，向醫院協商對病人的收費標準，監督醫務人員的醫療行為是否規範和合法等。

法國實行「醫生自由行醫，病人自由看病」的就醫制度。投保人持「生命卡」，自由選擇註冊的私人醫生或公立診所就診。「生命卡」上註有本人姓名、出生日期、出生地、銀行帳號、社會保障號、家庭成員構成、享受的權利以及醫療情況等信息。病人必須在普通醫生推薦後才可找專科醫生診治。病人看病時，就診醫生必須同時持有包含醫生姓名、住址、行醫條件、診所設施、執照號碼、行醫地點等信息的「行醫卡」。當兩卡同時使用時，醫生的電腦上才會顯現處方單，醫生在處方上對病人的診斷和所開的藥品信息會直接傳遞到信息中心，並在那裡進行信息處理、交換和儲存。國家資助每個醫生9,000法郎用於購置電話、計算機、解讀器等設備。

與其他發達國家相比較而言，法國人在醫療保險中自付的費用比例較高，一般個人負擔的具體比例是：急救服務為25%；門診、接生服務為25%；住院30天以內為每天55法郎和30天以外醫療費用的20%；藥費視具體情況從免費到35%或65%或100%不等；輔助治療為35%；實驗室檢查占35%；配鏡為30%；鑲牙為25%；燒傷治療為20%～30%。在整個醫藥費用中，平均個人負擔1/3左右。當然，對一些特殊病人和特殊疾病，自付部分的醫療費用可以得到減免。如當病人所患疾病為慢性疾病（癌症、糖尿病、愛滋病等），而且必須長期住院治療，治療費用昂貴，對這類病人，治療費用的個人自理部分可以減免。另外，對嬰兒、懷孕6個月以上的孕婦以及領取養老金的退役軍人、領取撫恤金的傷殘人員等也可享受醫療費用自費部分的減免。

正是由於法國醫療保險制度具有上述特點，所以法國的補充醫療保險比較發達。法國有三種不同類別的補充醫療保險組織（公司）。第一種是互助保險公司或互助集團公司，在法國有6,500家，是三種補充醫療保險組織中規模最大的，參加普通醫療保險的人至少有60%參加了這種保險。它的客戶主要是企業雇員、中低收入的個人和家庭。它所支付的醫藥費用占全國醫藥費用總開支的6.5%。第二種是私人保險公司，一共有80家，其客戶主要是非工薪人員。參加私人醫療保險的人數占參加補充醫療保險總人數的27%，它所支付的醫藥費用占全國醫藥費用總支出的3.3%。第三種是互助會保險，全國共有20多家。它由企業雇主和工會的代表共同管理，雙方代表人數是相同的，其經營活動受社會保險法的制約。有13%的人參加互助會保險，工人比例占絕大部分。它所承擔的醫藥費用占全國醫藥費用開支的1.3%。

（四）社會醫療保險模式代表國家——日本

日本是亞洲第一個實行社會醫療保險制度的國家，而且是全民皆保，參加醫療保險的人占到了總人口的99%。在日本的醫療保險組織中有三種形式：社會醫療保險組織、醫療救助組織和公共醫療保健組織。這三者中以社會醫療保險組織為核心，醫療救助組織主要是對貧民提供醫療保障，公共醫療保健組織是為某些病種或殘疾人專門設立的醫療保險。

其中社會醫療保險組織提供8種醫療保險險種。這8種醫療保險覆蓋了絕大多數日本國民，歸納起來其實就是兩類：一類是受雇人員（職工）的社會醫療保險，包括企業雇員、船員和公務員以及他們的家屬，總人數達70,420萬人；第二類是非受雇人員醫療保險（國民健康保險），其參保者是居民、農民、建築工人、個體自營者、無業者和極小企業（5人以下）的職工等個人，覆蓋人群達4,450萬人。此外，70歲以上老人及65~70歲的臥床老人，屬於老人保健制度的對象。凡年滿70週歲的參保人和6週歲以下的殘疾兒童可以從當地政府得到免費的醫療服務[1]。

日本在雇員健康保險部分的管理體制上，分為政府和互助會分別管理兩種類型。政府只負責沒有設立健康保險互助會的中小企業，而大中型企業和按職業劃分的船員、公務員和教員的醫療保險則由自己設立的健康互助會保險機構管理。國民健康保險以區域為單位，由各個基層地方政府負責管理。國民健康保險覆蓋的對象是不能享受被雇用者保險的非工薪職業者。

日本的醫療保險經費主要來自投保人的繳費，各個保險機構的保險費率不一樣。2010年，日本醫療費負擔情況為：48.5%來自醫療保險繳費，其中個人繳費占28.3%，雇主繳費占20.2%；公共財政負擔38.1%，其中國庫負擔25.9%，地方財政負擔12.2%；患者個人負擔12.7%。[2]

參加醫療保險的人在就醫時，也要自己負擔一部分醫藥費用。不同的醫療保險機構確定的保險待遇也不同，例如，雇員健康保險規定，被保險者本人在接受醫療服務時，本人負擔醫療費用的20%，其家屬就醫，住院時自付醫療費用的20%，門診自付醫療費用的30%；國民健康保險規定，被保險人及其家屬在門診接受治療時，患者本人負擔醫療費用的30%，住院時本人負擔醫療費用的20%。2008年調整為被保險人及其家屬在門診或住院接受治療時，7~69歲患者本人負擔醫療費用的30%，6歲以下及70~75歲患者本人負擔醫療費用的20%，75歲以上患者本人負擔醫療費用的10%。投保的日本國民可持醫療保險卡到其中任何一家取得營業資格的醫院或診所就醫。醫生診療的每個項目和用藥的價格都由國家確定，政府還經常根據物價水準對診療項目和藥品價格進行調整。

二、社會醫療保險模式特點

社會醫療保險模式在具體推行時，雖然情況不盡一致，但以下特徵具有共性：

---

[1] 張曉、劉蓉．社會醫療保險概論［M］．北京：中國勞動與社會保障出版社，2004：45．
[2] 呂學靜．日本醫療保險籌資與費用控制措施［J］．中國醫療保險，2014（5）：68-70．

第一，社會醫療保險的資金實行社會統籌，互助共濟，現收現付。實質是個人收入的再分配，或者說個人所得的橫向轉移。健康者的一部分收入向多病者轉移，高收入者的一部分收入向低收入者轉移，以體現社會公平與福利照顧。

第二，社會醫療保險基金管理的基本原則是「以支定籌、以收定付、收支平衡、略有結餘」，多渠道籌資。社會醫療保險模式是由雇員和雇主一起來籌資，強調社會的互助和共濟。

第三，社會醫療保險提供的醫療服務內容各不相同。服務項目一般包括全科醫生的基本醫療服務，某些病種的住院診療和必要的藥品。多數國家還包括專科醫療服務、外科手術、孕產保健、某些牙科保健服務以及使用醫院某些設施的費用。籌資與償付水準較高的國家，還包括病人的交通與家庭護理服務等。大部分社會醫療保險機制下的患者是可以隨便挑選醫生和醫院的。

第四，社會醫療保險對參保人的醫療保障一般分為兩種方式：一是直接提供醫療服務（社會醫療保險組織自辦醫院或自聘醫生等）；二是病人墊付醫院醫療費後由保險機構補償（即報銷）。總之，社會醫療保險模式的好處是互助共濟、費用共擔。個人投保的經費在投保人之間橫向轉移，保險機構同醫療單位建立契約關係，促使醫院提供優質服務，對控制供方的壟斷行為較為有效。

三、社會醫療保險模式的優缺點

（一）社會醫療保險模式的優點

社會醫療保險模式有兩大明顯優勢：

（1）可以減輕政府的財政壓力。在社會醫療保險模式下，增加了醫療保險基金的籌資渠道，由雇主和雇員雙方或政府、單位和個人三方按一定比例繳納保險費，因此大大降低了政府在醫療費用方面的支出，減輕了財政負擔，有利於經濟和社會的健康發展。

（2）可以控制醫療費用的過快增長。在社會醫療保險模式下，明文規定患者對自己的醫療費用必須承擔一定的自負比例，增強了被保險人對自身醫療費用的負擔意識，在一定程度上控制了人們的醫療需求和醫療費用的過度增長，減少了醫療資源的過度浪費。

（二）社會醫療保險模式的缺點

由於這一模式實行現收現付，當年平衡，沒有縱向累積，不能解決兩代人之間的醫療保險費用負擔的代際轉移問題。隨著人口結構變化和人口增長，這個代際矛盾將日趨尖銳。在以社會醫療保險制度模式為主的國家，也存在著政府對醫療衛生服務費用支出的負擔越來越重、不合理的醫療需求難以控制、衛生資源浪費嚴重、患者候診時間過長等弊病。社會醫療保險模式的另一個缺點是政府仍需承擔醫療保險的管理工作，要考慮機構編製、人員編製及承擔相應的管理費用。

（1）社會醫療保險模式從籌資方式看，主要來自雇員工資的一定比例和雇主的一部分繳費。實際上所有的社會醫療保險基金的籌資都來自收入相關保費。離退休人員

的收入不在工資總額之內，在職職工承擔了全部的保費費用。如果離退休人員過多，就可能會使得醫療保險基金不足。所有的社會醫療保險籌資模式都會面臨著兩方面的衝擊，一個是老齡化，一個是失業。老齡化比較好理解，老年人醫療花費較多，由現在的人在供養老年人口，特別是經濟發展速度降下來之後，基金籌資規模也會下降，使得基金不足。失業這個問題也很嚴重，失業人員無須交費，政府的補貼對財政是一筆很大的壓力。

（2）個人缺乏費用意識，醫療費用增長過快。總體而言，雖然個人要承擔一部分健康方面的成本，但這主要體現在保費上，在醫療費用控制方面做得很不好。醫院和醫療機構也有自己的利益，會不斷提高醫療服務的成本，而控制機制做不好的話，費用控制會失靈，再加上醫療技術的進步、老齡化的衝擊，使得費用控制的壓力越來越大。這是所有採用社會醫療保險模式的國家都面臨的問題和挑戰。

（3）對公共衛生和預防服務重視不夠。社會醫療保險基金主要是為接受醫療救治方面的服務付費，而對於公共衛生和預防方面的服務是從公眾健康、政府的角度來投入，這部分投入相對不足。

第三節　私營醫療保險模式

一、私營醫療保險模式簡介及其代表國家

（一）私營醫療保險模式簡介

私營醫療保險模式是把醫療保險當作一種特殊商品，主要通過市場機制來籌集費用和提供服務。這是一種完全依賴於市場規律的模式，籌資來自保費。在這種模式下，醫療保險的資金主要來源於參保者個人或其雇主繳納的保險費，醫療服務的供給和價格等都是通過市場競爭來調節和決定的，政府干預很少。在醫療保險市場上，賣方是指營利性或非營利性的私人醫療保險機構，買方既可以是企業、社會團體，也可以是政府或個人。

私營醫療保險模式也用保險的方式來籌資，但借助的工具是私營保險，當然私營保險機構中既包括營利性的也包括非營利性的。從世界範圍內來看，在很多國家的健康保障體系中私營保險都占很大份額，但其中完全以利潤為導向的商業健康保險所占比重並不是最大的，大部分還是私營的但非營利的。而私營的營利性的商業醫療保險籌資是根據個人的支付能力和風險大小，醫療服務的供給由市場需求調節。這種籌資的最大缺點是不能保證貧困和患病風險大的人群獲得適當醫療服務，難以實現社會公平。因此，目前發達國家除美國仍將其作為一種社會醫療保險的重要替代品外，其他大多數國家只在社會醫療保險或全民醫療保險的基礎上，作為補保險而存在。在補充保險市場上，商業保險者之間相互競爭顧客，而作為替代保險，商業保險也與公共保險競爭投保者。私人保險吸引了健康的、低風險的居民，將健康狀況差的、年老的居民留在社會醫療保險體系中，從而增加了社會醫療保險的成本。但商業保險提供了

社會醫療保險制度中沒有的醫療服務項目，還減少了許多國家衛生保健制度中普遍存在的不方便。英國政府為了增加醫療供給，滿足部分居民的較高需求，重新允許私人保險組織建立和發展。英國醫療體系建立後商業健康保險支出穩定增長，擁有私人健康保險的人數幾乎每十年增加一倍。據統計，2007年，12%的英國人（約726萬）擁有私人健康保險，而1979年這一數字僅為300萬。超過250萬英國人的商業健康保險由其雇主為其購買。2006年英國商業健康保險保費收入達到30億英鎊。[①]

1. 私營保險籌資方式的優點

（1）投保選擇靈活多樣，保障程度多層次。在獲取這種保障，為自己的健康維護註資時，用這種方式靈活多樣，選擇性強，有很多方案供以選擇。

（2）服務質量和效率高。私營保險的方式由於是自由參保，所以投保人的自由選擇有利於醫療保險機構和醫療服務提供方相互競爭，努力提高服務質量和效率，有利於私營保險機構積極地擴展其覆蓋面。

（3）權利義務是對等的。投保人既要為自己的健康負責，又受到風險分散制度的保障，這樣既能起到一種保險風險池的互助共擔功能，又不失效率。投保人通過繳納保費的形式參加私營保險，選擇性強、自由度高，而且根據契約雙方的權利義務對等。

2. 私營保險籌資方式的缺點

（1）醫療保障基金來源不穩定。因為它不是強制的，和投保人的投保意願以及支付保費的能力有很大的關係。

（2）社會共濟性差。它的共濟性體現在所有被保險人之間是風險共擔的，但從全社會這個角度來看共濟性差，因為實際上它只匯集了參加保險計劃人的風險，而由於私營保險機構在參保時就進行了風險體的選擇，這部分參保人的風險池實際上是相對較小的。

（3）社會公平性差。這從我們前面的比較也可以得出結論。有穩定工作、收入有保障的參保人能夠持續享有醫療保障，而沒有工作、沒有收入來源的或者是工作不穩定的、職業收入低的群體，他們的參保也就成了問題。

（二）私營醫療保險模式代表國家——美國

美國是採用私營醫療保險模式的典型代表國家。在美國，大量人群都要依靠其雇主或自己投保的商業醫療保險來解決醫療保障問題。美國的醫療總費用已占到國內生產總值的14%，是全世界最高的，但仍有4,200萬人得不到任何形式的醫療保障。

由於政治體制的原因，美國與大多數國家不同，沒有一個國家的醫療保險體系，而且各州法律規定不同，所以美國通過一個十分分散的體系提供醫療保障。在美國有1,800家以上營利性或非營利性的保險公司和相應的健康保險機構，該體系主要由商業醫療保險、政府醫療保障及非營利性醫療保險三部分構成，其中商業醫療保險占據主導地位，覆蓋了60%的人口，承擔了30%的衛生總費用。

政府只負責針對特殊人群的社會醫療保險計劃，如年老殘疾者健康保險計劃

---

① 張遙，張淑玲. 英國商業健康保險經驗借鑑[J]. 保險研究，2010（02）：124-127.

（medicare）、窮人醫療保險計劃（medicaid）、兒童醫療保險計劃（SCHIP）、軍人醫療保險計劃、聯邦公務員醫療福利計劃和少數民族醫療保障計劃。年老殘疾者健康保險計劃（medicare）是一種只針對65歲以上老年人的保險計劃，籌資方式是社會保險稅，由雇員和雇主共同繳納，實現在職人員與退休人員的代際轉移。而窮人醫療保險計劃（medicaid）相當於一種醫療救助安排，沒有要求繳費，由政府財政承擔，個人只需提出申請，經審核通過即可受益。據2010年統計數據顯示，medicare計劃為4,800萬美國人提供健康保險，其中65歲及以上老人約有4,000萬，其餘800萬為殘疾人。2012年數據顯示，大約有近4,900萬低收入者享受medicaid計劃，受益人中兒童、成人、盲人/殘疾人士、老年人分別占49%、25%、17%、9%[①]。

聯邦政府公務員醫療福利計劃提供的醫療保險覆蓋了大約860萬聯邦公務員。專門為印第安人和阿拉斯加少數民族服務的少數民族免費醫療，其享受對象有100多萬人[②]。美國各個州的兒童醫療保險計劃（SCHIP）為全美大約600萬的兒童提供了醫療保障，其籌資主要來源於菸草附加稅。

非營利性醫療保險主要指藍十字、藍盾計劃，其特點是非營利性，在稅收方面享受優惠政策。藍十字由醫院聯合會發起組織，主要為投保人提供住院醫療保險；藍盾由醫生發起組織，主要為投保人提供門診醫療保險。藍十字和藍盾計劃的資金主要來源於參保人繳納的保險費，可以完全由雇主繳納，也可由雇主和雇員共同繳納，視險種而定。該計劃是美國團體醫療保險計劃的主要提供者，保障對象也可以是個人和家庭，優勢是可以為跨州團體提供保障。

由於政府及其他組織提供的醫療保障有限，因此美國的商業醫療保險十分發達，商業醫療保險產品種類繁多。自20世紀90年代開始，由於醫療費用的急遽上升，管理式醫療保險模式得以迅速發展。這是一種新型的團體醫療保險，這種醫療服務雖然也由保險公司來提供，但不同的是其規定患者必須在指定的機構、具體的醫療服務提供者處接受醫療服務和藥品。這種專門的醫療服務之所以能夠實施，原因在於提供管理式醫療保險的公司能用一種長期的和基於成本的合同對醫療服務提供者加以管理，它們作為價格政策的控制者，在醫療保險各個領域都比傳統的商業保險公司更為活躍。管理式醫療保險方式有健康維護組織（health maintenance organizations，HMO）、優先醫療服務提供者組織（preferred provider organizations，PPO）、排他性醫療服務提供者組織（exclusive provider organizations，EPO）、服務點計劃（point of service，POS）等。實際上，管理式醫療保險組織的目標是控制和降低日益上漲的醫療費用，另一個主要目標是提高其為客戶提供的醫療保健質量。由於制訂了預定的降低成本和改善醫療保健效率及質量的目標，管理式醫療保險成為了當今美國社會最重要的醫療保險形式。

美國醫療保險的組織模式如下。

1. 藍盾和藍十字

美國最先出現的醫療保險是非政府組織舉辦的非營利性保險，即藍盾和藍十字保

---

① 袁偉. 美國醫療保險制度考察報告［J］. 中國醫療保險，2015（10）：69.
② 盧祖洵. 社會醫療保險學［M］. 3版. 北京：人民衛生出版社，2012：33.

險。在美國20世紀30年代的大蕭條時期，由於醫療成本的上漲和收入的下降，大量患者因經濟困難無力支付醫療費用；經濟的蕭條又使得作為美國醫院主體的民辦社區醫院無法得到社區募捐，大批醫院瀕臨破產，迫使醫院不得不向患者收取費用。這造成了許多經濟困難的患者被拒於醫院門外，得不到治療。藍十字就是在這個時候應運而生的，它的目標是從社區徵集一定的保險金來彌補社區醫院的經費，同時減輕患者因住院治療而帶來的經濟困難。接著，醫生聯合會發起了一個名為藍盾的保險組織，主要為投保人提供醫療諮詢和門診服務項目。這兩個組織在20世紀30年代發展很慢，到20世紀40年代時，美國全社會也只有10%的人口購買了藍十字保險。但經過幾十年的發展，這兩個保險組織現已擁有78個分支機構、12.5萬雇員。74%的私營企業職工和80%以上的政府雇員都參加了這個保險，投保者共達到10,700萬人，由於它們都屬於非營利性組織，因此可以享受免除2%保險金稅款的優惠政策。

最初藍十字和藍盾組織在測算保險金時，是把全社會的醫療費用成本除以社會總人口求得的，對於所有個人收取相同數目的保險金。商業保險也因此乘虛而入，利用年輕人患病概率低、醫療費用低的特點向職業人群兜售保險金更低、受益面更廣的商業保險，並慢慢搶占了藍十字和藍盾計劃中相當一部分年輕人市場。而藍盾和藍十字由於所承保的老年人和兒童比例相對增高，支付的賠償額也相應增加，出現了經濟困難，這迫使藍盾和藍十字放棄了原有的保險金測算方法，轉而使用按不同性別、不同年齡、不同疾病危險程度來測定保險金。藍十字、藍盾和其他商業保險機構之間的競爭導致的結果就是保險公司對投保者的逆向選擇：不願為老人和窮人這兩個高危人群承擔風險。因此，聯邦政府不得不出資建立專門的老年保險（medicare）和窮人保險（medicaid）。

近些年來美國出現了一些新型的醫療保險組織，如健康維護組織、優先提供者組織等。健康維護組織（HMO）不同於傳統的商業性醫療保險，它提供醫療保障的方式不是償付保險金或作為第三方支付醫療服務費，而是以自有的醫院和醫生直接向病人提供醫療服務。管理型醫療保健組織將保險籌資者同醫療服務提供者合二為一，醫療保險中的三角關係（供方—需方—第三方）變為兩角關係（第三方與供方—需方）。

2. 管理型保健

由於傳統的醫療保險「第三方付費」（即保險公司付費）辦法對醫療服務的提供者（醫院）和醫療服務的接受者（投保人）缺乏控制力，引起了醫療需求的過度膨脹，醫療費增長迅猛，美國政府不堪重負。20世紀70年代以來，美國的醫療費用增長加速，並逐漸超過軍費開支，成為第一大財政支出項目。據統計，1993年，美國的醫療費用支出高達10,000億美元，1997年，美國的醫療費用總支出已占國民生產總值的14%，人均2,500美元，居世界第一位。因此，20世紀70年代中期以來，美國開始對醫療保險制度進行調整和改革，且這一變化過程還遠遠沒有結束。

醫療保險的改革主要是醫療服務的提供方式和保險費用支付方式的改變，即採用「管理式醫療保險」開展醫療保險業務。「管理式醫療保險」是把商業經營的觀念和辦法引入醫療保險領域，對醫療保健的價格、醫療服務的質量和人們獲得醫療服務的途徑都進行嚴格的管理。具體來說，病人不再像過去那樣自由選擇醫生看病，而是到指

定的醫院看病；保險公司直接參與對醫療服務整個運行過程的管理，與醫院談判醫療保險的價格；改變醫療保險費用「實報實銷」的支付方式。

目前，管理型醫療保險已經成為美國醫療市場中最熱門的話題，其概念也在不斷演變中，但到現在仍沒有一個簡單的、普遍被接受的定義。一般而言，管理型醫療保健是指對醫療服務的質量和效率進行管理、審查和評估的各種行為，並通過一種或多種方法，把籌資和向投保者提供適當的醫療衛生服務融為一個整體的保險模式。

現在採用管理型醫療保險模式的主要組織有：健康維護組織（health maintenance organization，HMO）、優先選擇提供者組織（preferred provider organizations，PPO）、排他性提供者組織（exclusive provider organizations，EPO）、定點服務計劃（point of service，POS）。下面對這四種組織做一個簡單介紹。

（1）健康維護組織（HMO）。HMO 最早始於 20 世紀 20 年代，到 1938 年，工業家 Kaiser 要求外科醫生 Garfield 博士為其工廠的工人提供一種團體模式的醫療。二戰期間，Garfield 組織了一些醫院和診所，對 Kaiser 所屬船廠的工人提供預付制的整體健康服務。二戰結束後，這個組織開始接收其他公眾加入，並在 60 年代改名為 HMO。HMO 與傳統的私人健康保險組織不同，有自己的合同醫院和開業醫生，直接為投保者提供門診、住院和預防服務。HMO 已受到美國政府的重視和支持，1973 年美國國會通過 HMO 法案，明確規定其與健康保險處於同等地位，並決定給予經費支持。到 1995 年，美國 HMO 已達到 593 個，參保的人數達 5,300 萬。同時，medicare 的很大一部分業務也由 HMO 承擔。HMO 開辦自己的合同醫院並招收醫生，直接為參保人提供醫療服務。它將醫療服務的提供者（供方）和醫療保險經費的出資者（第三方）合二為一。參加者按會員制的辦法定期繳納一定的會費，患者就診只能到指定的醫院，不能隨便選擇醫生和醫院（急診除外）。在 HMO 工作的醫生是其雇員，只拿薪水，不能從對病人的服務中獲得報酬。HMO 的醫生很少像個體醫生那樣誘導病人多開藥或向病人提供更多的服務，而是把工作重點放在健康教育和強化預防措施方面，目的是節約醫療費用開支，如加強預防性出診、加強健康檢查、開辦戒菸和減肥等服務，做好入院前的準備，盡量縮短平均住院日等。

投保者參加 HMO 後，可以在規定範圍內免費享受一切服務，所有費用全部由 HMO 承擔。投保者越健康，意味著 HMO 所支付的醫藥費越少，盈利的可能性就越高。因此，HMO 努力提高投保者的健康水準，他們常常把工作重心放在健康保健服務上，重視健康教育，加強預防性出診訪視，加強健康檢查、篩選患者，注重早發現、早診斷、早治療，並在保證投保者健康的基礎上自發控制費用，如降低住院率、壓縮住院期、使用療效好的低價藥。據調查，實行 HMO 的地區比傳統健康保險的醫療費用下降 25％。目前，政府也將大部分公辦的社會醫療保險基金交給 HMO 經辦，參加 HMO 的人數達 4,000 萬人。

根據雇傭及醫療提供方式的差異，健康維護組織可以分為四種模式：全職雇員模式、團體模式、個人醫療從業者協會模式與混合模式。

①全職雇員模式。全職雇員模式是指 HMO 擁有自己的門診設施、醫生由 HMO 直接啟用，他們只為該組織的投保者提供服務。HMO 將向醫生發放固定薪金，並可能根

據其表現發放獎金。在四種模式中，全職雇員模式對醫生醫療行為的控制最為嚴格，費用風險由 HMO 承擔。

②團體模式。與全職雇員模式不同，團體模式的 HMO 是與醫生團體簽訂服務合同，通過醫生團體向該組織的投保者提供醫療服務。醫生實際上是由醫生團體雇傭的，而不是 HMO 的雇員，醫療設施主要由醫生團體或 HMO 提供。HMO 一般按照人數向醫生團體支付一筆總費用，醫生團體提供所有的門診服務和專門治療。

③個人醫療從業者協會模式。在這種模式下，HMO 通過個人醫療從業者協會，同從事個人行醫的醫生訂立服務合同，大多數 HMO 都屬於這種模式。個人醫療從業者協會作為一個獨立的法人組織，名義上由它與 HMO 訂立服務合同。作為其成員的個體醫生仍保持自己的診所與辦公室，並且獨立行醫，但他們的日常行醫工作包括為 HMO 成員提供服務。HMO 按人數把固定的保費付給個人醫療從業者協會，用以支付門診費用。個人醫療從業者協會可以直接把保費轉付給醫生，或者按照醫生的實際提供服務數來支付醫生的實際服務費，除此以外，個人醫療從業者協會在支付時也採取轉付保費和支付實際服務費相結合的方式。

④混合模式。這種模式是 HMO 與多個個人醫療從業者協會或醫生團體訂立服務合同。這種模式下的服務提供者有可能包括全職雇員，也有可能是屬於醫生團體的醫生或個人醫療從業者協會屬下的個人執業醫生。

（2）優先提供者組織（PPO）。優先提供者組織（preferred provider organization, PPO）也是一種新興的醫療保險組織，是一種採取預付制的保險組織，通過與醫院簽訂合同，向投保人提供所需的優質服務，而且價格可以優惠 10%～30%，成員也可以自由選擇組織內的醫院和醫生。對提供者而言，雖然價格比較低廉，但是患者來源增加，而且比較穩定；對組織者而言，利用龐大的投保人群壓低了價格，有利於降低醫療費用。PPO 代表投保人的利益，針對醫療服務收費與醫院或醫生進行談判及討價還價，最終選擇同意降低收費價格並願意接受監督的醫院或醫生簽訂合同。PPO 同醫院和合同醫生按服務項目付費，一般將價格壓低 15%左右。由於 PPO 的保險費較低，並且可以自由選擇醫院和醫生（一般保險公司提供 3 家醫院供選擇），因此比較受歡迎。從 1982 年創辦到 1992 年的 10 年間，美國參加 PPO 的人數已經達到 2,000 萬人。

PPO 組織形式靈活多樣，沒有一定模式，但有嚴格的服務利用評議和檢查，並且管理費低，服務價格優惠。這些措施可以使投保者的總醫療費用降低 16%～35%。而且，PPO 的剩餘資金可以由各方共享。1992 年 PPO 首先在加州出現，至今已有 600 多家組織，藍十字約有 10%的業務在 PPO。

（3）排他性服務提供者組織（EPO）。EPO 起源於優先醫療服務提供者組織（PPO），它也由一些醫療服務提供者與其他組織，如保險公司、雇主、第三方管理人或其他的發起組織訂立醫療服務合同。與優先醫療服務提供者組織相比，EPO 對醫療服務提供者的選擇更嚴、要求更高。患者可以在 EPO 得到更高質量的醫療服務，但挑選醫療服務提供者的範圍更小。EPO 成員一般只能使用其服務網絡內的提供者，否則就要全部自付。EPO 的服務提供者按一定的折扣收取服務費，他們同意遵守規定的醫藥服務使用審核程序，把患者推薦到本組織的合同提供者中接受專門治療，把需住院

治療的患者推薦到屬於本組織服務網絡的醫院。

（4）服務點計劃（POS）。POS 是一種相對比較新，發展比較快的管理模式。POS 結合了 HMO 與 EPO 的特點，向參加者提供綜合的衛生服務。在 POS 網絡裡，服務提供者一般不按照實際收費，只收取固定的保費，這一點與 HMO 類似。參加者可以在需要醫療服務的時候，自行選擇一名初級保健醫生為自己治療，並由其負責轉診。參加者可以在 POS 組織內就醫，也可以到 POS 組織外的醫療機構就醫，但在後者情況下其享受的福利相應減少，如需要分攤部分醫療費用或自付比例上升。

3. 美國特別限定型醫療保險

美國特別限定型醫療保險[1]是指針對社會中某些脆弱人口，政府制定的醫療保障計劃，其代表是美國的醫療照顧制度（medicare）和醫療救助制度（medicaid），還有兒童醫療保險計劃（SCHIP）、軍人醫療保險計劃、聯邦公務員醫療福利計劃和少數民族醫療保障計劃。由於美國醫療保險市場採用市場競爭的方式和非組織化的管理體制，難以執行有效控制費用的措施。同時，由於商業醫療保險以營利為目的，往往拒絕健康條件差、收入低的居民參加。這使美國政府不得不於 1966 年 7 月和 1967 年 1 月分別建立「老年保險」與「窮人保險」計劃，為老年人及低收入人群提供醫療保障。這主要是為了保證在商業醫療保險和醫療保障改革中，脆弱人口能夠得到其所需的衛生服務，保證衛生服務利用的公平性。

醫療照顧制度由衛生與人類服務部社會保障署直接管理，目前，該保險制度的受益人數為 3,800 萬人。醫療照顧制度把醫療待遇分為兩大類，住院治療服務歸為第一部分，門診治療服務歸為第二部分。這兩部分的資金來源也不一樣：政府從社會保障稅收提出 1%～2%設立一個專門的基金會（trust fund），由這個基金會支付住院治療的醫療費；而門診治療的基金主要來自投保人自願提供的保險費和政府的差額補助。醫療照顧制度的住院部分，覆蓋了全美 98%以上的老人，他們可以享受近乎免費的住院服務。醫療照顧制度的門診部分，設立了起付線，超過起付線部分由醫療照顧制度支付 80%的合理費用，個人自付 20%。

醫療救助制度是根據美國《安全法》規定，各州政府依據自己的經濟發展條件確定貧困線，對低收入人群、失業人群和殘疾人群等提供程度不等、部分免費的醫療保險服務。醫療救助制度的基金來源於所得稅，由預算確定支出數額。該項基金由聯邦、州和市政府共同負擔，其中，聯邦政府負擔 50%，州政府負擔 35%，市政府負擔 15%。目前，這項醫療保險制度的享受人數是 3,700 萬人。

美國政府並沒有直接管理這兩個保險的支付，而是委託民間保險公司來管理這兩個保險計劃，這一方面避免了政府機構的進一步臃腫，減少了政府的公共開支，但同時由於政府不過問醫療服務的利用，導致了醫療費用過度上漲的失控狀態。疾病診斷相關組（DRGs）的引入把疾病治療的經濟風險轉移到消費者、第三方和提供者，開創了償付方式的新思路。

特別限定型醫療保險的優點在於自由、靈活，可以滿足社會低收入階層人群、老

---

[1] 程曉明，葉露，陳文. 醫療保險學 [M]. 上海：復旦大學出版社，2003：46.

年人及殘疾人的醫療保障需要。在其籌資中，強調多渠道籌集資金，但所提供的衛生服務質量可能較低。此外，美國政府還向少數民族及軍人等特殊群體提供免費醫療保險制度，其中少數民族醫療保障計劃的主要對象是印第安人和阿拉斯加州的少數民族，由衛生和人類服務部印第安人衛生服務辦公室領導，經費實行單獨列支，受益者大約有100萬人。

4. 美國的商業保險制度

儘管美國政府舉辦了上述社會醫療保險計劃，但在整個醫療保險體系中，它們並不占主要地位，其覆蓋的人群範圍十分有限。在美國，80%以上的國家公務員和74%的私營企業雇員都沒有受到社會保險的保護，而是參加了商業保險。全國的商業醫療保險組織有1,800多家。美國的商業醫療保險分為非營利性和營利性兩種，前者在稅收上可以享受優惠待遇，後者不享受相關的待遇。

目前，美國在職人員的醫療保險主要由商業保險公司經辦，其中一半由各州的藍十字（blue cross）組織和藍盾（blue shield）組織經辦，另一半由其他私人保險公司經辦。藍十字和藍盾是美國最大的兩家非營利性的民間醫療保險公司，我們在前面已做了詳細介紹。除了非營利性商業醫療保險公司外，美國還有營利性的醫療保險公司。它們通過費用分擔的「共保險」辦法降低保險金，只提供費用低廉的醫療服務。對費用昂貴的醫療項目單獨設立險種。目前，全美參加這類營利性商業醫療保險的人數達5,400萬人。在美國，即使是政府主管的醫療照顧計劃和醫療救助計劃，也常常把業務委託給私人保險公司經辦。

2007年發端於美國的次貸危機對全球經濟產生了巨大的影響，同時導致了美國的失業率不斷上升，醫療服務價格上升，越來越多的人承擔不起醫療保險費用。2010年，美國有約占總人口15%的4,600萬美國人缺乏任何形式的醫療保障，存在醫保覆蓋不全的問題。同時美國醫療費用不斷增長，給財政帶來了嚴重的負擔。奧巴馬醫療保險改革在2010年3月獲國會通過。該醫療改革為沒有醫療保險的美國公民提供醫療保障。醫改核心法案《平價醫療法案》（Patient Protection and Affordable Care Act）旨在擴大醫保規模從而降低未參保率，並削減不斷增長的醫療費用。

二、私營醫療保險模式特點

從以上簡況可以看出，私營醫療保險具有以下突出特點：

第一，私營醫療保險模式下以個人或團體的方式自願投保，共同分擔意外事故造成的經濟損失。在參保選擇上，其特點是自由、靈活、多樣化，適應社會各層次需求。美國的勞動者權益保障法規定，只要有工作應該都是有醫療保險的，這種規定可以說與中國的城鎮職工基本醫療保險的差別不大，只是水準不同。但他們不太注重整體的公平，也就是說只要覺得需要就可以購買，雇主必須要為雇員購買，但是從哪裡購買並不受限制。醫療服務的提供也主要是以私營為主。

第二，強調競爭和效率。醫生的服務質量得到保障，隨之而來的是高成本，美國醫療科技最發達，當然其醫療總費用也是全世界最高的，它們的高成本來自高花費。

第三，醫療保險作為一種特殊商品，根據社會不同需求產生的不同險種開展業務，

其供求關係由市場調節。由保險人與被保險人簽訂合同，締結契約關係，雙方履行權利與義務。

第四，部分機構以營利為目的。私營醫療保險模式下以私營的健康保險為主，但不是所有的私營機構都是營利的，只有商業性的保險公司才是營利的，比如藍十字協會、藍盾協會。一些企業的職工醫院演變而來的健康維護組織是不營利的。

三、私營醫療保險模式的優缺點

(一) 私營醫療保險模式的優點

以市場為主導的私營醫療保險模式有以下優點[1]：

（1）自由、靈活、多樣化，適應社會多層次需要。政府僅負責少數特殊人群的醫療保障，對醫療保險的干預較少，這一方面大大降低了政府在醫療衛生服務上的財政支出，同時也減輕了政府在管理上的壓力，不需要考慮機構編製和人員編製，也不必承擔相應的管理費。

（2）醫療成本控制較好，醫療服務質量較高。由於醫療保險涉及的領域廣泛，有政府機構、保險公司、醫療服務提供者和被保險人，各方關係的協調影響到醫療服務的成本、收益和醫療服務的質量。在這方面，美國醫療保險機構之間通過相互協作、競爭和相互制約來達到相對較好的結果。政府為控制老年醫療保障和醫療補助的費用支出，引入了商業保險公司的管理方式。同時又通過政府醫療保障的管理政策影響整個醫療保險行業，如疾病診斷相關組支付系統原是政府的管理政策，現已被廣泛應用於商業醫療保險中。保險公司與醫院、醫生的聯合，尤其是管理式醫療保險的出現，使保險公司直接或間接地參與醫療服務的管理，更好地控制了醫療成本，也提高了醫療質量。就醫者有權自由選擇醫療服務機構，這樣對醫療服務質量有激勵作用；而不同的自付額又限制了就醫者在保險體系以外的醫療機構就診，同時也限制了病人濫用醫療資源。

（3）由於醫療保障以商業醫療保險為主，造就了適宜於商業醫療保險發展的外部環境，商業醫療保險市場日益成熟，產品日益豐富。

(二) 私營醫療保險模式的缺點

以市場為主導的私營醫療保障模式存在的四個主要問題是：

（1）社會公平性較差，不同收入水準的不同人群享有醫療保障的差別很大，醫療服務不公平現象很突出。經濟條件好的人可享受高檔次的醫療服務，經濟條件差的人甚至得不到基本的醫療保障。居民在選購醫療保險時，很大程度上受自身支付能力的制約，因而在醫療保障方面存在明顯的不公平現象。美國的經濟發展很快，國家富裕，但約有七分之一的人口仍然沒有任何醫療保障。

（2）由於商業醫療保險要對被保險人進行風險選擇，因此高風險人群的醫療保障需求得不到滿足。

---

[1] 張洪波. 中國商業醫療保險研究 [D]. 北京：中央財經大學，2002.

（3）個人和企業的負擔過重。它比那種跟收入相關的強制保險籌資模式下的保費更貴，其原因是私營醫療保險經營過程中招攬業務的花費和合理利潤等都出自保費。

（4）醫療服務供給的需求雙方之間一般處於信息不對稱地位，供方可以利用技術優勢誘導需求，刺激消費，因而醫療服務供求聯繫主要由市場調節，往往出現「市場失靈」，導致醫療消費的膨脹，所以醫療總費用失控是商業性醫療保險模式的突出弊病。2011 年美國醫療費用已占 GDP 的 17.7%，成為政府十分棘手的社會問題。

第四節　醫療儲蓄模式

一、醫療儲蓄模式簡介及其代表國家

（一）醫療儲蓄模式簡介

醫療儲蓄模式（medical saving account，簡寫為 MSA）是強制儲蓄保險的一種形式。它是一種通過立法強制勞方或勞資雙方繳費，以雇員的名義建立保健儲蓄帳戶（即個人帳戶），用於支付個人及家庭成員的醫療費用的醫療保險制度。醫療儲蓄模式根據法律的規定，強制性地把個人消費的一部分以儲蓄的方式轉化為醫療基金，醫療基金自儲自用，但只能用於醫療服務方面的開支。

醫療儲蓄模式以新加坡為代表，它可以成為健康服務主要的資金來源。新加坡保健儲蓄根據不同年齡組按工資的 6%～8% 籌集，由雇主和雇員平均分攤，存入個人公積金帳戶的保健儲蓄分戶。醫療儲蓄保險模式的特點體現在儲蓄制上，而且它是以一代人或幾代人的資金儲蓄來抵禦疾病風險的，也就是將疾病風險分散在一個相對較長的時期之內，從而提高防範風險的能力。實質上，醫療儲蓄保險是一種單純的個人帳戶模式，它以個人帳戶中的儲蓄累積作為醫療資金來源，當疾病發生需要支付費用時，動用個人帳戶的累積額，一般主要用於預付住院醫療費用，帳戶所有人及其家屬皆可使用該儲蓄帳戶的累積額，可見，它擴大了醫療的保障範圍。但很明顯，這種保險模式缺少更大範圍共濟互助的性質，因為它是以個人或家庭為單位建立帳戶的，而且該帳戶只為其所有者及其家屬所有，不可能產生轉移性分配。有些家庭為此造成的負擔明顯過重，但仍舊得不到橫向共濟。這些問題的解決方法是建立其他補充形式的醫療保險，個人可自由參加，這種補充性醫療保險一般用來保障一些大病醫療費用的支付。

1. 醫療儲蓄籌資方式的優點

（1）很好地體現了個人責任，個人維護健康的意識也得到了增強，有利於控制醫療費用的過快上漲。

（2）對解決老齡化問題有一定的幫助，強調每個人都要在年輕的時候為年老的時候做準備。

2. 醫療儲蓄籌資方式的缺點

（1）缺乏家庭與家庭之間更大範圍內的風險共擔。

（2）社會公平度比較差，存錢比較多的還是富人，而低收入階層或沒有收入來源

的人其醫療保障還是存在問題。

（3）因為是個人或者家庭來承擔健康風險，不能很好地化解大病所帶來的巨額經濟負擔。

新加坡、馬來西亞、印度尼西亞等發展中國家採用這種制度。其中尤以新加坡最具代表性，醫療儲蓄屬於公積金的一個部分。新加坡採用的這種醫療儲蓄模式，雇員的醫療儲蓄金由雇主和雇員分攤。政府還撥款建立醫療信託基金，用於支付貧困國民的醫療費用。這種醫療儲蓄模式有效地解決了勞動者的醫療保障問題，減輕了政府的壓力，促進了新加坡經濟的良性發展。其不足之處是醫療儲蓄只強調個人的儲蓄和累積，缺乏互助共濟，某些重病患者可能因累積不足而耽誤治療。因此，新加坡還出抬了「健保雙全計劃」，即以醫療儲蓄為基礎，同時建立大病保險計劃，在強調個人責任的同時，又發揮了社會共濟的作用。

（二）醫療儲蓄模式的代表國家——新加坡

1. 新加坡簡介

新加坡面積約719平方千米，人口560萬，2016年人均GDP約52,961美元。新加坡是一個年輕的城市國家，於1963年擺脫殖民統治而獨立，在此之前，新加坡實行的是與英國相類似的國家醫療保險模式。新加坡政府對醫療制度進行了一系列重大改革，經過不斷的完善後，逐步形成了一個具有本國特點的公有制和私有制相結合、體現公平性和效益性雙重目的的全民醫療保障制度。2000年世界衛生報告的主題為《衛生系統：改進業績》，報告中新加坡的衛生保健系統整體績效在191個國家中排第6位。

新加坡政府歷來主張用市場本身固有的機制來解決供需問題，滿足人民的需求，在醫療服務市場中也貫徹了這一原則。新加坡政府根據其自身特點，提出了衛生服務的五大目的：①通過政策和各項計劃來促進健康，減少疾病；②以各種方式強調個人對健康的責任；③政府應該提供質優價宜的基本保健服務；④引入競爭機制來改善服務並提高服務提供的效率；⑤對市場失靈進行干預。

2. 衛生系統改革的原因

在20世紀80年代，新加坡的衛生服務提供中出現了下述三個主要問題，為了解決這些問題，新加坡進行了大刀闊斧的衛生體制改革。形成了目前這種個人帳戶、大病統籌相結合的醫療保險方式。

（1）人口結構的變化。新加坡經濟飛速發展，新加坡的生育率同時急遽下降，導致了人口結構的變化，老齡人口比例明顯增高。1990年，新加坡60歲及以上人口占總人口的8.4%；到2000年，60歲及以上人口占總人口的11.1%；預計到2030年，這個比例將增大到26%。人口的變化及老年衛生保健所帶來的巨額醫療費用，使以稅收為基礎的融資體系已不再適用，政府認為個人必須從少年時期就開始為將來的醫療費用進行自我儲蓄，因此新加坡建立了個人帳戶來解決此問題。

（2）服務利用的共付比例過低。20世紀60年代初，居民的醫療服務全部由公立醫療機構提供，其籌資形式類似於英國的國家衛生服務；到20世紀60年代末和70年代初，私營醫院雖然得到發展，但服務的提供還是以公立醫療機構為主，籌資也是以稅

收為主。由於居民在公立醫院就醫是完全免費的，因此在公立醫療機構就醫時缺乏費用意識，出現了費用難以控制的問題。為了解決這個問題，政府開始推行共付制，即使是那些享受政府補貼的低收入人群，在利用衛生服務時也需要共付一部分費用。而在私營醫療機構就醫時，患者應按市場價格全額自費。同時，對於不同質量的醫療服務，使用者的自付比例也不一樣，如條件越好的病床，使用者的自付比例越高，最高可達100%；而條件越差的病床，使用者的自付比例越低。

（3）服務提供者效率低下、職責不明。原先醫院全部由政府管理，政府支付醫院的運行費用，醫院的收入則上繳政府，醫院與患者之間沒有直接的經濟關係，這種關係對醫院的束縛很小；政府管理醫院的另一個問題是決策渠道不通暢，中間環節過多，運行的效率很低。衛生保健中的決策、執行、購買、服務提供者4個環節都是由衛生部來承擔，缺乏相應的監管機制，因此出現了很多問題。為了解決這些問題，新加坡開始對衛生服務提供部門進行重組，實行了公司化管理。

3. 醫療儲蓄保險的構成

新加坡的醫療保險制度可分為三個層次，即在全國範圍推行的、強制性的、以幫助個人儲蓄和支付醫療保險費用的保健儲蓄計劃；非強制性的、對大病進行保險的醫保雙全計劃；政府撥款建立保健信託基金，以幫助貧困國民支付醫療費用的保險基金計劃。政府補貼、保健儲蓄、醫保雙全、保健基金共同構築成新加坡的醫療保險網，保證每一個國民都能獲得基本醫療服務。新加坡實行統一的醫療保險制度，各個階層之間在待遇上基本沒有區別。

（1）保健儲蓄計劃（medisave）。

自1955年以來，新加坡實行強制儲蓄的個人帳戶養老保險制度，使得個人帳戶不斷擴大。1984年，在原有的公積金制度的基礎上，新加坡又制訂了保健儲蓄計劃，將個人儲蓄帳戶分為普通帳戶、保健帳戶和特別帳戶。從1976年開始，相當於工資30%部分的繳費計入普通帳戶，用於購房、投資、教育等支出；工資的6%左右計入保健儲蓄帳戶，用於支付住院醫療費用和重病醫療費用；工資的4%計入特別帳戶，只用於養老和特殊情況下的緊急支付，個人儲蓄帳戶在退休前不能動用。保健儲蓄的繳費比例根據投保人年齡不同而不同，由僱主和僱員分攤，存入個人的保健儲蓄帳戶。35歲以下的人繳納工資收入的6%，35~44歲的人繳納工資收入的7%，45歲以上的人繳納工資收入的8%。繳納的保健儲蓄基金可以免繳個人所得稅，並設有繳費上限。新加坡的法律規定，保健儲蓄基金每年可以獲得平均利息率。保健儲蓄基金可用於支付本人及家庭成員的住院和部分昂貴的門診檢查及治療費用。在個人55歲時，保健儲蓄帳戶中累積的基金可以提取，但必須保存一個「最低限額」，以確保投保人在退休後患病時有足夠的儲蓄金支付住院費。保健儲蓄帳戶的所有者去世後，基金的餘額可以由親屬繼承，且不繳遺產稅。

（2）醫保雙全計劃（medishield）。

為了彌補保健儲蓄計劃的不足，1990年，新加坡政府制訂了醫保雙全計劃。這是一種非強制性的低價醫療保險計劃（大病統籌），帶有社會統籌性質，其設立的目的是幫助參加者支付大病或慢性病的醫療費用，是保健儲蓄計劃的補充。它由中央公積金

局從參加這項保險計劃的會員帳戶中提取少量費用，實行社會統籌，調劑使用。重病住院的醫療費用，先按保健儲蓄計劃規定支付一定數額後，剩餘部分再按醫保雙全計劃從統籌基金中支付80%。

以強制醫療儲蓄為主，這在新加坡是比較成功的。強制醫療儲蓄用於支付住院費用、醫療費用。採取醫療儲蓄方式，其中的一個問題是有些人可能會因為儲蓄不足而耽擱醫療救治，所以新加坡政府建立了健保雙全計劃。這是一個自願投保的大病保險計劃，擔心不夠的話可以把存的這一部分錢拿出來交保費，以作為補充。因為完全依靠個人醫療儲蓄的方式來保障全體國民的健康是困難的，這種個人的強制儲蓄缺乏互助共濟，而有些人面臨的健康風險可能很大，損失也可能很嚴重，就會面臨醫療儲蓄不夠的問題。當有些人沒有辦法或不願意參加保健儲蓄計劃，而自己的醫療儲蓄又不夠時，健保雙全計劃基金就可以作為一種補貼對這群人進行救助。

（3）保健信託基金（medifund），又稱窮人醫療救助計劃。

新加坡保健信託基金建立於1993年，是由政府設立的救濟基金，為那些無錢支付醫療費用的窮人提供一個安全網。無力支付醫療費用的人可以向保健基金委員會提出申請，由委員會批准和發放基金。

4. 新加坡醫療保險制度的改革

新加坡政府在儲蓄醫療保險制度中擔負重要職責，其職責表現在三個方面：一是對公立醫院進行財政補貼。二是制訂並實施醫院重組計劃，以達到高效率、低成本、優質服務的目的。三是通過以下手段對醫療費用進行調控：①為了防止醫療服務的過量供應，採取措施控制醫生數量、醫院病床數量、抑制高科技在政府醫院的普遍使用等。②嚴格控制醫院收費標準。③強化醫院服務成本核算。④對醫院收入進行總量控制。醫院收入的年增長率由衛生部下達給醫院（1993年是5%），國家規定，醫院收入超過最高限額部分收歸國庫。⑤對藥物進行嚴格管制。新加坡的藥品分為基本藥物和非處方藥物，其中，基本藥物由衛生部藥劑處集中大量採購，對於療效相近的藥物，取價低者。

醫院重組主要是為了解決公立醫療機構的低效率問題。1985年，新加坡大醫院的建立標誌著新加坡開始進行公立醫療機構的重組。1990—1992年，其他醫院也進行了重組；2000年，綜合診所作為公立醫療機構中門診服務的主要提供機構，也完成了重組。這標誌著承擔80%住院服務和20%門診服務的公立醫療機構基本完成了重組。重組後的公立醫院由一個新的政府公司主管，即新加坡衛生公司。起初這個公司並不參與醫院的具體管理，後來為了實現規模效益，公司開始對醫院的某些部門進行統一管理，如計算機系統、人力資源、醫院後勤工作等。但這麼一來，又引發了一個問題：由於缺乏對單個醫院的激勵機制，醫院沒有動力去改善公司集中化管理的服務，而且，醫院也沒有真正完成公司對它的要求。更為嚴重的是，新加坡衛生公司實際上變成了新的衛生服務壟斷提供者。為了解決這個問題，新加坡醫療集團應運而生。

在2000年，新加坡按公立醫療機構的地理位置和規模，把所有的公立醫療機構劃分為東西兩個醫療集團（cluster），即位於新加坡東部的新加坡衛生保健服務（Singapore healthcare services，SHS）和位於西部的國家衛生保健集團（national healthcare group，NHG)。這兩個集團規模相當，得到的政府補助也一樣。每個集團都有一家三級醫院、一家地區醫院、一家專科醫院、一些衛生服務中心（national center）和幾個初級診所，每年的營業額都接近 10 億新元。而組建這兩個集團的目的是促進公立醫療機構的內部競爭。每個集團的總裁由衛生部任命，集團內的董事會由各醫療機構的負責人組成，兩個集團都有各自不同的管理和激勵機制，如國家衛生保健集團規定每年對集團運行良好的醫院給予半個月到 1 個月的工資獎勵，除此以外，兩個集團都採用了「平衡積分法」來管理所轄的各家醫療機構。

2001 年衛生部與每個醫療集團達成協議，在明確規定衛生部發放補貼義務的同時，還詳細規定了各集團要達到的服務量和服務質量，如對預約時間和候診時間都規定了一個範圍：接受補貼的患者預約就診等候平均時間為 14 天，如果出現預約候診時間大於 42 天，則視為不合格；診所就診的患者平均等候為 30 分鐘，如果候診時間大於 75 分鐘，則視為不合格，協議規定對不能達標的醫院要進行罰款。除此以外，協議還明確規定集團要限制補貼患者的費用增長率。衛生部還對集團實施「收入總量控制」，即如果集團的總費用超過了疾病診斷相關組的最高限制，則政府給予的補助會相應地按比例減少。

二、醫療儲蓄模式的特點

以新加坡為代表的醫療儲蓄模式具有以下特點：

第一，強調個人責任，認為每一個人都必須為自己的健康負責，年輕時要為年老時的花費做出儲備。法律規定每個人都要定期儲蓄一小筆費用，實際上是可以確保大部分人都有能力負擔自己健康維護方面的開支的，除非是重大疾病。

第二，便於醫療費用的控制，同時減少醫療浪費，因為在醫療服務消費時是參保者自己在動用個人帳戶上的基金，個人對資金的使用就會特別關心，總會注意控制，這就有利於對醫療保險基金的控制和監督。

第三，新加坡的醫療儲蓄保險模式具有資金縱向累積的特點，這對於合理高效地使用醫療保險資金及衛生資源有很強的推動作用，對老齡化帶來的籌資問題也有一定的緩解。

三、醫療儲蓄模式的優缺點

（一）醫療儲蓄模式的優點

第一，以儲蓄為基礎的醫療保險模式有利於提高個人的責任感，激勵人們審慎地利用醫療服務，盡可能地減少浪費。在以稅收為基礎的或社會統籌的保險體制中，醫療費用主要由第三方支付，已經繳納稅或保險費的患者，往往會無所顧忌地利用醫療服務，花費第三方的資金，缺少自我約束的機制。而以儲蓄為基礎的體制要求患者用自己的錢支付自己的醫療消費，醫療服務的費用負擔並沒有轉嫁給第三方付款人。患者將學會明智地、有節制地使用真正需要的醫療服務，避免醫療過度消費。以儲蓄為基礎的醫療保險要求患者用自己的錢支付其醫療消費，有利於提高個人的責任感，激

勵人們審慎地利用醫療服務，盡可能地減少浪費。

第二，以儲蓄為基礎的體制能更好地解決老齡人口醫療保健需要的籌資問題。因為這一模式要求每個有收入的居民都要為其終生醫療保健需要而儲蓄。每代人都要解決自身的醫療保健需要，避免上一代人的醫療保健費用轉移到下一代身上。

(二) 醫療儲蓄模式的缺點

第一，公平性差。掙得多，存得多，可以用於健康保障的開支就更多，而窮人則不行，能累積的健康保障資金就比較少，缺乏公平性。這種模式的缺點是過分強調效率，而忽視了公平性。對於收入低的人或沒有收入的人來說，其個人帳戶資金儲蓄不足，患病時就可能出現沒錢治病的問題，當然，這個問題可以通過政府設立的儲蓄基金得到部分解決。

第二，缺乏共濟。缺乏強勢群體和弱勢群體之間的互助共濟，比如在新加坡模式下，強制的只是儲蓄部分，保障的只是個人及其家庭成員，沒有窮人和富人之間、健康者和非健康者之間、年長者和年幼者之間的相互幫助和共濟。

【本章思考題：重點及難點】

◇醫療保障模式劃分類型的主要依據有哪些？
◇國家醫療保障模式的特徵和優缺點有哪些？
◇社會醫療保險模式的特徵和優缺點有哪些？
◇私營醫療保險模式的特徵和優缺點有哪些？
◇醫療儲蓄模式的特徵和優缺點有哪些？
◇醫院、政府、商業保險機構、企業和參保人之間的關係如何理解？
◇各國醫療保險制度的改革對中國有何借鑑意義？

補充閱讀一：社區醫療保險模式

社區醫療保險模式又稱為半強制醫療社會保險模式，「社區」（community）一詞源於拉丁語，其原意是指共同的東西和親密的夥伴關係。德國社會學家滕尼斯（1855—1936）將社區解釋為一種由同質人口組成的具有一致的價值觀念親密、出入相友、守望相助、富有人情氣氛的社會群體。現代社會學則認為「社區」必須具備以下幾個要素[①]：①一定數量的人口；②一定的地域；③與社區生活相適應的規範；④滿足社區基本生活需要的服務設施。

社區醫療保險[②]（community-based health insurance，CHI）是指依靠社區力量，按照「風險分擔、互助共濟、自願參加」原則，在社區範圍內多方面籌集資金，形成醫

---

① 熊先軍. 社區醫療保險管理 [M]. 北京：中國勞動社會保障出版社，2008：2.
② 仇雨臨、孫樹菡. 醫療保險 [M]. 北京：中國人民大學出版社，2001：84—86.

療保險基金，用來支付參保人及其家庭的醫療、預防、保健等服務費用的一項綜合性醫療保健措施。中國的新型農村合作醫療制度（簡稱「新農合」）、城鎮居民基本醫療保險制度以及泰國的健康卡制度是社區醫療保險模式的代表。

這種模式既有一些社會醫療保險的特徵，又有一些商業醫療保險的特徵，是一個雜合體。從投保上是自願的，而投保時繳納的保險費又不像保險公司提供的醫療保險那樣按照被保險人風險的大小來繳費。它按人頭繳費，不論年老還是年幼、健康還是體弱。實際上私營醫療保險中很多具體的健康保險產品就是社區醫療保險模式的典型例子。中國城鎮居民基本醫療保險制度和在農村地區推行的新型農村合作醫療制度的籌資模式採取的就是社區醫療保險的模式。在這種模式下城鎮非從業人口和農村居民自願參加，不論個體風險大小的區別，繳費都是一樣的，具體到財務上有政府財政補貼保費、個人或家庭出資。近些年社區醫療保險模式在國外比較流行，是用於解決發展中國家或低收入國家，特別是農村欠發達地區的一種醫療保險保障機制或籌資方式。

社區健康保險籌資方式的優缺點：可以簡單地把它想成是介於私營保險和社會保險之間的一種模式，這種模式在投保時是自願的，不像社會健康保險那樣是法定強制的，同時用保險的方式來籌資，又是比較有效率的。這種籌資方式靈活性比較強又和私營保險中的商業保險不一樣，商業保險中的投保意願或購買能力直接限制了人們能否享受到保障，而社區健康保險模式對於繳費這一方面限制得很寬鬆，用人均保費的方式，不與健康狀況或年齡掛勾，這與私營保險中的商業保險相比有很大優勢。比如在美國很多人用商業保險的方式獲取健康保障，當被保險人健康狀況比較差時，有可能得不到相應的保障，還有在年紀比較大、收入降低時，他獲取保障的能力也比較差。社區醫療保險針對某一地區，這一地區都交一樣的錢，在地區內部年老的和年輕的、健康的和不健康的是很好的風險共擔，在這方面又有社會健康保險的優勢。

它的缺點是還是需要一定的購買力，用保險這種方式來籌資是要交保費的，沒有繳費能力一切無從談起。另外一點是社會公平性方面還存在一些問題，只能是某一地區的人獲益。

一、社區醫療保險模式的代表國家——泰國

泰國主要的健康保險制度可分為三大類：一是社會福利型的醫療保障制度，包括針對政府公務員及其家屬實行免費醫療的國家公務員醫療保障制度，以及對於低收入人群實行的醫療救助制度；二是強制性的醫療保險，即對於國有部門、私營企業雇員的強制性的社會保障計劃以及對雇員因工受傷的工人補助計劃；三是自願性醫療保險，包括各種私人健康保險、健康卡和「30銖計劃」。下面簡要介紹泰國的「30銖計劃」。

為保障公民獲得公平享有基本醫療衛生服務的權利，泰國衛生部組織有關人員在認真總結經驗的基礎上，反覆研究了相關國家醫療保險制度的利弊，提出了開展全民醫療保險的設想。2001年1月，在國家已經推行了十多年之久的健康卡制度的基礎上，將針對農民和其他弱勢群體的醫療保障範圍進一步擴大，提出了「30銖治百病」（30 baht for curing every illness）的口號，向國民承諾建立一個全民的醫療保險制度，簡稱「30銖計劃」。該計劃2011年4月即從6個省開始試點，6月逐步推行到15省，10月就實現了在全國的進一步推廣。

政府推行這一計劃主要是為了解決中低收入群體中一部分人看不起病的問題，因此，「30銖計劃」覆蓋的人群是以前沒有任何醫療保險的該地區戶籍註冊的人員，大部分為農民和社會上的其他弱勢人群。這些人員可以免費獲得一張金卡（全民醫療保險卡），之後，每次到醫院看病時，只需出示金卡並交納30銖手續費（約合6元人民幣，相當於掛號費，對收入低於2,800銖的農民可予免繳），醫院就將提供以下免費的基本醫療服務：①醫療服務和短期康復服務：包括正常的門診和住院治療、不多於兩次的分娩、正常住院食宿、醫學康復以及《國家基本用藥目錄》規定的藥品和醫療用品；②大額的醫療支出疾病：腎、腹膜透析、開顱手術、心臟分流術、化療和放療等重大疾病的治療；③意外和緊急治療服務；④健康促進和預防保健服務，包括健康體檢、計劃免疫、計劃生育、兒童保健、母嬰愛滋病傳播、健康教育以及口腔健康預防等。但是，此計劃有嚴格的轉診制度，受益人只能就近選擇一個鄉級衛生所登記註冊，再就近選擇一所社區醫院（區縣醫院）作為二級醫療單位。一旦患病，受益人首先到登記的衛生所就醫。除急診或意外等情況外，受益人在沒有衛生所轉診單的情況下，不允許直接進入二級或三級醫院（省級醫院）就醫，否則費用自理。

「30銖計劃」的籌資全部來自政府。政府將過去用於衛生的財政撥款，扣除基礎設施建設、大型醫療設備購置、教學科研以及愛滋病等疾病防治的專項經費後，全部用在該計劃中。另外，新增的近10%的衛生經費也納入了該基金。這樣，政府每年為每個參加這個系統的人支付1,404銖（約280元人民幣），包含了每個人的醫療、預防、健康促進的費用以及管理費用。這些資金根據所服務人群的規模直接配置給不同層次和級別的醫療機構。一般來說，衛生委員會對醫療衛生機構的支付採用兩種形式：一是對門診和住院服務都實行「按人頭支付」；二是對門診採用「按人頭支付」，而對住院實行總額預算下的「按病種付費」（DRGs）制度。當然，在具體實施中，各省支付方式可有一定的選擇性。

二、社區醫療保險模式代表國家——中國（城鄉居民基本醫療保險制度）

中國的醫療保險制度主要有城鎮居民基本醫療保險、城鎮職工基本醫療保險和新型農村合作醫療（簡稱「新農合」），其中城鎮居民基本醫療保險和「新農合」具有典型的社區醫療保險的特點。

「新農合」是指由政府組織、引導、支持，農民自願參加，個人、集體和政府多方籌資，以大病統籌為主的農民醫療互助共濟制度。「新農合」採取個人繳費、集體扶持和政府資助的方式籌集資金。「新農合」的報銷範圍大致包括門診補償、住院補償以及大病補償三部分。

中國的城鎮居民基本醫療保險實質上也是社區醫療保險模式的一種具體表現形式。2007年，國務院頒布了《城鎮居民基本醫療保險試點的指導意見》（國發〔2007〕20號），城鎮居民基本醫療試點開始啓動。城鎮居民醫保參保對象是那些不屬於城鎮職工基本醫療保險制度覆蓋範圍的中小學階段的學生（包括職業高中、中專、技校學生）、少年兒童和其他非從業城鎮居民。即該項制度主要解決城鎮非從業人員的看病就醫問題。

2016年1月《國務院關於整合城鄉居民基本醫療保險制度的意見》（以下簡稱

《意见》）发布。《意见》指出整合城镇居民基本医疗保险和新型农村合作医疗两项制度，建立统一的城乡居民基本医疗保险制度。

社区医疗保险可以看成是社会医疗保险的一种初级形式。社区医疗保险模式与社会医疗保险模式最大的差别体现在医疗保障基金的具体筹集方式，一个是自愿的，一个是强制的。社区医疗保险一般是政府引导，以高额补助的方式吸引参保人自愿缴纳保险费，从而形成医疗保险基金。这种模式只有在医疗卫生服务价格处于低水准（即当健康支出占居民收入的比值较少），而且有较稳定的、负责任的医疗卫生服务提供系统时，才能取得显著成效。这也就是传统的农村合作医疗制度能够在中华人民共和国刚成立后的20多年时间里取得巨大成果的真正原因。

补充阅读二：贝弗里奇模式与俾斯麦模式的比较与启示

1883年，德国俾斯麦政府颁布《疾病保险法》，从而揭开了人类现代社会保障制度建设的序幕。时任德国首相的俾斯麦以其铁腕手段对德国进行社会改革，促成了德国社会保险制度的建立，因此把德国社会保险模式称为俾斯麦模式。

1942年，贝弗里奇爵士根据部际协调委员会的工作成果提交了题为《社会保险和相关服务》的报告，这就是著名的贝弗里奇报告。它继承了新历史学派理论有关福利国家的思想，从英国现实出发，指出贫困、疾病、愚昧、肮脏和懒惰是影响英国社会进步、经济发展和人民生活的五大障碍，并据此提出政府要统一管理社会保障工作、通过社会保障实现国民收入再分配的建议，并设计了一整套「从摇篮到坟墓」的社会福利制度，提出国家将为每个公民提供九种社会保险待遇，还提供全方位的医疗和康复服务，并根据本人经济状况提供国民救助。

两大医疗保障模式相比较[①]，俾斯麦模式强调义务和权利的对等，实施主体是社会保险机构，国家只负责监督和规范机构的行为；而贝弗里奇模式则更偏重权利的给予，国家扮演主导和掌控的角色。

从筹资方面来看，俾斯麦模式由法定医疗保险和私人医疗保险组成。法定医疗保险是主要部分，其筹资主要通过社会医保缴费和国家补贴来完成。而贝弗里奇模式是全民医疗服务体系（NHS）的天下，私人医保承担的份额很小。在全民医疗服务体系下，筹资以税收为主，资本收益累积为辅。

从医疗服务提供方面来看，在德国医疗体制下，医疗服务提供一般可分成三大部分，即由私人开业医生提供的初级医疗、次级门诊医疗服务和由医院提供的住院医疗服务。其中，德国医疗服务提供体系的一个突出特点就是私人开业医生和驻院医生的严格分离，一般不允许交叉提供服务。在该体制下，基本没有初级医疗转诊限制，患者有很大的择医自由；在英国全民医疗体系下，主要由全科医生提供初级医疗服务，由专科医生承担专科和住院医疗等二、三级医疗服务。在全民医疗服务体系中，分社区医院、地区综合性医院和地域或跨地域专科医院三个层次。而地方卫生管理机构会和社会保险

---

① 丁纯. 德英两国医疗保障模式比较分析——俾斯麦模式和贝弗里奇模式 [J]. 财经论丛，2009（01）：22.

部門和全民醫療服務體系下的醫務人員一起，負責公共衛生保健和社區醫療服務。在該體系下初級醫療系統中由私人開業、簽約全民醫保體系的全科醫生，作為家庭醫生與投保者的聯繫相當緊密，提高了疾病防控效率。除此之外，全科醫生作為向上級專科醫療轉診服務的批准者，扮演了醫療服務和費用「看門人」的角色，當然同時也限制了患者的擇醫自由。

然而這兩種醫保模式都存在一定問題，但由於兩者背後制度的不同以及其他現實原因，兩者面臨的問題存在一些差異。

德國俾斯麥模式的問題是醫保體系沒有覆蓋全體國民、私人開業醫生和駐院醫生業務聯繫的人為分割導致醫療服務系統效率相對低下等，但最為突出的還是醫保的財政收支缺口問題。一方面，醫療費用支出持續上升；另一方面，通過不斷提高繳費率增加收入的做法卻難以為繼。在當今全球化的背景下，德國經濟增長和就業都面臨著巨大的壓力。而英國的貝弗里奇模式儘管也面臨著收支缺口的壓力，但貝弗里奇模式最致命的問題還是醫療服務提供的質量和效率問題，具體表現為英國候診、住院和手術等待時間都出奇的長，等待的人數也出奇的多。

據此，中國在推進醫保改革的過程中，全面學習德國體制的理念和規制，借鑑其總體醫保思路：強調責任權利的對等，尤其是要給予投保人依據繳費和待遇權衡選擇醫保機構的自由。而在具體的醫保體制改革措施中，英國醫保體制的初級醫療服務提供體系——家庭全科醫生制度，因其立足於預防，能有效地提供醫療服務和降低成本，這一體制也成為中國構建初級和公共衛生防控體系的範本。另外，兩種醫保體制改革的殊途同歸，也為構建中國的醫保體制提供了不少啟示和學習經驗。

第四章　社會醫療保險基金籌集

【內容提要】

◇掌握社會醫療保險基金的概念和基金收入的決定因素，瞭解社會醫療保險基金的籌資渠道。掌握社會醫療保險基金的累積模式，瞭解社會醫療保險基金的測算原理和方法（社會保險精算）。

◇社會醫療保險基金（即風險池）收入的多少決定風險承擔支付能力的大小，基金收入的決定因素分析是社會保險精算平衡的關鍵。

◇理解不同社會醫療保險基金的財務運行模式（即累積模式）對社會保險精算平衡的影響。

第一節　社會醫療保險基金概述

世界各國醫療保險的實踐經驗證明：籌集足夠的醫療保險基金是保證社會醫療保險制度正常運行的重要環節。在以社會醫療保險為主、多種形式醫療保險並存的社會保險體制下，醫療保險資金的籌資方式與籌資水準，不僅取決於保險方對參保人醫療費用的補償水準，而且取決於人群的參保率和資金到位率。

一、社會醫療保險基金的基本概念

社會醫療保險基金（funds of social medical insurance）是指國家為保障參保人在患病期間的基本醫療，通過法律或合同的形式，由參加社會醫療保險的企事業單位、機關團體或個人在事先確定的比例下，繳納規定數量的醫療保險費以及以政府財政撥款的形式集中起來的一種貨幣資金，是由專門機構管理的專款專用的財務資源。它是由社會醫療保險機構組織經營和管理，用於償付保險合同規定範圍內的參保人因疾病、傷殘或生育等全部或部分醫療費用的專項資金。由此可見，社會醫療保險基金是社會為實施醫療保險制度而建立的專項資金，它是由社會醫療保險機構通過各種渠道籌集而成。社會醫療保險機構的事業經費不從社會醫療保險基金中提取，由各級財政預算解決。對於社會醫療保險基金需要強調以下三點：

（1）社會醫療保險基金是以法律或合同形式，由社會醫療保險機構向參保單位或個人徵集的醫療保險費。在保險關係中，一方為保險機構，另一方為參保人。參保人

必須按法律或合同條款的規定向保險機構繳納一定數量的醫療保險費,從而享有相應的醫療保險待遇。社會醫療保險基金是由無數個被保險的單位或個人繳納的醫療保險費匯集而成的一種貨幣資金。

(2) 社會醫療保險基金是由社會醫療保險機構組織和經營管理的,用於償付參保對象基本醫療費用的基金。保險機構是醫療保險基金的組織和經營管理者,並執行醫療費用償付職能,其償付水準應符合醫療保險合同規定的範圍。

(3) 社會醫療保險基金的籌集與醫療費用的償付均採用貨幣的形式,其財務機制大多數情況下都是現收現付制。

二、社會醫療保險基金的基本特性

(一) 強制性和廣泛性

社會醫療保險不同於商業保險,不帶有自願性質,具有強制性[1]。一般以企事業單位集體投保或家庭以戶為單位進行投保,並通過法律或法規的形式,規定醫療保險基金籌集的範圍、對象、費率和週期,運用經濟、行政等手段強制執行。一方面疾病風險具有危害的嚴重性、頻率的高發性、影響因素的複雜性、群體性和社會性等特點;另一方面,任何人面對疾病風險都是難以迴避的,因此我們可以說醫療保險是社會保險中覆蓋面最廣、最普遍的保險[2]。在解決農村人口的社會保障問題的時候,也是醫療保險先行。

(二) 互助共濟性

社會醫療保險基金來源於社會不同性質的參保單位和個人的閒散資金,而只用於補償參保對象中少數人因病就醫時所發生的醫療費用,因而具有互助共濟性。對整體而言,是多數人共濟少數人;年輕人共濟老年人;無病的人共濟患病的人;得病少的人共濟得病多的人。對個人而言,年輕時、健康時幫助別人,到年老時、患病時則受別人幫助。因此,醫療保險可以避免因重大疾病帶來的風險,分攤損失,減少因病致貧,達到社會安定的目的。

(三) 社會化

醫療保險制度使社會勞動者的醫療保障社會化,個人、企業間互助共濟,有助於增強抵禦疾病風險的能力,最重要的是它可以把企業從繁雜的醫療保障管理事務中解脫出來,變企業行為為社會行為,因此醫療保險基金應實行社會化發放,充分體現醫療保險社會化的特點。

(四) 公益福利性

社會醫療保險制度的重要特點是體現公益福利性。它不同於商業保險,也不同於公費和勞保醫療制度,社會醫療保險制度中醫療保險基金的籌集由國家、集體和個人

---

[1] 程曉明,葉露,任苒. 醫療保險學 [M]. 2版. 上海:復旦大學出版社,2012:11.
[2] 周綠林,李紹華. 醫療保險學 [M]. 3版. 北京:科學出版社,2017:2.

合理分擔，既有利於增強消費者的費用意識，減少浪費，又體現醫療保險基金的公益性，取之於民，用之於民，使個人從集體互助中得到健康補償，從國家的經濟保障中感受到社會的關懷。另外，國家、集體繳納醫療保險費的絕大部分。醫療保險機構按事業單位管理，免交稅利；企業在稅前形成醫療保險基金，國家預算可以根據需要和可能向社會醫療保險機構提供補助，委託代辦有關的保險業務等，這些都體現了社會醫療保險基金的公益福利性。

（五）基金的自我平衡性

社會醫療保險基金是實現醫療保險目標的物質基礎，但不同於社會養老保險基金，其運行只有實現收支平衡，才能確保既滿足勞動者的基本醫療消費需求，又不增加國家、企業和勞動者額外的經濟負擔，從而促進社會的穩定和經濟的發展。由於醫療保險基金要追求自我平衡，所以其運行要遵循「以支定收」的原則，借助於保險精算和預算等手段，在運行中不斷調整，達到自我平衡的目標。

三、社會醫療保險基金與其他基金的區別

（一）醫療保險資金與醫療保險基金的區別

醫療保險資金由「醫療保險」和「資金」兩個名詞組成，而醫療保險基金是由「醫療保險」和「基金」兩個名詞組成，所以兩者的主要區別就在於「資金」和「基金」上。從會計角度理解，基金是一個狹義概念，指具有特定目的和用途的資金。換言之，基金是為某種專項目的而累積起來的有著專門用途的資金。社會醫療保險基金可以理解為是社會為實施醫療保險制度而建立的專項資金，它是由社會醫療保險機構通過各種渠道籌集而成的。通常醫療保險資金是醫療保險費在籌集過程中的術語，而醫療保險基金是醫療保險費籌集過程完成之後的術語。

（二）醫療保險基金與養老保險基金的區別

社會保險基金按保險項目分類，有養老保險基金、醫療保險基金、失業保險基金、工傷保險基金和生育保險基金。所以醫療保險基金和養老保險基金都是社會保險基金的一種。其中，養老保險基金是指在立法確定的範圍內，依法徵繳的用於支付勞動者退休養老待遇的專項基金，它負擔的是保障社會成員在其年老時基本生活的重任，時間跨度長，基金數額巨大，因而具有時間的遞延性和儲蓄性質。而醫療保險基金是由醫療保險機構經營管理的，主要用於償付合同規定範圍之內參保人員因疾病、傷殘以及生育等產生的醫療費用，因而具有現收現付的性質。

（三）商業醫療保險基金與社會醫療保險基金

社會醫療保險具有強制性，國家依法規定雇員和企業繳納保費，當員工出現傷病、殘疾等事故時提供相應的醫療救助。社會醫療保險一般由政府承辦，不以營利為目的，故社會醫療保險基金是以社會保障為主，其利潤不進行分配和資本轉化，基金結存餘額仍以基金的形式聚集。而商業醫療保險則是由保險公司經營的，營利性的醫療保障，其利潤可轉化為企業資本。

四、社會醫療保險基金收入的決定因素

社會醫療保險基金收入是指基本醫療保險基金在籌集過程中取得的各項收入，受到以下因素的影響：

（一）流行病學因素[①]

流行病學因素包括人群的發病率、患病率、疾病構成等因素。根據2013年的《第五次國家衛生服務調查分析報告》顯示，中國居民的兩週患病率為24.1%，城市、農村分別為28.2%和20.2%，其中有77.2%的病例為慢性病。按患病人數計算居民慢性病患病率為24.5%，城市、農村分別為26.3%和22.7%。按患病例數計算慢性病患病率為33.1%。城市、農村分別為36.7%和29.5%。

患病率較高的前五位慢性病分別是高血壓、感冒、糖尿病、胃腸炎和腦血管病。當前對於傳統的傳染性疾病已經取得了較好的控制，慢性病逐漸成為影響居民健康的主要疾病。按疾病類別分析，慢性病患病率前五位的疾病分別是循環系統疾病、內分泌、營養和代謝疾病、肌肉骨骼系統和結締組織疾病、消化系統疾病、呼吸系統疾病。同2008年相比，循環系統疾病，內分泌、營養和代謝疾病患病率增幅明顯，惡性腫瘤患病率順位上升。慢性病病程長，易對身體造成嚴重的傷害，並且一般醫療費用昂貴，增加了患者和家庭的經濟負擔，是因病致貧、返貧的重要原因。這使得人們對醫療保險有更多的需求，參保人數增加，參加檔次提高。

（二）人口學因素

人口學因素包括參保人口的數量、年齡結構、性別、職業、受教育程度等因素。顯然參保人數越多，醫療保險基金的收入相對越多，參保人口數量受醫療保險的普及程度影響。2016年中國城鎮基本醫療保險年末參保人數為74,391.6萬人，比上年末增加7,810萬人。其中城鎮職工基本醫療保險參保人數為29,531.5萬人，較上一年增加638.4萬人。城鎮居民基本醫療保險參保人數為44,860萬人，較去年增加了7,171.5萬人。[②]

如果老年人口在年齡結構中比重較大，一方面說明繳費的人群數量較少，醫療保險基金的供給相對減少。另一方面說明領取保費的人群數量較多，醫療保險基金支出較大。退休人員不需要繳納保費，在老齡化日益嚴重的背景下，必然會加重醫療保險基金的壓力。

職業和受教育程度的不同會影響了人群的健康意識，接受較多教育的家庭防範風險的意識會更強，參保意識會更強。通常教育與職業、收入水準是緊密聯繫的，較高的教育水準、較好的職業會帶來較高的收入水準，高收入的人群往往會有較高的醫療需求，可以負擔較高檔次的醫療保險，這些都會影響醫療保險基金的收入。

男女性別的不同導致其醫療消費觀念和生理上的醫療需求不同，男性的死亡率較

[①] 施建祥.中國醫療保險發展模式論[M].北京：中國物價出版社，2003：129.
[②] 國家統計局.中國統計年鑒[J].北京：中國統計出版社，2017.

高，但女性的患病率較高，這導致不同性別的醫療行為存在較大的差異。在生命週期早期，男性和女性的醫療花費大體相當，在生命稍後期，尤其是在育齡年齡段，女性的醫療支出比男性多50%，男性由於生活方式的選擇，比如抽菸、喝酒，年輕時易遭受較多的健康損失，年老時罹患慢性病的概率增加。[1] 性別不同導致醫療需求的不同，進而會影響醫療保險基金的收入情況。

(三) 保險制度設計因素

保險制度設計因素包括保險期限、給付範圍、繳費基數、籌資比例、給付標準與自付比例等。保險制度的設計對於基金的籌集有很大影響，例如，從理論上說，繳費基數對醫保各項基金的影響是線性的。繳費基數與當地社會整體的經濟發展水準和就業狀態緊密相關，醫療保險基金的繳費基數一般以上一年度當地在職職工月平均工資為標準，繳費基數和各種基金的籌資額為正相關關係，隨著繳費基數的增加，籌資額也相應增加。提高籌資比例也會顯著增加籌資額，但是籌資比例的提高對社會經濟活動產生的影響較大。繳費基數和繳費比例是由醫保政策規定的，繳費基數越大，繳費比例越高，基金收入越高。

(四) 其他社會和經濟因素

其他社會和經濟因素包括利率、經濟發展水準、社會制度、個人收入水準、衛生資源水準以及醫療費用變動趨勢等因素，還有基金的監管水準及配套的金融市場狀況。經濟的發展是醫療衛生事業發展的前提，經濟因素對基金籌集的影響非常顯著。經濟條件決定著參保人員的收入水準，收入水準進一步制約著參保人員選擇醫療服務的層次和水準，影響醫療保險基金的收入。

社會醫療保險基金關係到群眾的切身利益，參保人數眾多，基金數額大，只有公開透明的運作流程，才會減輕參保人員的顧慮。這需要良好的經辦機構和經辦人員隊伍以及有效的內外部監管的相互配合。例如，要加強對醫保基金中的不合理支付的有效監管和對醫保基金投資的監管，加強財政局、審計局等部門的作用，鼓勵大眾對醫療保險基金的監督。

五、醫療保險費率

(一) 定義

醫療保險費率是指投保或繳納的醫療保險費占工資收入的比例，故其前提是投保者必須有相對固定的經濟收入。對於沒有固定收入的投保者，一般是按年度繳納一定數量的醫療保險費。保險公司一般根據疾病的發生概率、醫療費用消費水準以及保險預期給付範圍、給付標準、給付總額等因素，求出投保人應負擔的一定比例。它是計算醫療保險費的基礎數據。具體來講，醫療保險費率的確定與居民醫療消費水準、國家醫療保險水準、在職職工工資收入水準、國家財政、企業及個人實際承受能力以及

---

[1] 張磊. 社會醫療保險基金承受力影響因素與評價 [D]. 南京：南京大學，2013.

醫療費用的補償水準均呈現密切關係。因此，除了研究醫療保險繳費的費率外，還需進一步確定職工個人繳費比例和用人單位的繳費比例。

(二) 醫療保險費率的確定原則

確定醫療保險費率的總體原則是保險供方與保險需方利益相結合的原則：

1. 從保險供方來說必須遵循的原則

（1）經濟受益原則。醫療保險機構的營運必須保證行政管理費用的支出、人員工資支出、業務費用支出、相應的利潤和儲備金等。如屬營利性商業保險機構，則需保證其一定水準的利潤和稅收支出；如屬非營利性或福利性醫療保險機構，必須保證維持再生產所需要的費用。

（2）被需方接受原則。需方對費率的可接受程度取決於經濟收入和疾病風險程度。對於商業醫療保險公司來說，如果費率不被需方所接受，則不可能有保險市場。社會基本醫療保險的費率一般由政府制定，制定時必須考慮到居民的經濟承受能力、政府和企業的財政負擔能力以及保險機構提供補償的能力。

（3）適量性原則。為保證償付能力，保險方收取的保費應該能滿足其履行責任的最低限度，但並不意味著保險方可以收取遠高於其責任限度的保費。保費的收取要考慮雙方的利益，既要保證保險方的償付能力和正常經營，也要維護投保方的利益，要讓投保人感覺自己繳納的保費是合理適度的。

（4）科學管理的原則。保險供方必須科學管理，提高工作效率，降低經營成本。

2. 從保險需方來說必須遵循的原則

（1）經濟上具有支付能力原則。保險費率的制定必須考慮大部分消費者的經濟承受能力。

（2）及時補償原則。對於參保對象因病發生的醫療費用必須按照保險合同的規定給予及時合理補償，以達到分擔疾病風險的目的。

（3）公平合理原則。在保險費的籌集、醫療衛生資源的使用以及福利待遇的享受上都應該體現公平合理性。

（4）基本穩定的原則。醫療保險費率一旦確定，必須維持相對穩定，不宜經常變動，否則就有可能會影響居民參保率和資金到位率。

(三) 醫療保險費率的影響因素

1. 工資水準

醫療保險統籌費率以工資為徵繳基數，工資水準的高低直接決定了醫療保險基金的收入總量，是基金收支平衡的關鍵，任何少報瞞報工資總額的行為都不利於醫療保險基金的收繳。依據薪資總額繳費，要重視參保單位少報瞞報工資總額的問題，這一現象的發生將減少繳費總收入，影響收支平衡，因此，政府應規範工資管理體制，盡快實現收入工資化、工資貨幣化。

2. 參保率

按醫學統計規律，真正動用社會統籌醫療保險基金的大病患者僅占參保人數的較小比例，當然隨著人口老齡化，這種或然率有可能呈上升的趨勢。但總體而言，依據

大數法則，參保單位和人數越多，醫療保險基金收入越高，分散風險的基金保障越充足。

3. 基金收繳率

保證參保單位和個人充足的收繳率，就能充分保障醫療保險基金的足額到位。而基金收繳率往往會受到各種因素的影響，一定程度上難以保證全部到位，會不可避免地影響醫療保險基金的收入與支出水準。因此，需要規範基金收繳的體制，同時加強法律、人才隊伍等的配套完善。

4. 統籌費率

統籌費率應按當時社會保障要求和經濟發展水準確定，出於管理的需要，統籌費率要保持相對穩定，一般保持若干年不變。

5. 退休人員比率及生命期望值

退休人員參加基本醫療保險，個人不繳納醫療保險費，而對計入其個人醫療帳戶的比例和個人負擔醫療費的比例還要照顧。另外，老年人口對醫療保險的需求和利用明顯高於中青年人。可見，人口老齡化使籌資絕對數量減少的同時也使實際醫療費用支出增多。顯然，退休人員越多、預期壽命越長，醫療保險的成本負擔越沉重。

從上述指標分析中不難看出工資收入、統籌費率、參保率、基金收繳率均與醫療保險基金收入成正比，而退休人員比率及生命期望值與醫療保險基金收入成反比。中國目前老年人口在新的醫療保險制度建立之前基本上沒有醫療基金累積，依靠在職職工醫療基金的累積來實行代際轉移具有相當大的風險與壓力，依靠現收現付的醫療保險統籌基金難以渡過人口老齡化的高峰期。為了使醫療保險制度可持續發展，我們應採取四條措施：①政府應做出長期預算安排，以保證充足的醫療資源，支持醫療保險改革；②利用多種金融工具，重視個人帳戶醫療基金累積的保值增值，尤其是年輕職工，患病概率低，個人帳戶累積時間長，既要防止累積基金被挪用，又要從長計議，有效抵禦通貨膨脹帶來的醫療消費不對稱的風險；③讓公眾為自己享受的社區醫療服務承擔更多的自付義務，對自己的就醫行為負責，讓市場的力量來約束醫療支出的過快增長；④在支持以收定支、收支平衡的基礎上，從長遠著想，適度地動態擴大醫療保險基金的累積，以應付未來社會的不測事件與人口老齡化社會帶來的沉重醫療費負擔。

目前，中國的社會醫療保險起點低是事實，但作為一種社會福利政策也有其自身的規律。第一，應該看到，所有的福利政策都是剛性的，所以在起點的標準上宜低不宜高。第二，作為社會福利政策，應該是一個可以預期的不斷完善和發展的過程，要讓居民感到這個政策對自己越來越有利，而社會發展過程就是福利不斷調整完善的過程。第三，世界上沒有一個完善的全面滿足的福利，即使在福利國家也是如此。所以福利政策的關鍵是具有可持續性，在標準上不能夠大起大落。

另外，在社會醫療保險領域，最重要的不是投入標準的高與低，而是選擇比較適宜的、可持續發展的模式。一味強調投入的多少沒有多大意義，應該看一定的投入是否達到了應有的效果。在中國的現狀是一個問題掩蓋了另一個問題，投入不足大家很容易看到，但效率的低下卻容易被忽視。從一個制度的長期持續發展來看，投入效率還是第一位的，所以我們要科學地認識醫療保險的待遇標準問題。

第二節　社會醫療保險基金的籌資渠道

社會醫療保險是將醫療保險費集中起來，建立醫療保險基金，用於支付參保者醫療費用的一種社會補償機制。其中，社會醫療保險基金的籌資和建立是社會醫療保險制度能夠正常運行的物質基礎和前提條件。從社會醫療保險基金的來源看，主要有職工個人和企業（或雇主）交納的保險費、政府補貼、基金的投資收益和企業繳納的滯納金及罰金等。在以上各種收入來源中，以一定繳費費率向職工和用人單位收取的醫療保險費是基金最主要的收入來源。國家對醫療保險基金的補貼主要體現在對基金減免稅收和對各類醫療機構直接或間接的投入上。其籌資渠道詳細介紹如下：

一、企業繳納的保險費

用人單位（企業）繳納的醫療保險費是指社會醫療保險事業機構向用人單位收繳的醫療保險費。在目前醫療保險制度剛剛起步的階段，醫療保險基金收入的大部分來自用人單位，企業為職工繳納的醫療保險費用是企業人力成本的組成部分。一個社會健康保險計劃成不成功主要是企業在起作用，中國城鎮職工基本醫療保險之所以會遇到問題首先還是企業的問題。企業根據本單位職工工資總額的一定比例，為本單位職工繳納社會醫療保險費。在勞動密集型企業，其勞動成本在企業全部成本中的比重較高，給企業造成了生存和競爭壓力，因此勞動力資源豐富的國家，醫療保險的籌資水準不能過高。就世界範圍來看，有的國家實行的是等比制，即個人和企業繳費費率一樣；有的國家實行級差制，個人和企業繳費比例不一致。根據《國務院關於建立城鎮職工基本醫療保險制度的決定》的規定，中國用人單位的繳費率是在職職工工資總額的 6%～10%。

二、參保者個人繳納的保險費

個人繳納的醫療保險費是指社會醫療保險機構向個人收繳的醫療保險費。新建立的基本醫療保險制度規定，醫療費用由國家、單位和個人共同負擔，這是一個突破。個人也要為自己的健康負責，負責的方式是社會健康保險，這種模式比自己儲蓄的效率高得多，但還是要以保險費的方式有所付出，這方面中國在意識上、政策上、具體的籌資比例上都還有缺陷，有待進一步的提高。考慮到目前個人的工資水準還不高，心理承受能力低，為了較好地進行新舊制度的銜接過渡，國務院規定，個人繳納醫療保險費為本人工資收入的 2%，今後隨經濟發展適當調整。

在實踐中，對勞動者個人工資的籌集比例一般有最低繳費線和最高繳費線。設定最低繳費線是為了保護低收入勞動者，體現公平。當勞動者的收入低於最低繳費線時，可以免交社會醫療保險費。中國城鎮職工基本醫療保險制度規定，對於下崗再就業職工，其社會醫療保險費的繳費比例為當地社會平均工資的 60%，由下崗再就業中心繳

納，下崗職工享受相應的醫療保險待遇。設定最高繳費線是為了體現激勵機制的作用，體現社會效率。如果所有勞動者都按照統一費率繳納社會醫療保險費，那麼勞動報酬越高，繳納的費用越高，會壓制勞動者的生產積極性。因此，社會醫療保險基金在個人繳費部分明確了繳費基數的上限。

三、利息收入

利息收入是指社會醫療保險基金的保值增值部分。社會醫療保險基金除了支付參保人的醫療費用和管理費用以外，其餘部分應按國家規定進行投資，並取得利息收入，從而使保險基金保值增值。

目前中國社會醫療保險基金的利息收入主要來自三方面，一是醫療保險基金存在財政專戶取得的存款利息收入，二是醫療保險基金存入銀行的「醫療保險基金支出戶」取得的利息收入，三是醫療保險基金購買國家債券取得的收益。

四、調劑收入

調劑收入是指在一定的保險統籌地域內，為體現醫療保險的調劑性、共濟性以提高其抗風險能力，由下級上解或上級補助的醫療保險基金收入。調劑收入包括上級補助收入和下級上解收入兩部分。上級補助收入是指上級社會醫療保險事業機構從下級社會醫療保險事業機構上解的醫療保險收入中，根據下級社會醫療保險事業機構基金收支運行發生的困難，劃撥一定的醫療保險基金補助收入。下級上解收入是指下級社會醫療保險事業機構上解上級社會醫療保險事業機構的醫療保險基金收入。

五、財政補貼

財政補貼是指在醫療保險基金因不可抗拒的非管理因素造成入不敷出時，由政府提供的補貼。實行醫療保險制度是政府管理社會職能的具體體現，醫療保險基金入不敷出時，政府要承擔最終責任。為了維護勞動群體的健康，加快整個國民健康水準的提高，政府必然要承擔責任，應該提供一定財政方面的資助。財政補貼不僅僅就是財政撥款，這個基金用保險基金的方式建立起來後的權屬應該歸參保人，對參保人負責。我們這裡所講的來源不只是關注財政撥款這一部分，還有其他的，如稅收方面的優惠，這從基金財務管理的角度也有很多值得研究的地方。利率政策是用利率的方式來調整，可以給社會健康保險基金提供專門的工具，用以獲得較高的收益。所以政府資助的方式很多，直接的財政撥款是不得已而為之的辦法，既然選擇了強制保險的籌資方式就要充分發揮其優勢。

六、其他收入

其他收入是指滯納金及財政部門核准的其他收入，但不包括罰金。滯納金是指因用人單位拖欠繳納醫療保險費而按規定收取的費用。在試點城市和擴大試點城市的醫改方案中，都規定了用人單位應按期繳納醫療保險費。對未能按時、足額繳納醫療保

險費的用人單位，除責令其補繳所欠款額外，另每日加收所欠款額0.2%的滯納金。滯納金並入職工醫療保險基金。財政部門核准的其他收入是指經財政部門審核批准允許收取的除上述收入項目以外的其他收入，包括對從事醫療保險事業的保險機構實行的政策性補貼和稅收減免，以及社會團體和個人對醫療保險的捐贈。

第三節　社會醫療保險基金的累積模式

按照社會醫療保險基金累積的程度分，社會醫療保險基金的累積模式大致可以分為現收現付制、完全累積制和部分累積制三種情況。這三種模式各自有著不同的特點。

一、現收現付制

現收現付制（pay-as-you-go），是以近期基金橫向平衡原則為依據，先測算出當年或近期內需支付的醫療費用，然後將這筆費用按一定的比例分攤到所有參加社會醫療保險的各個單位和個人，也就是說，每年籌集的醫療保險基金要全部用於當年的醫療費用，即由用人單位和在職職工個人按工資總額的一定比例（繳費率）繳納醫療保險費建立的醫療保險基金，能夠且只能滿足當年的醫療費用支出，當年提取、當年繳納，不考慮社會醫療保險基金的儲備。這種籌資模式的特點如下：

第一，以支定收，每年籌集的醫療保險費與當年的醫療保險基金支出基本平衡，略有結餘。

第二，費率調整靈活，易於操作。

第三，醫療費用進行代際轉移，體現了人與人之間的橫向調劑，平均來看主要是年輕人在為年老人的健康花費買單。

第四，具有通過再分配達到社會公平的特性。

現收現付制的優點是：以支定收，操作簡單，比較容易納入財政預算，因只需考慮短期資金平衡，能避免通貨膨脹的嚴重影響，不必承擔長期風險。其缺點是：沒有大量風險儲備基金，無法應對大規模的疾病風險爆發，也不適應經濟發展不景氣的年份。當人口結構和勞動力的年齡結構發生老齡化變化時，由於沒有長期累積，會增加現有人口和勞動力的負擔。

二、完全累積制

完全累積制（funded pooling）是以縱向平衡原則為依據，在對有關的人口健康指標和社會經濟指標（如患病率、人口死亡率、利息率、工資率、平均醫療費用、通貨膨脹率等）進行長期的宏觀測算之後，將被保險人在享受醫療保險待遇期間的費用總和按一定的比例分攤到整個投保期內，並對已提取但尚未支付的醫療保險基金進行有計劃的管理和營運，達到基金的保值增值。這種籌資模式的特點如下：

第一，與未來關聯密切，充分體現儲蓄的功能，具有激勵的作用。

第二，受人口年齡結構影響小，但是缺少代際轉移，缺少再分配的功能，不能很好地體現社會醫療保險互濟的特點。

　　第三，風險較大，累積過程長達幾十年，需要多考慮如何做到基金的保值增值。

　　完全累積制自籌自用，其優點是利用時間來分散風險，用時間來換取財務壓力的降低，對解決老齡化問題是有好處的，但也不能完全加以解決。最大的困難是在健康保險中如何現在就能明確完全用基金累積這種方式籌集到的資金在將來是否夠用，需要測算對未來的醫療保障待遇需求，也要考慮社會經濟長期發展趨勢和國家的長遠規劃。現在健康保險當中用得更多的是醫療儲蓄計劃，它們的核心或機制是一樣的。這種方式用得比較少，因為和養老不同，建立繳費確定型的計劃是困難的，不容易在現在核算清楚將來基金規模的多少，所以完全累積模式採用的是另外一種思路，即個人累積，相當於聊勝於無，為應付以後的醫療花費現在必須進行儲蓄，對年老時的花費是一個很好的輔助，從這個意義上講，建立基金累積的模式不僅僅是養老的思路。

　　因此，我們可以歸納出完全累積制的優點是用長期累積的基金對付可預見的和未能預見到的疾病風險，但它的缺點是累積的基金要承擔保值增值的風險，這在技術上有很大的難度。

三、部分累積制

　　部分累積制（part funded pooling）也稱「混合制」，是前兩種模式的綜合，兼具前兩者的特點。在部分累積制中，社會醫療保險基金的收支呈「T」形平衡結構，一方面，在一定區域內的人群中「橫向」籌集醫療保險基金，費用共濟，風險分組；另一方面，保險費中的一部分資金進入個人帳戶進行「縱向」累積，以勞動者年輕力壯時累積的資金彌補年老體弱時的費用缺口，自我緩解後顧之憂。這種籌資模式的特點如下：

　　第一，把社會統籌保障與個人自我保障綜合起來，既體現了社會公平的原則，又考慮了權利與義務的對等。

　　第二，一方面滿足當前基金的支出需要，另一方面又通過累積的方式滿足未來基金支出的需要，有利於培養被保險人的費用意識，自覺約束醫療消費行為。

　　中國城鎮職工基本醫療保險目前實行的「社會統籌與個人帳戶相結合」的籌資模式實質上就是一種部分累積制的模式。這種籌資模式結合了社會保險模式和儲蓄醫療保險模式兩者的特點，醫療保險資金的籌集來源於國家、集體和個人三方，基金籌集之後按一定比例分別記入社會統籌帳戶和個人儲蓄帳戶，個人發生疾病住院或門診時，費用由個人帳戶支付，不足部分視情況由社會統籌部分給付，從而達到共濟互助的目的，有利於確保所有人獲得基本的醫療保障。在實際操作中，這種模式如何做到穩定過渡以及解決一系列原有體制問題等，還需要做進一步的探討。

第四節　社會醫療保險精算

一、社會醫療保險精算概述

精算是以概率論和數理統計為基礎，綜合運用人口學、社會學和經濟學等相關學科知識，定量解決金融保險等領域中有關保費、責任準備金、利源分析等問題，為決策提供依據的一門應用學科。精算技術是隨著人壽保險業的發展而逐漸發展起來的，之後逐步在財產保險、意外傷害保險和社會保險中發揮著重要的作用。

在社會醫療保險中，精算從保險金給付和支出預測、未來繳費收入預測、中短期現金流預測、長期財務收支預測、資產負債管理和精算內控循環等各個角度對社會醫療保險系統的運作提供技術支撐和決策信息，並提供獨立的審計和財務評估報告，使各類醫療保險計劃能保持其財務穩定和持續、健康的發展。

(一) 社會醫療保險精算的基本原理

第一，成本估計的基本原理是大數法則，大數法則（law of large numbers）又稱為大數定律，是統計學中重要的定律。大數法則是指當具有同質風險的個體數量達到一定規模時，總體的統計特性表現出穩定性。大數法則將不確定的個體風險轉化為確定的總體事件，使保險費率厘定成為可能。大數法則是保險費率厘定的基礎，但是要符合兩個前提假設：一是個體數量足夠大；二是個體風險具有同質性。

第二，收支平衡的原理，是指在一定時間和範圍內社會醫療保險統籌基金的收入與醫療服務償付費用之間的動態平衡。收支平衡是醫療保險基金的首要原則，只有做到收支平衡，才能保證基金穩健運行。

第三，社會醫療保險與商業醫療保險有一定差異，不管被保險人各自的風險狀況和收入水準如何，都應享受同樣的保險金給付水準，即社會醫療保險的「互濟」和「一致」的特點。社會醫療保險由國家、用人單位和個人共同繳納保費，體現了社會醫療保險「互濟」的特點。

(二) 社會醫療保險精算的特徵

（1）在全社會範圍內對若干人口與社會經濟狀況的變化進行計算與預測，社會醫療保險精算較商業醫療保險精算複雜得多。社會醫療保險的覆蓋對象是全體居民，而商業醫療保險的對象是參保的人群。

（2）社會醫療保險繳費通常以工資的一定比例收取，因此要預測醫療費用支出成本、未來勞動生產率、工資變動及通貨膨脹等，考慮的因素更多、更複雜；

（3）容易受政策和人為因素影響，不確定性因素更多，但同時精算假設又比商業醫療保險精算寬鬆；

（4）籌資模式有現收現付制、完全累積模式和混合制三種模式，其籌資比例計算與調整有各自的特點。

二、社會醫療保險保險費的計算原理

必須說明的是，我們這裡所說的保險費計算原理適用於任何種類的保險，它們具有普遍性[1]。保險費的計算通常由次數分佈與損失分佈兩者結合決定的總索賠 S 分佈的某一個函數來確定，不同函數式的選擇反應或對應著不同的保險費計算原理。保險費的計算原理實質上是保險費與承保風險之間的某一對應規則。承保的風險可以理解為總索賠 S，它是一個隨機變量，因此，有一定的分佈形式。保險費的計算，實質上是尋求某種對應的規則，使得某一實值 P 與隨機的總索賠 S 相對應，如果用 H 來表示這一規則，則保險費的計算是基於這樣一種關係來確定的：

$$P = H[S] \tag{4.1}$$

規則 H 的不同形式對應不同的保險費計算方法，常用的有淨保險費原理、均值原理、方差原理與標準差原理等。

（一）淨保險費原理

淨保險費原理，又稱平衡保險費原理或等價保險費原理，此時，規則 H 的形式為期望，即以總索賠 S 的數學期望作為保險費。具體是說，若為同類保單情形，此時的 P 為：

$$P = E(S) = E(N) \cdot E(X_i) \tag{4.2}$$

若為不同類保單情形，則有：

$$P = E(S) = \sum_{i=1}^{m} E(N_i) \times E(X_i) \tag{4.3}$$

式（4.3）中，m 為保險單的種類數；$E(X_i)$ 為第 i 種保險任意一個個體索賠的平均值；$E(N_i)$ 為 i 種保險的索賠頻率。淨保險費原理是最簡單的保險費計算方法，其他方法大都是基於此原理加以改進而得到的。

（二）均值原理

當附加保險費為 $E(s)$ 的倍數時，此時確定保險費的方法即為均值原理，即

$$P = (1+\lambda)E(S) \tag{4.4}$$

均值原理計算的保險費 P 即為淨保費原理計算的保險費 $E(S)$ 加上附加保險費 $\lambda E(S)$ 得到，其中 λ 為大於零的值。

（三）方差原理與標準差原理

當附加的保險費為 $D(S)$ 的倍數時為方差原理，當附加的保險費為 $\sqrt{D(S)}$ 的倍數時，為標準差原理。由於附加保險費是為了應付營業支出及意外風險而提取的，而方差或標準差恰可用以衡量風險的大小，因此，方差或標準差原理是合理的，用式子分別表示為：

$$P = E(S) + \lambda D(S)$$

---

[1] 仇雨臨，孫樹菡. 醫療保險 [M]. 北京：中國人民大學出版社，2001：55.

$$P = E(S) + \lambda \sqrt{D(S)} \qquad (4.5)$$

式 4.5 中，λ 為正常系數。不同保單情形 $E(S)$、$D(S)$ 有不同的計算式，可參照淨保險費原理。

所有保險費計算原理都可歸於以下三種情形：基於矩的計算方法、基於破產理論的計算方法和基於效用論的計算方法。三種方法的主要區別是對保險費考察的出發點不同，從而借以比較的標準不同，但它們都體現出各自的適用性和合理性。

三、社會醫療保險基金的精算內容

縱觀世界各國，大多數國家的社會醫療保險基金的籌集都通過稅收和繳納保險費的方式來實現。社會醫療保險由政府舉辦，按前面的論述，在不考慮利潤的情況下，社會醫療保險基金分割成醫療補償費、管理費和風險儲備金三部分，因此：

$$醫療保險費 = 醫療補償費 + 管理費 + 風險儲備金 \qquad (4.6)$$

制定保險費率的原則是「收支相抵，略有結餘」，由於社會醫療保險不考慮利潤因素，因此，只要求一定時期內發生的醫療費用支出總額與該時期籌集到的醫療保險基金總額相等即可，也就是滿足：

$$醫療保險基金總額 = 醫療費用支出總額 \qquad (4.7)$$

由於社會醫療保險不以營利為目的，對參加保險的人不像商業醫療保險那樣有嚴格的參保限制，具有較強的保障性質，其保險費的測算建立在許多人為的假定上，比較粗糙簡單。目前社會醫療保險精算並不是缺乏理論與方法的指導，而是缺乏所需的精算數據。缺乏相應的醫療衛生數據信息系統成為了制約當前醫療保險精算的主要因素。

(一) 醫藥補償費的測算

醫藥補償費取決於參加保險的人數及該時間內人均醫療補償費兩大因素。由於參保人數在一段時間內是不變的，我們主要測算人均醫療補償費，但在測算時必須同時考慮到開辦醫療保險對醫療服務利用度的影響，這種影響通常用保險因子表示，從而人均醫療補償費測算的基本公式為：

$$人均醫療補償費 = 人均醫療費 \times 賠付率 \times 保險因子 \qquad (4.8)$$

上式中，人均醫療費主要指門診費用和住院費用之和。賠付率的計算方法則因保險的類型不同而不同，現階段社會醫療保險採取不同年齡組按比例共付保險的方法，如假設全部參保人按年齡分為 N 組。第 i 組的人均醫療費用 X_i 表示，賠付率則用 P_i 表示，設年齡組人口數用 q_i 表示，那麼測算的賠付率為：

$$平均賠付率 = \frac{\sum_{i=1}^{n} p_i \times x_i \times q_i}{基本醫療費用總額} \times 100\% \qquad (4.9)$$

反應醫療服務利用增加程度的保險因子的測算公式為：

$$保險因子 = 1 + 醫療服務增加率 \qquad (4.10)$$

保險因子是用來衡量保險補償比對醫藥費用影響程度的指標，服務增加率的計算

可以根據統計部門公布的醫療物價指數來估算。通常在上述三者的基礎上乘以增加系數。增加系數是用來反應由於醫藥費用價格上漲及醫療服務技術發展和人們收入水準提高而引起的對醫療服務需求增加造成的醫療費用增加的系數。

(二) 管理費和風險儲備金的測算

這兩部分的測算都是按醫療補償費的一定比例來計提的，具體的比例視情況而定。一般來說，醫療保險的範圍越廣，人數越多，就越符合保險要求的大數法則，風險就越分散，保險公司的管理費就越低。如果發生大規模突發事件的概率越小，用於儲備金的資金就可以越少。管理費的測算方法一般是：

$$\text{管理費} = \text{上年實際發生管理費} \times \text{估算的下一年物價上漲指數} \quad (4.11)$$

儲備金的測算也用類似的方法，它通過計算人均儲備金的方法來預測下年可能需要的儲備金數額。人均儲備金的測算公式為：

$$\text{人均儲備金} = \frac{\sum_{i=1}^{n} \text{第}\,i\,\text{人的赤字費用}}{n\,\text{年參保總人數}} \times (1 + a) \quad (4.12)$$

式 4.12 中，a 為安全系數，可視具體情況而定。

四、社會醫療保險基金精算案例

(一) 城鎮職工基本醫療保險基金的測算方法

按前面的論述，醫療保險基金分割為醫藥補償費、管理費和風險儲蓄金三部分，因此，醫療保險費＝醫藥補償費＋管理費＋風險儲蓄金。

制定保險費率的原則是「收支相抵，略有結餘」，由於非商業醫療保險不考慮利潤因素，因此，只要求一定時期內發生的醫療費用支出總額與該時期籌集到的醫療保險基金總額相等即可，也就是滿足：醫療保險基金＝醫療保險費。

在前面，我們闡述了如何測算醫藥補償費、管理費、風險儲蓄金等問題。設醫療保險費為 P，假設以 P 為基礎計提的管理費和風險儲蓄金的比例分別為 r_1、r_2，又以 C 表示醫藥補償費，則有下式：

$$P = C + P \cdot r_1 + P \cdot r_2 \quad (4.13)$$

$$\text{繳費率}(CR) = \frac{\text{支付待遇} + \text{管理費} + \text{必要的儲備金}}{\text{被保險人的工資待遇}} \quad (4.14)$$

從而：

$$P = \frac{C}{1 - (r_1 + r_2)} \quad (4.15)$$

利用上年工資總額 ω，可以得出保險費的收取比例為：

$$P = \frac{C/w}{1 - (r_1 + r_2) \cdot t} \quad (4.16)$$

式 4.16 中，t 為考慮價格相對變動時的調整系數，它是醫療藥物價指數與工資增長指數之比值。

(二) 城鄉居民醫療保險基金的籌集與測算

在中國社會醫療保險發展的趨勢下，城鎮居民基本醫療保險和新型農村合作醫療制度必將走上城鄉統籌一體化的道路，我們將這兩種制度統稱為城鄉居民基本醫療保險。城鄉居民基本醫療保險是中國城鄉居民在自願互助的基礎上，依靠財政補貼建立起來的一種帶有社會福利性質的醫療保障制度。參保群眾按規定向特定管理機構繳納資金，形成醫療保險基金。城鄉居民醫療保險基金也可分割為管理費、儲蓄金和醫藥補償費三部分。與前述基本醫療保險相似，這種分割構成了保險基金測算的基礎。城鄉居民醫療保險有福利型、風險型和福利加風險型三種保障層次。「福利型」醫療保險是最初級的形式，一般針對小病開設，也就是僅補償門診費用，不支付住院醫療費用或僅支付住院醫療費用的一小部分；「風險型」醫療保險針對大病、重病開設，與福利型醫療保險相反，它一般不報銷門診費用，只報銷重病、大病的醫療費用，主要是為保障城鄉居民在遇到重大疾病時得到互助共濟；而作為兩者相結合的「福利加風險型」醫療保險，則既針對大病、重病，也針對小病，也就是說，不論是門診費，還是住院費都給予規定比例的保險支付，因此，它比單純的福利型保險或單純的風險型保險有更大的優越性。

對於福利型合作醫療保險，其醫藥補償費用的測算公式為：

$$人均醫藥補償費 = \frac{藥費+治療費+轉診費+藥品漲價差額}{參加合作醫療保險的總人數} \tag{4.17}$$

依據人均醫藥補償費可以得出醫藥補償費 C，在收集到其他資料時也容易計算 P 的值。

對於風險型合作醫療保險，保險基金或者保險費的測算關鍵在於醫藥補償費 C 的測算，風險合作醫療保險規定給付起點 d，只有住院費用超過 d 時才能得到補償。設參加風險型合作醫療保險的人數為 N，根據住院經驗測定年內發生住院費用大於 d 的概率為 P，而每次補償的比例為 R，那麼，該年內可能的總醫藥補償費 C 就為：

$$C = \sum_{i=1}^{N_0} X_i \cdot R \tag{4.18}$$

式 4.18 中，$N_0 = N \cdot P$，X_i 為第 i 個醫療費用大於 d 的人實際發生的醫療費用。為簡便起見，可假設平均發生的實際醫療費用為 X_0，則 C 為：

$$C = N \cdot P \cdot X_0 \cdot R \tag{4.19}$$

測算出 C 之後，利用上式，易得 P 值：

$$P = \frac{N \cdot P \cdot X_0 \cdot R}{1 - (r_1 + r_2)} \cdot \frac{t}{w} \tag{4.20}$$

式 4.20 中，符號的含義同前。顯然，此時人均保險費 $\bar{P}$ 為

$$\bar{P} = \frac{P \cdot X_0 \cdot R}{1 - (r_1 + r_2)} \cdot \frac{t}{w} \tag{4.21}$$

當然，若考慮保險因子以及醫藥、物價變動因素，則需對上式作進一步的調整。對於福利型與風險型相結合的合作醫療保險，其保險費計算方法更為複雜。

【本章思考題：重點及難點】

◇社會醫療保險基金收入的決定因素有哪些？醫療保險費率的影響因子有哪些？
◇社會醫療保險基金的籌資渠道有哪些？
◇社會醫療保險基金的籌資模式有幾種？這幾種模式分別具有什麼特徵？
◇社會醫療保險基金管理中精算工作的主要內容及作用是什麼？

補充閱讀一：社會保險基金徵繳的「稅費之爭」

徵繳是社會保障基金形成的「入口」，世界上所有建立了社會保障制度的國家都通過嚴格的立法來進行徵繳。目前中國社會保險費的徵收由各地的稅務部門和社會保險經辦機構承擔，沒有形成統一的徵收部門。由於缺乏強制的約束力，拒繳、少繳的情況時有發生。沒有統一的徵收模式，徵收方式落後，各地區、各部門之間較大的差異也給社會保險費的徵收工作增加了難度。而稅收具有固定性、強制性、成本低的特點。中國社會保險是否應該費改稅，一直有較大的爭議，很多專家學者支持費改稅，也有相當多的專家學者認為中國現在還不適宜徵收社會保險稅，應當繼續徵收社會保險費。

中國在2011年7月1日開始實施的《社會保險法》第五十九條中提出社會保險費實行統一徵收，但由於各地社會保險費徵收部門分別在地稅和社會保險經辦機構，該條款授權將實施步驟和具體辦法交由國務院規定。截至2017年1月31日，20個省份、3個計劃單列市由稅務機關徵繳，其餘十幾個省份由社會保險經辦機構徵收。

除現實的徵收「雙軌制」之外，在理論層面也一直存在著「稅」「費」之爭[①]。支持社會保障「費改稅」的學者認為，徵稅模式有利於徵收剛性、有利於統籌實現、有利於資金統一調度、有利於公平負擔。反對「費改稅」的學者認為，社會保險改革的主要潮流是加強個人繳費與未來權利之間的聯繫，多繳多得，而社會保險稅未能夠體現繳稅與待遇之間的關聯。

「費改稅」的合理性在於其注意到了中國現行社會保障收費制度的種種弊端，試圖利用稅收的法定性、統一性、強制性、成本低的特點，有針對性地解決當前效力低、範圍小、收繳難、差異大、成本高、監督難等問題。但「費改稅」的支持者無法從理論上和實踐中闡述稅收的強制性、固定性、公共財政性，如何與社會保障所要求的權利與義務的一致、個人帳戶與社會統籌相結合之間兼容銜接的問題，不能充分說明社會保障稅所具有的專稅專用、保障個人所有權等特點。同時從激勵的角度來看，社會保險部門對社會保險基金收支平衡負有直接責任，有足夠的動力去擴面參保和加強徵收，稅務部門則無此激勵。

「費改稅」的反對者指出實行社會保障稅收制度存在理論上的障礙，認為稅收的公共性與社會保險基金個人帳戶的私有性相衝突、稅收的不直接償還性與社會保障的專

---

① 胡繼曄. 社會保障徵繳的稅費之爭與改革方向[J]. 學習時報，2017（4）.

用性衝突，這些都是「費改稅」無法逾越的障礙。反對者們看到了稅與費在理論性質上的區別，然而在現實中，「費改稅」的反對者卻也承認稅與費的強制性並無高低之分，因此無法說明為什麼不將費改稅，從而充分利用稅收制度的強制性。

社會保障稅或費的問題之所以陷入理論的困境，無法自圓其說，並在實踐中造成「雙軌制」，其中主要的問題就在於：無論是「費改稅」的支持者還是反對者都容易局限於傳統的公法—私法的二元結構來認識社會保障。贊成「費改稅」觀點的學者，容易從公法的視角來審視社會保險籌資的性質，但卻無法說明社會保障所具有的私法特徵；反對「費改稅」觀點的學者，則過於偏重社會保障籌資的私法性質，未看到社會保險公共屬性的一面。其實社會保障法作為社會法的一部分兼具公法與私法的特點。判斷和認定某一主體是否為徵稅主體，主要應看其行使的權利和實施的行為的性質，而非簡單地看其名稱。因此，只要充分認識到社會保障融資中的公共利益特徵，那麼無論是採用社會保障費還是社會保障稅都可達到同樣的目的，關鍵是實現稅費統一，真正將《社會保險法》落到實處。

一、發達國家社會保險稅費統一的經驗

從經濟合作與發展組織 35 國情況來看，養老金制度分為私人養老金和公共養老金，私人養老金當然採取繳費制度，多繳多得；而公共養老金是政府主導的，在籌資模式上不管是美國的工薪稅還是英國的國家保險繳費，實質上並無根本差別，大都相當於繳稅。它們的共同特點如下：一是強制性，無論名稱為稅或繳費，都由法律明確規定，統一強制徵收，形成社會保障供款；二是所徵得的收入形成專門基金，與一般稅收相區別，專款專用；三是以雇員的工薪收入為基準徵收，未來養老金待遇領取與繳納期限相關。這些特點貫徹了稅收理論中的受益原則，即將納稅人從政府公共支出中所獲得的利益大小作為稅收負擔分配的標準。受益原則的理論依據是政府之所以能向納稅人課稅是因為納稅人從政府提供的公共物品中獲得了利益，受益不同者負擔不同的稅收。受益原則的使用範疇為準公共產品，公共養老金即屬最典型的準公共產品。

為提高行政效率，許多國家將徵繳社會保障基金與徵稅結合在一起，並且社會保障供款佔稅收總額的比重不斷攀升，社會保障的收、支逐步成為財政收、支的第一大項。據經濟合作與發展組織的統計，各成員國社會保障供款佔稅收總額的比重，1965 年僅為 18.1%，1985 年上升到 23.4%，1995 年達 26.3%，2009 年達 27.2%。以美、日、德三國為例，社會保障供款佔稅收總額的比重 1965 年分別為 13.3%、21.8%、26.8%，到了 2011 年，分別增加到了 27.2%、40.9%、38.7%。在其他國家，社會保障供款也基本上都成為了第一大稅種。由此可見，不管名稱如何，社會保障稅費都是統一的，已經在西方發達國家的稅收領域佔據了極其重要的地位。

二、中國社會保險稅費統一的改革方向

社會保障制度是市場經濟的安全網和穩定器。目前中國社會保障制度仍處於碎片化的狀態，統一的社會保障體系尚未形成。中國社會保障制度改革，應在已經取得了歷史性成就的基礎上，從碎片化走向制度整合，而社會保障稅費統一將是重要一步。

現有基本養老保險制度的不可持續性體現在多方面，其中之一就是未能夠足額繳費。尤其一些勞務輸入地區如珠三角、長三角地區，由於繳費人數較多，而勞動力流

動時統籌部分留在原工作地，出現了較多的結餘後當地政府主動降低了繳費比例，例如，深圳的企業職工共濟金（即統籌部分養老保險）繳費率僅為14%，遠低於其他地區的20%，造成了地區之間的繳費不公平。在事關國家發展全局的社會保障制度改革中，基於社會統籌和個人帳戶的不同性質，借鑑經濟合作與發展組織公共養老金和私人養老金的兩分法，將基本養老保險的社會統籌部分改為徵收社會保險稅，將來在條件許可的時候可以加上基本醫療保險、失業保險、工傷保險、生育保險，形成統一的社會保障稅，全國統一稅率。這樣，一方面可以實現計劃很久卻遲遲難以落地的養老保險全國統籌，徹底消除碎片化；另一方面也可以使得統籌部分養老金的保值增值問題不再成為問題，以徹底的現收現付稅收制度為基礎，杜絕養老保險統籌部分不足的省份挪用個人帳戶養老金的問題。最近人力資源和社會保障部提出的中央統籌方案將採用省際調劑金模式，責任還在省一級，這也有可能帶來中央與各省之間的討價還價。而費改稅後，不需要討價還價，勞動力流動也不再需要社會保險關係的接續，只需要社會保障號碼（即身分證號碼）中的記錄即可。社會保障費改稅將在促進實現全國統籌、制度公平方面起到至關重要的作用。

社會保障稅開徵之後，由於把此前的社會保險費改為稅收，其稅率、納稅人、徵稅對象、納稅期限、法律責任等均由國家統一立法，便於國家調控。此前社會保險基金徵繳管理「政出多門」，各地具體操作相差較大，中央很難進行有效調控。正是因為如此，使各地的勞動用工成本差異較大，各地、各部門往往強調自己管轄地區的重要性，從而造成碎片化和混亂。社會保障稅將社會保險費的收繳納入稅收範圍，以國家強制力為後盾，強制程度提高。對於欠稅、漏稅，稅務機關除責令限期補交外還可加收滯納金；對於偷稅、抗稅還可以處以罰款；主管稅務機關還可採取通知開戶銀行扣繳入庫、吊銷稅務登記證、提請工商部門吊銷其營業執照、提請人民法院強制執行等強制手段。

2019年1月1日開始統籌部分改為社會保障稅並實行全國統一徵收，目前在社會保險經辦機構徵收的社會保障稅應當全部移交給稅務機關；而過去由稅務機關徵收個人帳戶養老保險費的省份應當把徵收權移交社會保險經辦機構。行政職能的轉換會涉及工作人員的流動，可以借鑑2008—2009年養路費改燃油稅後全國十多萬稽徵人員分流的經驗，實現平穩過渡。

從實踐角度來看，開徵社會保障稅已經具有現實可行性。中國可以借鑑社會保險繳稅、稅率降低、全國統籌的國外經驗。遍布全國的稅務幹部在個人所得稅的徵收中累積了豐富的工作經驗，建立了完善的IT系統，地稅機關可以充分利用企業所得稅中的工資薪金扣除項目、個人所得稅源與養老保險費源互相交叉的特點，確保費基準確，節約行政資源，提高徵管效率。這些信息資源上的優勢為社會保險稅的開徵提供了徵管體系的保證，開徵社會保障稅應當不會存在任何技術上的障礙。

費改稅後，「稅」的部分實行嚴格的現收現付制度，不需要考慮投資資本市場的問題，真正實現全國統籌；對於個人帳戶養老金部分，與越來越多企業參與的第二支柱企業年金、機關事業單位職工的職業年金一起組成個人養老金，保留繳費的多繳多得激勵機制，通過投資資本市場來保值增值，促進養老金體系的可持續性增強，體現社

會保障制度的效率。果真如此，則「公平可持續」的社會保障制度改革總目標將具備制度性基礎。

補充閱讀二：社會醫療保險的「個人帳戶取捨之爭」

1998年國務院頒布了《關於建立城鎮職工基本醫療保險制度的決定》，明確要建立基本醫療保險統籌基金和個人帳戶。基本醫療保險基金由統籌基金和個人帳戶構成。職工個人繳納的基本醫療保險費，全部計入個人帳戶。用人單位繳納的基本醫療保險費分為兩部分，一部分用於建立統籌基金，一部分劃入個人帳戶。「統帳結合」的醫保模式對制度可持續性和公平效率的負面作用日益明顯，顯現出醫療控費效果不佳、基金累積不足的弊端。學術界對「個人帳戶」的存廢問題爭論不休。

鄭功成教授認為，應當盡快消化長期處於低效運行狀態並減損醫保制度功效的職工醫保個人帳戶，取消城鄉居民醫保中的隱性個人帳戶，讓全部醫療保險基金由所有參保人共享，以此增強醫療保險制度的互助共濟功能並維護其財務可持續性。建議制定出廢除個人帳戶的時間表，原有的個人帳戶累積可以逐步消化，但劃定時間線後統一不再計入個人帳戶。①

申曙光和鄭倩昀認為，中國城鎮職工基本醫療保險個人帳戶的創建源於向新加坡「強制性個人帳戶」的學習，它強調了醫療保障中的個人責任。在探索、確立統帳結合模式初期，政策制定者們的初衷是，通過建立個人帳戶吸引職工積極參保，提高參保人對新制度的認可和個人的責任意識。然而，隨著醫療保障「制度轉軌」的完成，醫保個人帳戶的弊端也逐漸顯露出來。

個人帳戶對醫療費用增長的「約束性」作用不強。理論上分析，個人帳戶能提高個人的費用意識，使其更加謹慎地考慮其醫療需求，有利於控制不必要的醫療服務。但事實上，相對於醫療服務供給方，需求方的討價還價能力十分弱，同時醫療服務市場信息不對稱的問題十分嚴重，供方能通過其掌握的信息優勢誘導需方消費更多的醫療服務，因而個人帳戶事實上無法實現對供方誘導性需求的約束。因此，個人帳戶對醫療費用增長的約束性不足。利用微觀數據分析的實證結果表明，個人帳戶當年收入增加，會導致門診醫療費用增加。個人帳戶與醫療費用支出呈正相關關係，且與參保人群的門診次數呈正相關關係。儘管這可能表明醫保及個人帳戶的存在增強了參保人「有病就醫」的意識和能力，但同時也表明，理論上的「約束作用」在現實中並不存在。

個人帳戶對統籌基金的平衡運行構成壓力。城鎮職工基本醫療保險的基金由統籌基金和個人帳戶共同組成，在基金總收入固定的情況下，二者具有此消彼長的關係。通過對比不同地區個人帳戶相關政策規定和基金運行狀況可知，個人帳戶劃入比例的不同將對統籌基金的運行和平衡產生較大的影響。當前，個人帳戶資金總體沉積過多，根據人社部2013年度統計公報，個人帳戶累計已達3,323億元。這與統籌基金餘額不

---

① 鄭功成.健康中國建設與全民醫保制度的完善［J］.學術研究，2018（01）：82.

足具有直接關聯性，部分地區統籌基金甚至已出現收不抵支的情況。

個人帳戶對推進醫保體系整合造成阻礙。目前，整合三大基本醫療保險制度成了提高醫保體系的公平性和效率、更切實有效地解決百姓「看病難、看病貴」問題的必然要求。事實上，中國大部分統籌地區已經或正在將城鎮居民基本醫療保險和新型農村合作醫療整合為城鄉居民基本醫療保險。然而，更進一步將城鎮職工基本醫療保險與城鄉居民基本醫療保險進行整合時，卻面臨著較大的難題。其中一個較大的阻礙是，城鎮職工基本醫療保險實施了「統帳結合」的基金模式，設立了統籌基金和個人帳戶，而城鄉居民基本醫療保險沒有設個人帳戶。因此，在制度整合過程中，必然涉及如何處理個人帳戶的「去留問題」。只有統一不同制度間的基金模式，才能保證整合的順利推進。因此，從制度整合的角度來看，取消個人帳戶具有必要性。當前個人帳戶淡化乃至取消已經成為醫保制度改革與完善的必要措施。①

王宗凡認為在特定的歷史條件下，中國職工醫保中引入了個人帳戶。不過，隨著時間的推移，個人帳戶的弊端也日益凸顯。當前，在提升全民醫保質量、發揮醫保在醫改中的基礎性作用的新形勢下，有必要逐步調整和改革個人帳戶制度。在逐步弱化個人帳戶、建立門診統籌的過程中，個人帳戶還將存在相當長的時間。在繼續維持現行職工醫保統帳結合基本格局不變的背景下，就需要對現有的個人帳戶政策進行一定的調整，以便更好發揮個人帳戶的積極作用。

王宗凡提出了以下建議：①控制和縮小個人帳戶規模，以提高統籌基金所占的比重，助其發揮更大的互助共濟作用。②提取部分個人帳戶資金，用於建立門診統籌。有條件的地區也可以從統籌基金中拿出一定的資金，通過個人帳戶和統籌基金的共同籌資來增加門診統籌的籌資水準，以此來提高門診統籌的待遇水準。③放寬個人帳戶的使用範圍，允許參保人在支付本人的醫療費用之外，用個人帳戶資金支付與醫療相關的其他項目費用，特別是有互助共濟功能的保險項目。④通過供需雙方的約束，加強對個人帳戶使用的管理監督。②

---

① 申曙光，鄭倩昀. 個人帳戶應當弱化［J］. 中國社會保障，2015（04）：83.
② 王宗凡. 漸進調整和改革醫保個人帳戶［J］. 中國社會保障，2015（04）：79-81.

第五章　社會醫療保險費用支付

【內容提要】

◇ 熟悉社會醫療保險費用支付的內容、特點以及作用。
◇ 掌握社會醫療保險支付對費用控制和基金收支平衡影響的重大意義。
◇ 掌握社會醫療保險支付中多種費用的控制方法在現實管理中的應用。

第一節　社會醫療保險費用支付概述

一、社會醫療保險費用支付的概念

醫療費用（pharmaceutical costs）是指參保人員患病後發生的醫療費用總和，其中醫療保險補償費用是其主要部分，另外還包括個人自付費用和部分用人單位補償的費用。

從收入角度來講，醫療保險費用是指由雇主和雇員繳納或由政府劃撥的社會醫療保險基金，專門用於補償參保人因病就醫所造成的經濟損失。具體地說，參保單位和參保人向社會醫療保險機構繳付一定數額的社會醫療保險費，建立社會醫療保險基金，由保險機構為參保人確定醫療服務機構（醫院或診所），並與之簽訂合同。當醫療服務機構向參保人提供了醫療服務後，保險機構作為付款人，按合同規定，代替參保人向社會醫療保險服務機構補償所花費的費用。中國規定的用人單位繳費水準為在職職工工資總額的9[①]%左右，職工個人繳費水準為職工個人工資水準的2%。其中單位繳納的30%左右及個人繳納的全部組成職工個人帳戶資金，其餘部分構成社會統籌醫療基金。具體比例則由統籌地區根據個人帳戶的支付範圍和職工年齡等因素確定。從支出角度講，醫療保險費用是指投保人按規定在患病時獲得的醫療補償費用的綜合。社會醫療保險費用是參保人員醫療保險待遇享受的體現，必須是由參保人員本人患病並在指定醫療機構和定點藥店發生的、符合醫療保險支付範圍的醫療費用。門診費用一般由個人帳戶支付，住院費用及特殊疾病門診從社會統籌醫療基金中支付。醫療保險費用受到疾病、政府干預、文化教育、人口系統、經濟和時間因素的影響。

---

① 數據來源：《2017年醫療保險單位與職工繳費比例》。

社會醫療保險的費用支付（payment of social health insurance），也稱為社會醫療保險費用償付或結算，是指社會保險機構按照事先規定的待遇標準向被保險人提供醫療服務或補償其醫療花費和收入損失的過程。社會醫療保險費用支付是一種建立在法律契約基礎上的經濟補償制度，即參保者繳納保險費後，保險機構依照保險合同的規定補償被保險人因患病而發生的部分或者全部醫療費用，或者醫療服務提供者為參保者提供適宜服務所消耗的衛生資源。社會醫療保險費用支付的具體方法和途徑，就是社會醫療保險費用的支付方式。社會醫療保險費用的支付方式是社會醫療保險制度運行中的最重要和最基本的職能之一，不同的費用支付方式會影響醫療費用的開支、醫療資源的配置以及患者所得到的醫療服務質量。

二、社會醫療保險的支付項目

社會醫療保險的支付可以分為疾病津貼和醫療服務兩大類。疾病津貼是對被保險人的現金補助，主要用於補償其收入減少的部分。疾病津貼的給付大都有一定的時間期限，而且在生病後還要等候一段時間才開始領取。在有些國家的社會保險系統中，疾病津貼由社會醫療保險以外的其他社會保險部門支付，也有由相關法規要求由用人單位支付的。

提供醫療服務或對其進行補償是社會醫療保險給付的主要形式，而醫療服務主要包括以下項目：①住院期間的診療服務；②社區醫療和門診中通科醫生的診療服務；③各種實驗室和儀器檢查服務；④特殊的專科治療服務；⑤護理服務和康復治療；⑥牙科檢查和口腔修復等治療服務；⑦視力檢查和配鏡服務；⑧心理諮詢和精神疾病治療等精神衛生服務；⑨健康體檢和計劃免疫等預防保健服務；⑩處方藥和非處方藥。其中大病醫保報銷範圍包括：①惡性腫瘤治療，包括惡性腫瘤化學治療（含內分泌特異抗腫瘤治療）、惡性腫瘤放射治療、同位素抗腫瘤治療、介入抗腫瘤治療以及中醫藥抗腫瘤治療；②重症尿毒症門診血透腹透治療；③腎移植後的抗排異治療；④精神類大病治療，包括精神分裂症、抑鬱症（中、重度）、躁狂症、強迫症、精神發育遲緩伴發精神障礙、癲癇伴發精神障礙、偏執性精神病。

社會醫療保險最初只對住院和門診期間的診療、檢查和處方藥物等服務項目進行補償，康復、牙科、視力、精神衛生服務和非處方藥等都沒有被列入社會醫療保險的給付項目，預防保健和法定傳染病的治療則被認為屬於公共衛生的範疇。而目前大部分發達國家社會醫療保險的給付都包含了以上列出的所有項目。在廣大發展中國家，由於經濟不發達，衛生資源缺乏，社會醫療保險的給付一般都限定為「初級醫療服務」項目，即最基本的診療和救治項目。中國城鎮職工基本醫療保險制度將基本醫療定義為：適應大多數參保職工必需的醫療需求，醫療服務機構採用適宜技術所能提供的，醫療保險基金能夠償付的醫療服務。世界銀行在《1993年世界發展報告——投資於健康》中提到，基本醫療服務的選擇應該根據各類技術干預措施的相對成本—效益、影響人群衛生問題的規模及分佈情況以及各地區擁有的資源等情況而定；基本的公共衛生服務包含的內容應該是一些廉價但產生巨大健康收益的服務；基本藥品應該是確切、安全可靠、價格低於同樣療效產品並且人們可以負擔得起的一些藥物。近年來，診療

技術的進步和醫療成本的上漲對社會醫療保險給付造成了極大的壓力。許多國家都意識到，少數人接受複雜、先進的診療服務的花費可能遠超過為大多數人提供預防保健等基本醫療服務的花費，同樣的醫療花費產生的總體效益並不相同。這種個人權利和社會公平間的現實衝突使得許多發達國家也開始對其原有的給付項目和方式進行調整。

三、社會醫療保險費用支付的特點

　　社會醫療保險費用支付是社會醫療保險的一個重要環節，是社會醫療保險的保障功能得以最終實現的有效途徑。由雇主和雇員繳納或由政府財政補貼而建立的社會醫療保險基金，專門用於補償參保人因病就醫所造成的經濟損失，社會醫療保險機構為參保人尋找醫療服務提供單位，並與之簽訂合同，保險機構按照保險合同約定的保險範圍承擔醫療費用和給付責任。因此，社會醫療保險費用支付制度有如下特點：

　　（1）社會醫療保險的支付環節將社會醫療保險的提供者與醫療服務的提供者連接起來，成為二者直接發生經濟關係的紐帶。這一特點使醫療費用的支付與享受醫療服務相分離，使醫患之間的經濟關係退到次要地位，解除了雙方，尤其是患者對費用的擔憂。

　　在傳統的醫療服務中，醫生和患者直接發生交換關係，即醫生提供醫療服務，病人向醫生支付費用。人們逐漸發現，由單個人或家庭承擔疾病風險所帶來的經濟損失有很大的困難，這不僅影響生活水準，甚至會造成傾家蕩產，所以，有必要通過其他社會成員的幫助來分擔這種風險，於是產生了社會醫療保險。在社會醫療保險制度下，原來的醫生與病人的雙方關係變成了醫療服務提供者、患者和保險機構（第三方付費）之間的三角關係。在新的關係結構中，醫生向病人提供醫療服務的關係沒有改變，變的只是費用支付關係，即由保險機構為病人支付醫療費用。

　　（2）社會醫療保險機構與定點醫療服務單位的費用支付關係是一種法律關係。為了便於管理，一般社會醫療保險機構都會為參保人選定一家或幾家醫院作為患者就醫的醫療單位，被選定的醫院叫作定點醫院。社會醫療保險機構與定點醫院必須簽訂合同，確立雙方的權利與義務關係。定點醫院具有向參保患者提供合同規定的醫療服務的義務，同時能夠從社會醫療保險機構獲得經濟補償。社會醫療保險機構有義務承擔醫療費用補償的責任，同時對醫療機構進行檢查和監督。醫保雙方的這種法律關係，保證了醫療費用補償的可行性、及時性與可靠性。

　　（3）醫療費用的補償是有限的。因為社會醫療保險保障的對象和收取的保險費是有限的，故提供的保障項目和保障程度也是有限的，這就規定和要求了約定醫療單位不能無限地提供醫療服務，必須嚴格按合同規定，為參保人提供保險範圍內適宜的醫療服務，以獲得社會醫療保險機構給予的經濟補償，否則不論消耗多少醫療資源，社會醫療保險機構均不予給付或支付費用。這樣做的目的是為了控制醫療費用的不合理增長，因在醫患雙方的關係中，患者對醫療的需求是無限的，又因為患者處於被動地位，醫生很容易誘導病人的需求，就會造成醫療費用的增長。因此，一般都規定參保人就醫時也要自付一部分醫療費用，另外社會醫療保險機構必須通過合同，在費用補償上限制醫院提供過度的服務。

四、社會醫療保險支付的分類

（一）按支付主體分類

根據支付主體不同，可以把支付方式分成兩類：一類是一體化方式，社會醫療保險機構與醫療服務提供者聯合成一體，兩者是一體的或緊密結合的。以美國為代表的私營健康保險籌資補償的效率比較差，企業和個人始終面臨保費增加的壓力，進行業務經營的保險公司也面臨賠付不斷增加的壓力，他們就要做出一些改革，於是管理保健型的健康保險組織出現了。健康維護組織既是醫療服務的提供方又是健康保險的提供方，既是籌資者又是消耗方，只有二者很好地結合，才能夠做到交費少的一體化模式，可以有效控制費用。另一類是分離式，即社會醫療保險機構與醫療服務提供者相互獨立，社會醫療保險機構負責醫療費用的籌集與支付，醫療服務提供者負責為參保者提供醫療服務。

（二）按支付對象分類

從費用支付所發生的關係上看，可分為由社會醫療保險機構同醫療服務機構直接結算以及參保人就診時，先由患者墊付，然後患者再憑就醫的診斷和費用憑證同社會醫療保險機構進行結算兩種。

按支付對象一般可分為兩種，直接付費型和間接付費型。直接付費型是指被保險人發生醫療費用後，由社會醫療保險機構直接把費用支付給醫療服務提供者，這種方式對服務提供方的制約力很大。間接付費型是指被保險人發生醫療費用，被保險人在接受醫療服務之後，由他暫時付費，先向醫療服務提供者支付醫療費用，然後按規定向社會醫療保險機構報銷進行補償。這種方式操作複雜，工作量大，管理成本高。

（三）按支付內容分類

按照支付內容可以把支付方式分成兩類：一類是對醫生進行支付，包括工資制、按人頭付費制、以資源為基礎的相對價值標準支付形式；另一類是對醫療服務進行支付，又可分為對門診醫療服務的支付、對住院醫療服務的支付、對護理服務的支付等形式。

（四）按支付水準分類

按支付水準可把支付方式分為全額支付和部分支付兩大類。全額支付是指費用全部由保險機構償付，被保險人享受免費醫療，從提供健康維護服務的一方來講，醫療機構提供服務所消耗的各種資源得到了完全補償。部分支付是保險機構僅承擔部分醫療費用，包括起付線、按比例給付、封頂線等形式。部分支付比全額支付對被保險人的制約作用強，有利於節約醫療費用。

（五）按支付時間分類

社會醫療保險費用的支付方式從付費的時間上看，可分為預付制和後付制兩種。

（1）預付制（pre-payment）。預付制是指社會醫療保險機構在醫療服務發生之前，

向被保險人的醫療服務提供者，按一定標準預先確定或支付費用的辦法。按照預付標準的不同可以分成四個層次：以醫療服務機構為單位的總額預算制；以被保險人為單位的按人頭付費方式，以平均床日、就診次數為單位的按服務單元付費；以病種為單位的按病種付費。預付制可以較好地控制醫療服務的過度利用，但醫療服務提供者為了節約費用，會產生減少醫療服務量、降低服務質量的傾向。預付制即預先進行費用支付，健康維護服務還沒提供，社會醫療保險機構或健康維護服務的籌資方就已經把資金付給提供服務的一方。預付制從團體購買這個角度來看比較常見，個人角度不多見。

（2）後付制（post-payment）。後付制是指在醫療服務發生後，根據服務發生的金額和數量進行償付的方式。最典型的後付制付費方式是按服務項目付費。後付制的優點是有利於調動服務提供者的積極性，缺點是容易造成誘導需求，提供過度醫療服務。

五、社會醫療保險支付的作用

社會醫療保險籌集資金是為了補償被保險人因患病而花費的醫療費用，分散被保險人因病造成的經濟損失[①]。國家實行社會醫療保險制度，通過社會醫療保險籌集資金，也是為了補償衛生系統給被保險人提供醫療服務所消耗的經濟資源，以保障人民的健康權利。這種補償是通過社會醫療保險機構（保方）代替受益人（需方）向醫療服務提供者（供方）支付醫療費用來實現的。

支付是社會醫療保險必不可少的環節，它實現了社會醫療保險基本的補償職能。支付環節將社會醫療保險的提供者同醫療服務的提供者直接聯繫起來，成為二者之間發生經濟關係的紐帶。正是由於這條紐帶的出現，改變了傳統醫療服務市場醫生與病人之間的經濟關係，使醫（供）—患（需）經濟關係退居次要地位，而保—醫（供）經濟關係成為現代國外醫療服務市場中占主導地位的經濟關係。支付制度就是這種經濟關係的調節手段。社會醫療保險資源通過支付環節流向醫療服務提供者，是後者的經濟來源和經濟利益所在。

出於利益機制的作用，支付制度成為了醫療服務提供者主要的經濟誘因。支付制度對醫療服務提供者提供不同的經濟誘因，就會影響並引導他們不同的醫療行為，導致不同的經濟後果，進而引起社會醫療保險資源不同的流向。當支付制度有利於增加高技術醫療服務和住院服務的收入時，衛生人員和資金就將離開預防和初級衛生保健，而流入治療性服務；當支付制度有利於初級衛生保健和預防服務時，衛生人員同樣也會被吸引過去。所以，支付制度在一定程度上還起著配置社會醫療保險資源的作用。

作為一種支付制度，它既指微觀層次上的某個社會醫療保險機構或計劃如何支付社會醫療保險服務提供者為其受益人提供醫療服務的補償，也指宏觀層次上的一國社會醫療保險制度如何支付醫療服務提供系統。前者涉及社會醫療保險的支付方式和標準，後者涉及一國社會醫療保險資源的分配方式和渠道，反應該國社會醫療保險制度的支付體制或模式。此外，作為一種支付制度，它還涉及維持其運轉的組織機構及管

[①] 孫曉明. 發達國家和地區醫療體制與保險制度 [M]. 2 版. 上海：上海科學技術出版社，2012：663.

理，即行政框架問題。其中每一層次、每一方面都影響著醫療資源的配置和使用效率，影響著社會醫療保險的運行。

社會醫療保險費用支付的目的是分擔參保者的疾病經濟風險，給予患病的參保者以經濟補償，這也是實施社會醫療保險的最基本的職能。社會醫療保險費用支付在實現其目的的過程中還具有如下作用：

（1）經濟補償職能。社會醫療保險的費用支付通過為醫療服務的花費提供補償，實現了社會醫療保險制度的補償職能，這是最基本的職能。社會醫療保險費用支付是對由疾病導致的物質消耗及時進行的補償。對參保人來說，是補償其由於疾病所造成的經濟損失，幫助其盡快恢復健康；對醫療服務提供者即醫院來說，是補償其由於提供醫療服務所消耗的醫療資源和人工成本。

（2）控制社會醫療保險基金的流量。基金收支平衡是社會醫療保險可持續發展的重要基礎。有人形象地將社會醫療保險基金比喻成「蓄水池」，資金籌集是「入水口」，費用支付是「出水口」。社會醫療保險基金的籌集決定了基金的入量，而社會醫療保險費用的支付決定了基金的出量。社會醫療保險費用支付的多少以及合理與否，直接關係到社會醫療保險基金蓄水池中蓄水量的規模。醫療資源是否能夠得到合理有效的利用，甚至關係到醫療機構的正常運轉和社會醫療保險制度的成敗。社會醫療保險費用的支付通過確定合理的支付範圍和水準，把社會醫療保險基金的支出控制在一個適度水準，維持社會醫療保險基金的平衡，實現社會醫療保險制度的可持續發展。

（3）調節被保險人的醫療需求行為。調節醫療服務供需雙方的行為，控制醫療費用過快上漲。社會醫療保險的費用支付能影響和調節醫療機構的行為，對個人來講通過費用支付也能夠調節個人的醫療消費行為，有調節醫療服務供需雙方行為的作用，最終的目的是控制醫療費用支出，防止濫用衛生資源。

就被保險方（患者）而言，儘管總的來說他們的醫療需求行為對醫療價格不是十分敏感，但是對於一些慢性的、較輕的疾病費用支付，以及參與的程度對他們的就醫行為有較大的影響。事實證明，被保險人參與的程度越高（即自付比例越高），其醫療需求將越受到抑制；反之，醫療需求將上漲。例如，為了抑制過度醫療消費，中國公費醫療、勞保醫療在改革中曾經試行讓患者負擔一部分醫療費用。然而，被保險方參與支付的最主要的問題是醫療公平性的損失，即醫療服務需求將與個人收入的多少有關，收入越高者獲得醫療服務相對越多，服務質量越好。另一個問題是，單純地讓被保險方參與的支付方式對醫療需求的影響是很有限的。因為一方面被保險方的支付比例很難控制，定低了對被保險方的行為缺乏刺激，定高了將失去公平性；另一方面由於醫療服務市場是賣方市場為主，被保險方的行為在很大程度上是受到醫療供方的引導的。

（4）調節醫療服務供方的行為。在醫療服務市場中，由於服務供方的壟斷地位以及在追求更大經濟利益的市場行為的驅動下，有誘導患者需求的傾向。對於這種行為的調節以往常用的是行業道德約束和行政法規監督手段。在市場經濟條件下，如果供方缺乏內在控制自我行為的經濟利益動力，那麼其他的約束手段就都是有限的。在實行社會醫療保險的情況下，保險支付的醫療費用成為供方的主要經濟來源，因而，保

險方支付費用的途徑和方法，對醫療供方的經濟收益會產生直接的影響，成了一個重要的調節供方行為的經濟手段。選擇某種合適的費用支付方式，可以使供方在為獲得經濟利益的刺激下，向著自覺減少不良行為而又能提供合理的、有效的、經濟的服務方向發展。

（5）影響衛生資源的配置與利用。從宏觀角度看，社會醫療保險費用支付是國家衛生資源的使用形式，因而對於控制衛生資源的配置和利用具有重要作用。在實行社會醫療保險後，衛生資源主要通過社會醫療保險支付的過程和手段流向醫療服務提供者，社會醫療保險費用支付環節成為醫療服務提供者的經濟來源和主要經濟誘因。受經濟利益的驅動，醫療服務提供者傾向於提供更多的服務，以換取更多的經濟補償。醫療費用支付方式就成為調節醫療資源流向的主要手段。不同的支付方式產生不同的經濟誘因，形成不同醫療服務的總量和結構，而後決定了衛生資源的總量和結構的變化。例如，社會醫療保險支付傾向社區醫療服務時，衛生資源就會流向社區醫療服務項目。因此，社會醫療保險支付方式對衛生醫療資源和社會醫療保險資源都起著導向作用。

（6）影響社會醫療保險政策。社會醫療保險基金的支付範圍和支付水準體現了社會醫療保險的政策取向是「風險保險型」還是「保健福利型」。風險保險型的特點是「保大放小」，相應的支付範圍就是支付風險大的高額費用，對風險小的低額費用不予支付，支付水準為部分支付。保健福利型的特點是「保大又保小」，其相應的支付範圍是對風險大的和小的醫療服務均給予支付，支付水準為全額支付。

另外，現行的各種社會醫療保險政策或模式，其中主要的差異或矛盾焦點是多採用計劃管理手段，還是多採用市場調節手段。而不同手段的主要表現形式是採用不同的費用支付方式。不同的費用支付方式可使被保險方和服務提供方在費用價格等市場意識上產生差別，而表現出不同的市場行為。例如，當支付方式採用較高費用的分擔比例，或對服務方採取後付制、按服務項目收費時，社會醫療保險政策多傾向於市場型；當支付方式採用較少費用分擔，或對服務方採取預付制時，社會醫療保險政策多傾向於計劃型。可以說費用支付方式是影響社會醫療保險政策市場性或計劃性的主要因素。因此，費用支付方式的改革往往是社會醫療保險改革的主要內容。

第二節　社會醫療保險支付對醫療費用的控制

醫療費用控制是社會醫療保險制度運行過程中一項非常重要的工作，也是一個世界性的難題，各個國家都在結合自己國情的基礎上不斷地改革和完善。從某種意義上講，許多國家和地區對原有社會醫療保險制度進行改革的目的就是為了更好地進行費用控制工作。社會醫療保險提供醫療服務的方式有直接提供和間接提供兩種方式（醫療費償付合同型和純服務合同型）。直接提供醫療服務是由保險機構直接組織並提供醫療服務。這種方式可以有力地保證初級醫療服務的實現，還可以有效地控制醫療費用，但醫療服務的質量和效率經常受到人們的質疑。大多數情況下社會醫療保險機構還是

採用間接提供醫療服務的方式,即借助於機構外部的醫療機構對被保險人提供醫療服務,然後由社會醫療保險機構對醫療服務的成本進行補償。

費用分擔制是社會醫療保險機構支付醫療服務提供者報酬的另一個渠道,是社會醫療保險機構通過支付制度來調節需求,從而調節社會醫療保險資源的分配和使用的補充辦法。在病人完全免費的情況下,社會醫療保險方支付的費用就是服務提供方的總收入。近些年,由於醫療費用上漲太快,各國加強需方制約,讓病人分擔部分費用,以限制不必要的需求。所以費用分擔制是社會醫療保險支付醫療服務提供者報酬的補充形式,是社會醫療保險機構通過支付制度調節需求,從而調節社會醫療保險資源分配、利用的又一辦法。社會醫療保險對受保人實行不同的費用分擔制,就會被受保人的求醫行為和醫療服務利用,從而對醫療費用的支出產生不同的影響。

費用控制的方法可以分為需方控制和供方控制兩大類。儘管供方和需方的醫療費用支付行為都會對醫療資源的分配、醫療服務的質量以及醫療費用的增長起到影響和調節作用,但是,雙方的影響程度不同。顯然,供方的作用更大。這是由醫療服務提供者與接受者在衛生醫療信息上的不對稱性所決定的,醫院和醫生在與病人的關係中居於主導地位,病人處於被動地位。所以,醫療服務機構出於經濟利益的驅動更容易誘導病人消費,使醫療費用增長。因此,在社會醫療保險制度改革中,完善供方的費用支付方式則顯得更為重要和迫切。

一、醫療保險費用控制的意義

醫療服務市場屬於不完全競爭市場,醫療服務缺乏需求彈性,具有壟斷性和價格剛性。較高的專業性使醫療服務具有法律性壟斷地位,且讓醫院具有衛生服務供給的排異特權,這就使得供方處於明顯優勢的地位。而對患者來講,由於疾病的不確定性和隨機性,加上患者專業知識的缺乏,使其對醫生提供的醫療服務不能準確判斷是否合適自己,對醫院提供的價格也沒有討價還價的能力,完全處於被動的地位。由此引起的很多原因導致了醫療保險費用的失控。醫療保險費用的增長分為合理增長部分和不合理增長部分,合理增長部分是由醫療保險的客觀需要而決定的,不合理增長部分大都是由其他人為因素所造成的。醫療保險費用的不合理增長不僅影響醫療保險制度的有效實施,並且加大了投保者的經濟負擔,甚至影響投保者的健康保障,所以對不合理的費用增長因素必須加以控制。

第一,建立醫療保險費用控制機制是醫療保險制度本身確立的需要,是確保其長效發展的需要。中國社會醫療保險的三個基本特點是強制性、有限福利性和共濟性。有限福利性和共濟性是互為基礎的,有限福利性體現在確定保險補償待遇的享受是基本醫療保障。風險共擔是在福利性基礎上,體現國家、單位和個人在保障職工基本醫療過程中所承擔的責任。作為一個社會人,個人對自己的健康投資很少,很大部分責任是由國家和用人單位承擔的。在進行醫療保險制度過程中,必須建立合理的費用控制機制,合理掌握福利和共濟的「度」,確保醫療保險制度長效發展。

第二,建立醫療保險費用的控制機制,是確保醫療保險基金收支平衡的重要措施。社會醫療保險的基本原則之一是「以支定收,量入為出,收支平衡,略有結餘」。衛生

資源的有限決定了保險資金的有限性，保持社會醫療保險的可持續發展，除了保險資金的籌集方面，還有確定合理的支付方式、支付標準和水準，開源節流，把社會醫療保險基金的支出維持在一個適當水準。世界各國實施社會醫療保險的實踐證明，社會醫療保險支付制度的完善是控制衛生費用的有效辦法。

第三，建立醫療費用控制機制是處理醫、患、保三方關係，維護參保人權益的保證。醫院、患者、醫保機構是互相依賴的矛盾體。醫院本著救死扶傷，一切為病人的宗旨提供醫療服務，同時通過對患者的服務獲取最大限度的收益；而作為一個參保病人，他一方面要求得到最好的醫療服務，以求盡快恢復健康，同時又不因疾病給本人帶來經濟負擔；醫療保險機構介於兩者之間，既要保障醫院的利益，又要切實維護好參保人員的基本權益，特別是在現階段病人被動接受醫療服務較普遍、處於信息弱勢的情況下，規範好醫院的醫療行為，維護好病人權益更為重要。

二、社會醫療保險費用支付的審核與控制

社會醫療保險費用支付的審核（auditing）是指通過一定的形式和手段對醫療服務和醫療收費的合理性、真實性及醫療質量的水準進行審核和鑒定，以最後確定醫療費用支付的活動，也是直接對醫療保險費用支付控制的有效手段。它所涉及的對象包括社會醫療保險服務的提供者、受益者及有關管理部門等各方，它是社會醫療保險支付過程中的一個重要環節[1]。

（一）審核的意義和作用

1. 支付的審核是社會醫療保險機構的主要業務內容之一

支與付既矛盾又統一，作為投保者，希望得到最好的醫療服務，作為醫療機構也希望取得最大的經濟效益，而作為社會醫療保險機構，則處於兩者之間。它既要杜絕投保者在患病時向醫院提出的不合理要求，又要控制醫療機構的過度服務，達到一個平衡點。保險機構為求「公平」，則需採取嚴厲的措施進行調整，通過審核和鑒定進行科學的結算，確定出合理的支付額度。

2. 支付的審核是醫療費用是否支出的依據

在實際醫療過程中，社會醫療保險機構並不承擔所有的醫療行為所需要的費用，因為引起診療行為的原因很多，有些是納入社會醫療保險範圍的，有些則不能由社會醫療保險機構負擔。例如，車禍傷、醫療事故、工傷事故以及非報銷範圍內的藥品等，這些都不屬於因為自身疾病所造成的醫療需求。但在實際操作過程中，很容易將醫療費用的負擔轉嫁給保險機構，只有通過審核與鑒定，才能判定社會醫療保險機構是否支出此項費用。

（二）審核的組織和人員

由於醫療費用支付在社會醫療保險機構中的重要性，在社會醫療保險機構中有專門的部門和人員承擔支付和審核工作。例如，由醫療服務管理處（部）具體組織支付

---

[1] 田勇，馮振翼. 醫療保險基本理論與實踐 [M]. 北京：中國勞動社會保障出版社，2003：318.

的審核和鑒定。與社會醫療保險機構簽有合同的醫療部門，常設有專門的社會醫療保險窗口（或辦公室），由醫療部門或保險機構派人負責日常處方、檢查和治療項目的檢查、審批。支付審核的工作人員，應由熟悉社會醫療保險制度、醫療服務價格與社會醫療保險財務的人員擔任。保險機構的社會醫療保險醫生，是在審核中對醫療技術進行評價、審批的主要負責人。由於醫療服務技術的科學性和複雜性，在支付審核過程中往往還必須依靠一些專門的組織協助進行。對於一些複雜的醫療方案的審核，往往需要聽取專門的醫療技術專家評審委員會的意見，例如，「器官移植」確定和「排隊」問題。對於醫療質量的評審，往往是通過由衛生、勞動、醫藥、工會、社會醫療保險機構等有關部門和單位的代表參加的醫療服務質量考核小組的考核來進行的。

（三）審核鑒定的內容

1. 對醫療服務提供者的審核

醫療單位和醫療人員是醫療服務的直接提供者，是醫療經費開支的源頭，醫療費用支付的多少，取決於以下四個方面：疾病的輕重程度；檢查和治療項目的種類和次數；藥品價格及醫療收費標準的高低；處方的藥品品種和劑量的大小。因此，對醫療服務供方的審核主要包括：

（1）是否延長住院日和進行不必要的檢查。

（2）檢查項目的必要性和合理性。

（3）藥品價格和醫療收費的標準是否按物價部門規定的標準執行，有無擅自定價和分解收費。擅自定價多發生在醫院自制藥品、手術材料費、治療費等。分解收費是指對某一項收費項目進行分解，變成多項收費。例如，腹部B超，規定腹部是一個部位，有的醫院分解成肝、胃、腎三個部位，收取三倍的費用。

（4）醫院對「大處方」「人情方」的鑒定。「大處方」指的是一張處方上的總金額超過規定的標準。「人情方」是指處方上所開的藥品與病情不相關。

（5）對自費藥品、自費檢查、自費治療項目的鑒定。中國目前制定的醫療收費標準尚沒有完全按市場經濟的規律來調節，水準較低，且無統一的衡量尺度。因此，醫療供方增加收入的方法之一是靠「賣藥」來補償。針對這一情況，中國現行的藥品監督辦法包括：國家制定了「藥品報銷範圍」，患者使用報銷範圍以外的藥品一律自費；醫生的每張處方在有些地區規定了限額，超出部分增加患者的自費比例；還有的地方每個投保者的藥費有一個基本的限價；有的社會醫療保險機構還在醫院內設立專用窗口，取藥前直接審核處方加蓋專用印章後再取藥；還有的實行雙處方制，患者持處方副聯同票據一起報銷時接受審核，從「明處」堵住漏洞。

2. 對被保險方就醫情況的審核

從心理學的角度講，每個人都珍惜自己的生命，人在生病時，都希望通過治療盡快恢復，加上大多數人對醫療知識的缺乏，可能會提出一些不合理的要求，有些人甚至不擇手段地尋求醫療服務。由於醫療費用的絕大部分由社會醫療保險機構承擔，患者往往缺乏費用意識，一旦他認定某藥品或某種治療方案適合他，則可能採取暗示或直接向醫生提出自己的要求，而較少地去考慮是否合理。還有一些人由於道德原因，

甚至是違法地要求醫療。因此，在支付過程中必須對被保險人就醫情況進行審核鑒定。常見的不合理、不正當就醫行為有：

（1）要求不必要的特殊檢查，如一些高新的檢查項目。

（2）選擇超標準的醫療服務項目、治療方案和貴重藥品。

（3）小病大養，無病拿藥。

（4）借證就醫，冒名就診。

3. 對特殊項目的審核

這裡是指對某些特殊醫療項目，必須首先經保險機構審核後，方可使用。否則，保險機構將拒絕支付費用。常見的特殊項目有：

（1）一些大型物理檢查項目，如 MRI、CT 等。

（2）進行人工臟器的植入、器官移植等高費用的手術，這類手術往往還需由專家委員會鑒定其必要性及手術「排隊」的時間期限。

（3）轉外地就醫。

4. 對支付責任者的鑒定

這裡主要指對某些醫療費用應由其他責任方承擔，而不是由社會醫療保險方支付的鑒定，常見的有：

（1）車禍傷，應由肇事方或商業保險公司支付。

（2）工傷，應由勞動保險支付。

（3）醫療事故引起的醫療費用，應由有關醫療供方支付。

鑒定的基本標準是判斷是否屬於非機體的疾病所致的醫療需求。由於在實際情況下，非機體和機體疾病常交織在一起，這類鑒定往往需要醫學技術鑒定以及法律判定。

5. 服務質量的審核

對醫療質量的管理是社會醫療保險管理中的一個重要內容。在社會醫療保險費用的支付過程中，對醫療質量的評審當然是不可缺少的。這首先是因為醫療質量和醫療費用往往是聯繫在一起的，現代的醫療質量標準要求是「療效好、效率高、費用少」，即好的醫療質量，費用應該是合理的。另外，儘管醫療質量和費用有時可能相互矛盾，但是社會醫療保險的根本目的是保護被保險人的健康，保證被保險人獲得盡可能好的醫療質量，既是社會效益需求，也是和保險方長遠利益相一致的。因此，在醫療費用支付的審核中一定要同時把好質量關。

支付過程中的質量審核主要表現為兩個方面的內容：一是根據醫療供方質量監督、考核的資料、指標，按有關制度規定對醫療供方給予扣除一定費用的處罰，或增加一定費用的獎勵；二是在日常的支付活動中，對病例質量進行檢查，對有明顯醫療質量問題的病例，將減少支付或拒絕支付費用。例如，某病例大大超過常規治療時間和費用時或當有醫療責任事故發生時等。

（四）審核的程序和方法

1. 主動監督

主動監督，也稱事前監督，即指對尚未發生醫療費用的醫療進行審核。這多是利

用現代化的科學技術，在醫療機構與醫療單位間進行電腦聯網，實施監控，或在醫療單位設立專門窗口，派專人進行事前審核和審批。

如患者在取藥和治療前，將處方或申請單送計算機處理和人工審核，屬於規定範圍內方可進行。其審核內容主要有：對大型檢查的審批，對處方的審核，剔除自費藥品和超標準處方。對待大的治療項目，如腎移植等，組織專家和管理人員進行可行性的審核等。

2. 被動監督

被動監督，也稱事後監督，即對已發生的醫療費用和醫療行為進行審核。其審核內容主要有：

（1）日常醫療費用支付前的審核，主要是指定期地向服務供方支付費用時的審核，也包括一些被保險人的醫療費報銷，對於前者往往採取抽樣檢查的方法。

（2）由保險機構的工作人員到醫院和投保單位去發現和處理問題。

（3）通過社會醫療保險服務中的投訴進行調查。

（4）普查，如委託審計部門對醫療收據進行審計。

三、對需方的費用控制

社會醫療保險需方的費用支付是通過社會醫療保險受益人（被保險人）與保險機構共同分擔醫療費用來實現的。為了有效地控制因過度需求造成醫療費用的過快增長，各國都在加強對社會醫療保險供方控制的同時，讓病人分擔部分費用，也就是增加消費者的自付費用或減少費用報銷比例，以此增強需方的費用意識，減少道德損害，限制不必要的醫療需求，借以控制由需方產生的費用增長。因此，醫療費用的需方控制是指利用費用分擔機制，增加消費者的費用意識和需求彈性，減少道德損害，限制不必要的需求。具體方法有：扣除法、共付法、限額法和混合法。

1. 扣除法（deductible）

扣除法也稱起付線制，或稱免賠額，這種方法給每個投保人規定一個起付線，投保人首先要支付一定數量的固定醫療服務費用，也就是保險扣除額。在社會醫療保險中合理規定起付線可以抑制一部分被保險人的服務需求，從而降低保險金的給付。被保險人雖然交了保費，獲得了保障，但是有一部分醫療花費要自己承擔，社會醫療保險制度在進行補償時，補償額有一個起點，不是百分之百地補償，類似於商業健康保險中的免賠額。在免賠額範圍內由患者自付，超出扣除額的由社會醫療保險機構支付全部或者部分。如起付線是100元，就表示100元以內的醫療費由病人自付，超過100元，保險機構才開始支付。由於一些小額費用報銷需要經過一套手續，有時管理費甚至超過了帳面數額，實行起付線制能節省處理那些金額少、數量多的帳單的手續費。

設立起付線有以下作用：有利於集中有限財力，保障高費用疾病的醫療，實現風險分擔；社會醫療保險機構不支付起付線以下的費用，有利於增強參保者的費用意識，減少浪費；大量的小額醫療費用剔除在保險支付之外，減少了社會醫療保險結算的工作量，降低了管理成本。

但是，如果起付線設置不當也會出現許多負面影響：起付線過低，可能導致參保

者過度利用衛生服務，不利於醫療費用的控制；起付線過高，超過部分參保者的經濟承受能力，會抑制其正常的醫療需求，可能使部分參保者不能及時就醫，小病拖成大病，反而增加醫療費用；此外，參保者的積極性會下降，從而造成保險覆蓋面和受益面下降。

起付線方式在具體運用時按照個人支付程度的不同，分為三種：

（1）以服務次數為單位計算起付線。即每一次診療要先自費一定額度後才能從保險機構得到支付，其特點是有利於控制就診次數。但由於每一次自費額度不可能過高，只能用於控制較小額度的自費費用，所以對被保險人醫療需求行為影響較小。

（2）以一段時間內累計數額計算起付線。例如，當被保險人在一年內個人支付醫療費用達到規定數額後，保險機構將支付其餘的費用。其特點是起付線較高，個人負擔較重，對醫療需求行為的影響較大。

（3）以家庭或個人的社會醫療保險儲蓄作為起付線。個人或家庭定期定額儲蓄一部分社會醫療保險費用，要求就診時首先動用個人帳戶中的資金，當個人帳戶中的資金用完後，保險機構從統籌基金中支付其餘費用。這種起付線方法的個人支付程度最高，因而對醫療需求的影響也最大。同時由於個人支出來自專門帳戶，個人的經濟負擔並不是很大。缺點是社會醫療保險公平性和共濟性不足，削弱了公民對醫療服務公益性的意識。而且個人帳戶中將有大筆資金沉澱，不能用於醫療衛生事業。

2. 共付法（co-payment）

共付法又稱按比例分擔法，即投保人就醫時的醫療費用，由個人和保險機構分別償付一定的比例。這是費用分擔方式中最常用的一種，也是現在中國社會醫療保險改革中普遍採用的方法。比例分擔又分為固定比例分擔和變動比例分擔兩種。固定比例分擔是指無論醫療費用為多少，償付比和自付比例都是一定的。變動比例分擔是把醫療費用分成幾段，費用越高，自付比例越低或越高。也就是說，隨著醫療費用的增多，自付比例逐步減少，償付比例逐步增加，而總費用越低，自付比例越高，總費用越高，自付比例越低。由於病人要負擔總費用的一定比例，所以實行這種費用分擔方式，將對病人整個求醫過程產生影響。

採取按比例分擔的目的是使參保者與保險機構共同承擔費用風險，減少「道德損害」的影響。按比例分擔對參保者的影響主要與其自付比例的高低有關。根據醫療服務的需求價格彈性理論，自付比例過低，醫療服務利用對價格缺乏彈性，被保險人費用意識差，費用控制作用小，存在明顯的道德損害；隨著自付比例增加，醫療服務利用的價格彈性增加，費用控制力度逐漸加大；自付比例過高，超越了被保險人的心理和經濟承受能力，將會抑制正常的醫療需求，損害低收入者和高費用病人的利益和健康，失去了保險的意義。按變動比例自付，可以根據費用高低設置不同的自付比例，但費用結算操作較複雜，管理成本較高。確定適宜的自付比例是實施按比例分擔的關鍵，自付比例應根據被保險人的心理和經濟承受能力、保險項目和範圍來確定。國際上，被保險人自付比例一般為20%左右，自付比例一旦超過25%，病人的就診率就會

明顯下降[①]。

3. 限額法（limit）

限額法又稱最高自付限額制或封頂線法，就是在病人報銷時實行最高數額或服務量的封頂，也就是保險機構為被保險人支付醫療費用達到一個規定額度就不再支付了，限額以內由社會醫療保險基金支付，限額以外由被保險人自付。限額的標準可以是金額，也可以是時間或某些服務項目的次數，如一年內CT的次數、一個月的處方數等。中國目前規定社會醫療保險統籌基金的最高支付額原則上控制在當地職工年平均工資的4倍左右，所以，當地職工年平均工資的4倍就是社會醫療保險機構支付的「封頂線」，這就是限額法的具體做法。這樣做可以降低籌資比例，但不適合大病和重病患者。設立封頂線也有其道理和依據：

（1）隨著醫學技術的發展，某些治療技術、手段已經可以達到非常複雜的程度，其費用也達到非常高昂的地步，然而社會醫療保險基金卻是很有限的，醫療技術發展的無限性和保險基金的有限性之間的矛盾促使要對被保險人的支付額給以限定。

（2）從社會學的角度來看，一些費用高昂的維持生命的治療手段對整個人群的健康狀況和生命質量的影響是微乎其微的。

（3）從衛生經濟學的機會成本角度看，衛生資源的使用方案有多種，與其將大量的社會醫療保險基金用於極少數費用高昂、治療效果較差的被保險者，不如將這部分基金用於人數較多的、費用相對較低、治療效果較好的被保險者。

最高保險限額的優點：

（1）在社會經濟發展水準較低和各方面承受能力較強的情況下，設立封頂線有利於保障廣大人群的基本醫療。

（2）有利於限制被保險人對高額醫療服務的過度需求，以及醫療服務提供者對高額醫療服務的過度利用。

（3）有利於鼓勵被保險人重視衛生保健，防止小病拖成大病。

最高保險限額的缺點：對封頂線的設立也存在一些爭議，因為大病、重病經濟風險高，發生概率小，但卻是最需要保險的部分，封頂線的設立把這一難以預測的巨大風險又還給了被保險人，因而弱化了保險的功能。

4. 混合法

以上三種費用分擔辦法各有特點和局限性，在實際的醫療費用支付方式的使用中，往往不是孤立地使用單一的辦法，而是將幾種辦法結合起來使用。實際工作中常將上述費用分擔方法結合使用，對被保險人濫用衛生資源有一定的限製作用。混合法即將上面三種方法結合起來使用，以便發揮各自的長處，使缺點最小化。另外，縮小社會醫療保險報銷範圍；對節約費用者予以獎勵；對超額費用者徵收附加稅；加強費用意識教育；對違規者進行懲罰；健康促進，加強計劃免疫工作，開展健康教育，提倡良好的生活習慣等預防保健工作均可對需方費用控制起到很好的效果。

---

① 張春梅. 少數民族聚居區新型農村合作醫療道德風險及其防控策略研究 [J]. 社會研究，2011.

四、對供方的費用控制

如果說被保險人傷病發生的概率主要由其自身特徵和健康狀況決定，每次看門診和住院的醫療花費則主要是由醫療服務的供方所決定的。因此，要做好醫療費用控制工作，除了對需方的控制措施外，關鍵還在於對供方的控制，因為醫療消費的質和量主要還是由供方決定的。供方控制有很多手段，如支付方式、准入制度、道德約束、技術規範的建立、醫療行為審查、對醫療服務機構監督管理等，其中最有效的手段是通過構建適宜的支付制度來建立費用約束機制。中國基本醫療保險對定點醫療機構的付費方式是門診實行按平均人次單價付費，住院實行按平均住院床日單價乘以平均住院天數的定額付費，部分病種按標準病例綜合定額付費等方法，從而克服按照服務項目付費這種傳統支付方式易誘導需求、分解收費的弊端。

在社會醫療保險制度建立的早期，社會醫療保險管理機構與醫療機構間的費用結算大多採用按項目付費和按平均費用標準付費等後付制。由於這些支付方式容易誘導需求，不利於控制費用。隨著社會醫療保險制度改革浪潮的不斷高漲，與醫療機構間的費用償付方式越來越多地採用按人頭、按病種或按疾病診斷分組等預付制。實踐表明，各種預付制的償付方式確實起到了控制醫療機構行為並最終節省醫療費用的目的。

社會醫療保險供方費用支付方式包括社會醫療保險機構支付醫院的方式和支付醫生的方式兩種。支付醫院的方式，國際上通用的支付方式有：按服務項目支付，按人頭支付，按預算支付，按病種支付等；支付醫生的方式有：按服務項目支付，按人頭支付，薪金制和以資源利用為基礎的相對價值標準制等。

（一）對醫院的支付制

歸納起來，對醫院的支付主要有以下幾種類型：

1. 按服務項目付費（fee for service）

按服務項目付費是指社會醫療保險機構根據定點醫院所提供的醫療服務項目和服務量，對它們做出費用補償的辦法。具體來說，它是由社會醫療保險機構根據醫院報送的記錄病人接受服務的項目（如診斷、治療、化驗、藥品、手術等）和收費標準的帳單，向醫療單位直接付費，或先由病人墊付，病人再從社會醫療保險機構得到部分或全部補償。其總費用公式為：

$$總費用 = 各服務項目價格 \times 實際服務量 \qquad (5.1)$$

按服務項目支付是社會醫療保險中最傳統的，也是運用最廣泛的一種支付醫院報酬方式。它是由社會醫療保險機構根據醫院報送的、記錄病人接受服務項目及各項收費標準的明細帳來支付醫院報酬。醫院每收治一個病人，把病人接受的各項檢查和服務一一列出，分別計費，然後將醫療費用明細帳送到保險機構，後者對這些帳目進行審查，或報銷或拒付。按這種方式，病人住院一次的費用，等於住院期間每天接受的各項服務費用之和。明細帳式的特點是醫院的收入同提供服務的項目多少直接相關。明細帳式為醫院多提供服務具有一定的經濟刺激效用，儘管每個服務項目的費用標準已經過協商或受保險機構的控制，但醫院或醫生可以決定病人是否需要照護、需要何

種檢查，可以增加每天的服務項目，還可以延長住院時間，所以，明細帳給一些醫院提供不必要的醫療服務和使用不需要的高技術提供了機會，容易造成浪費。在這種付費情況下，醫院有充分的行醫自主權，而病人能隨時看病，並能滿足各種需求。

這種付費方式的優點是實際操作簡便，適用範圍較廣，有利於提高服務積極性。其缺點是由於醫院收入同提供醫療服務的多少有關，即供方誘導強且管理成本高，因而具有誘導醫療服務單位提供過度醫療服務的傾向，使得醫療費用難以控制。醫院通過增加服務項目和服務量，延長住院時間，爭先購置先進診療設備，開貴重的進口藥等方法獲取更多的費用償付，造成衛生資源的浪費。同時，由於醫療費用由第三方保險機構事後支付，使醫院和患者都不關心費用問題，甚至可能出現合謀欺騙社會醫療保險機構，報假帳，獲取更多的社會醫療保險資金的問題。作為第三方的社會醫療保險機構處於被動地位，它只能在事後對帳單進行審查，難以有效地控制醫療費用的浪費。如果保險機構想控制醫院避免提供過度服務，必然要投入大量的人力、物力，高度介入醫療行為的規範和審查，這樣必將大大增加社會醫療保險機構的管理成本。可見，按服務項目支付醫療費用的辦法是引起醫療費用上漲的主要原因之一。據國外研究估計，衛生醫療費用上漲的 12% 左右[1]是由於社會醫療保險機構按服務項目補償造成的。

中國歷史上的勞保醫療和公費醫療制度就是採用按服務項目付費，也叫實報實銷。目前，日本也是採用按服務項目付費的方式，但由於它加強了管理和監督，在一定程度上制約了醫療費用的過度增長。主要方法是通過設立第三方獨立機構，即「社會保險診療報酬支付基金國民健康保險聯合會」，其工作人員是民間人士，第三方機構的主要職能是在社會醫療保險機構向醫院支付醫療費用的過程中，充當「檢察官和法官」的角色，對全國各地醫院提供的醫療費用清單進行審查和監督。這種審查是相當嚴格的，如果發現醫院有開大處方等違規、違紀行為，該醫院為保險者提供醫療服務的資格會被立即取消，醫院將會失去最主要的經濟來源。當醫療機構的費用清單經過審查無誤後，社會醫療保險機構再向醫療機構支付醫療費。這種方法是值得中國借鑑的。

按服務項目付費的優點有：①這種付費方式符合市場常規，易於被保險系統各方面理解認識，便於開展實行。②由於醫療服務供方的收入直接和直觀地與服務量掛勾，容易調動他們的工作積極性。在這種方式的刺激下，醫院、醫生和其他醫務人員傾向於努力吸引病人，為病人提供盡可能多一些、好一些的醫療服務，並且在業務技術上努力發展，以便為病人提供新的服務，因而，從這個意義上來看有利於促進醫療服務的進步。③從被保險方來看，這種支付方式使他們更容易獲得服務態度好且比較方便及時的服務。④對社會醫療保險機構而言，這種支付方式最大的好處是可獲得大量詳細的被保險人使用醫療服務提供方提供的醫療服務的信息，這對於把握社會醫療保險的規律，搞好管理是至關重要的。

按服務項目付費的缺點有：①由於多服務多收入可刺激服務供方誘導需求，這是

---

[1] 劉雅，鄭先平，喬麗麗. 新型農村合作醫療制度推進過程中的主要矛盾及其化解 [J]. 中國衛生經濟，2012（8）.

造成醫療服務的過度利用、費用不合理上漲的重要原因。②由於醫療服務收費品種繁多、複雜，保險機構必須逐項審核、登記、支付，因而這種支付方式的工作量非常大，管理成本較高。③在這種支付方式下醫療服務供方的心態是希望病人越多越好，重視高、精、尖診療技術，忽視了預防保健工作和常見病、多發病的防治工作。這會把醫療衛生工作引入不健康的發展道路上，可能出現衛生投入與健康水準提高不一致的情況。

2. 按平均費用支付

按平均費用支付也叫按服務單元支付或定額支付。服務單元是指將醫療服務過程按照一個特定的參數劃分為相同的部分，每一個部分成為一個服務單元，例如，門診服務用一個門診人次作服務單元，住院服務用住院床日作服務單元。保險機構根據歷史資料以及其他因素制定出平均服務單元費用標準，然後根據醫療機構的服務量進行償付。按平均費用標準支付對同一醫院的所有病人相同，但不同醫院之間是各不相同的。每日費用標準是每日預期的支付額，無論病人住院一天實際花費多少，都按此標準支付，所以有「包干」或預付的性質。當醫院每天成本費用低於每日費用標準時，醫院可保留盈餘；如成本費用高於每日費用標準，虧損也由醫院自負。這種方式與明細帳式不同的是，醫院收入與每日提供服務的實際成本成反比，與住院日成正比，所以它鼓勵醫院降低每日成本，但沒有激勵醫院縮短住院日的經濟動因。醫院會希望病人住院時間長，因為病人剛入院時，要診斷、治療、費用高，有的還需特別護理；而病人進到恢復期花費會減少，所以醫院可通過延長住院日賺錢，導致住院費用增長過快。

根據參保人就醫時間的長短可將醫療服務分為門診服務和住院服務兩部分。參保病人如果病情輕，就醫當日就可獲得治療並離開醫院，所以門診服務的時間短；病人由於病情重，需要留在醫院繼續診治，所花費的時間就比較長。因此，在社會醫療保險費用支付辦法的計算上也會不同。其總費用公式為：

$$總費用 = 平均服務單元費用 \times 服務單元量 \qquad (5.2)$$

但對門診醫療服務費用補償則採用平均門診人次費用標準，對住院醫療服務費用補償採用平均住院費用標準。平均數的計算可採用算術平均數、幾何平均數和中位數的辦法。

（1）平均門診費用人次（門診次均費用）標準。平均門診費用人次標準的計算，是將某段時間內門診發生的所有醫療費用除以該段時間內所有就診人次，獲得的該段時間內每一門診平均花費的醫療費用，就是平均門診費用人次標準（單元費用）。一旦確定了定點醫院的平均門診費用人次標準或門診次均費用支付標準，社會醫療保險機構就可以將合同規定的期限（如一年）作為計量單位，根據實際發生的門診人次，向醫院支付醫療費用。其公式為：

$$門診總費用 = 平均門診費用 \times 門診次數 \qquad (5.3)$$

（2）平均住院日及日均費用標準。平均住院日是根據某段時間內所有出院病人的住院天數之和，除以出院人數，得到該段時間內每一個住院病人的平均住院日。日均住院費用是指將某段時間內所有出院病人花費的總住院費用除以總住院天數，即得到

日均住院費用。這兩個指標確定後，社會醫療保險機構將按合同規定的期限向定點醫院償付住院病人的醫療費用。理論上講，病人住院一次的總費用為：

$$病人住院一次總費用 = 平均住院日費用標準 \times 住院天數 \qquad (5.4)$$

對同一家醫院來說，按這種方式支付醫療費用，所有病人每次門診和每日住院費用都是相同的，無論病人實際花費的醫療費用是多少，都按此標準支付。

按平均費用標準償付的特點是醫院或醫生的收入與其提供服務的次數有關，所以，這種方式能夠鼓勵醫院和醫生降低每次門診和每個住院日的成本，可以較好地控制醫療費用總量和提高供方控制費用的動力，使得結算較簡單。但這種方法卻在客觀上刺激了醫院和醫生增加門診次數和平均住院日天數。對門診來說，雖然門診費用標準是事先確定的，但增加門診次數，就可以增加服務量和收入；對住院來說，儘管住院日費用標準是定數，但增加住院天數也可以擴大服務量和收入。這種狀況會使病人增加不必要的多次就診以及帶來延長住院日的麻煩。對保險機構而言，雖然平均費用標準在某種程度上限制了所提供的服務量，但醫生或醫院可通過增加服務次數達到增加服務量，以獲取更多服務收入的目的，這也會造成醫療費用的增長。這就要求保險機構在與醫院制定標準時要格外慎重，並且對醫院制定監督制約機制。

3. 按預算支付制

預算是衛生部門對供方補償的最常見形式，傳統的預算方式是政府部門向特定項目衛生機構提供資金。根據預算標準與依據的不同，將預算分為專項預算和總額預算兩類。

(1) 總額預算，就是由政府部門或保險機構與供方協商確定某一醫療供方一年或一季度的總預算，保險機構在支付醫療供方醫療費用時，不論供方實際費用為多少，都將以這個預算數作為支付的最高限額，來強制性控制支付。預算支付是事先做出的，是在一定時期範圍內，衛生服務提供者必須提供一定醫療服務，預算一旦制定，總預算數很難再作修改。這種支付方式屬於預付制，預付制使服務提供者的收入與提供的服務量成反比。因此可以控制服務的過度利用和費用的增長。但若沒有質量保證機制，很可能使醫院為追求經濟效益而放棄質量，影響消費者基本醫療需求。

實行總額預算制後，在該年度內，醫院的醫療費用全部在總額中支付，「節餘留用，超支不補」。年度預算的確定，往往綜合考慮醫院規模、醫療服務量、服務地區人口密度及死亡率、醫院設施與設備情況、上年度財政赤字或結餘情況等多種因素，兼顧參保人數的變動、人口老齡化、疾病譜變化、通貨膨脹、醫藥科技進步等因素，確定一個「提前消費量」，醫保雙方在此基礎上，再商定當年醫療費用的總預付額。通常，雙方一年協商調整一次。總額預算法是一種總額預付制，其特點是一旦按某種標準確定了總預算，醫院的收入就不能隨服務量增加和病人住院日延長而增加，所以它對醫院服務量方面有高度的控制權。醫院接受這種補償方式，就必須為前來就診的所有被保險人提供服務，必須在總預算內負擔全部服務費用，不能出現赤字。這種辦法大多被政府對醫療市場干預較強或社會醫療保險方力量較強的國家所採用。

對社會醫療保險機構和醫院來說，總額預算制的優點在於總成本是固定的，從機制上消除了醫療服務供方提供過度醫療服務的經濟動因，促進醫療機構行為的規範化，

有效控制醫療費用的不合理增長。醫院可主動地事先安排計劃，合理利用資源，有效控制費用，並且簡單易行，費用結算方式手續簡便，比較節省管理成本。總額預算制的缺點是醫療供方在預付總額既定的「硬約束」下，可能出現醫療服務不足和醫療服務質量下降的現象。其次確定年度預算總額是一件困難的事，因為變動因素多，難以事先估計準確。

（2）專項預算，是總額預算的變異形式。當服務提供者受到特定費用項目（如人員、食物、藥品、設備等）的固定預算時，就可以說存在了專項預算。專項預算使投資與收入分離，且其預算傳統上基於過去的預算並結合通貨膨脹的因素，這種撥款方式，要求管理者不允許將該項資金挪作他用，除非獲得中央政府的批准。專項預算的目的是控制和消除地方管理薄弱的弊病。然而對專項預算的過度控制必然使該資金使用效率受到損失且衛生服務提供者的產出效率低下，使衛生服務提供者對資源的利用最大化。

4. 按疾病診斷相關組付費制（diagnosis relative groups，DRGs）

按疾病診斷相關組付費即按病種分類支付（DRGs 支付體系），這種支付方式的全名叫按疾病診斷分類定額支付。它把醫療服務的全過程看成是一個計量單位和確定服務價格的標示。具體地說，就是根據國際疾病分類法，將住院病人的疾病按診斷、年齡、性別等分為若干組，每組又根據疾病輕重程度及有無併發症分成不同的級別，對每一組不同級別都制定相應的價格標準，按這種費用標準對該組某級疾病的治療全過程，保險機構一次性向醫院支付費用。實際上就是按醫生所診斷的住院病人的病種進行定額付費。設計該方案的目的是通過統一的疾病分類定額支付辦法，達到醫療資源利用的標準化。這種方式使社會醫療保險費用的支付與診斷的病種相關聯，而與病人實際花費的醫療費用無關。

根據國際疾病分類法（ICD-10），將住院病人疾病按診斷分為若干組，每組又根據疾病的輕重程度及有無併發症分為幾級，對每一組不同級都分別制定價格，按這種價格對該組某級疾病治療全過程一次對醫院付費。DRGs 最先於 1983 年在美國公辦老年人社會醫療保險計劃中採用。美國 DRGs 由 480 多個疾病診斷組構成，分別制定了每組的價格。初期主要適用於老年社會醫療保險住院病人除醫生技術費以外的部分，如住院生活費、護理費、檢查費、處置費等，後來逐漸擴大到享受其他社會醫療保險住院病人。

DRGs 的指導思想，是通過統一的疾病診斷分類定額支付標準的制定，達到醫療資源利用標準化。DRGs 與以上幾種對醫院支付方式不同的是，它按病例定額預付，醫院收入與每個病例及其診斷有關，而與治療這個病例的實際成本無關。因此 DRGs 以定額預付方式代替了按服務項目原價事後補償方式，使醫院失去了定價和收費的自主權，醫院的收入方針發生了根本改變，即從最大限度地增加收入，變為按 DRGs 規定的價格收費，並實行成本分析。它激勵醫院為獲得利潤主動降低經營成本，防止長期住院；也使社會醫療保險方對受保人每次住院費用都有準確預算，便於控制費用。

實施該方案的困難在於如何恰當地進行疾病分組。批評者基本上都是醫院的管理人員，他們聲稱，對所有醫院或各類病人建立恰當的分類系統是不可能的。在服務項

目、服務質量以及病例組合方面，各醫院的水準參差不齊，將疾病劃分成幾個主要類別大組，根本無法充分反應醫院間的差異。這種簡單的分組只能導致一個獎罰不公的支付補償體系。有些醫院可能在自身利益的驅動下，為了多獲取收入，在診斷界限不明時，往往用昂貴的診斷手段，使診斷升級，將病人重新分類到高補償價格的 DRGs 組中，誘導病人做手術和住院，或讓病人出院後再住院，這樣做就縮短了住院日卻增加了住院次數，一次病收兩次或多次錢。另外病人也可能面臨出院太早的風險，特別是對伴有併發症或年老需長期住院的病人更是如此。

每一種支付方式都有其優點和缺點，但 DRGs 是現今公認比較先進的支付醫院的方法，世界上已有 11 個國家採用了 DRGs 支付制度，主要以歐洲國家為主，如挪威、法國、比利時、英國、荷蘭、瑞士、義大利、德國、澳大利亞等，它們都在對此方式進行研究並付諸實施。歐洲國家希望借此方式來激勵醫療服務機構的有效經營。但 DRGs 還不完善，如只考慮通貨膨脹影響的常規費用，沒考慮新的勞務費用和新技術的費用。人們對於它對治療質量的影響、對醫療技術開發推廣及對病人接受新技術機會的影響等問題仍有爭論。因此 DRGs 仍處在需要適應技術發展而完善的過程中。此外，DRGs 是一套很複雜的系統，要求很完善的信息，管理成本較高。

按病種付費的優點：①可以激勵醫院和醫務人員在診療疾病的過程中重視成本，提高工作效率，由於延長住院時間只會增加醫療成本，增加住院日的問題在這裡不會出現。激勵醫院從經濟上以低於固定價格（標準價格）的費用來提供服務，保留固定價格與實際成本的差額。這在客觀上將促進醫院節約成本，縮短住院時間，減少誘導性消費；注意病人檢查治療的有效性，避免不必要的支出，在一定程度上能減緩和控制醫療費用上漲的趨勢。②由於費用控制的對象是病種，因此可促使醫院和醫務人員努力提高診療水準。例如，選擇治療方案，因為不適當治療只會增加成本，從而有利於促進醫療質量的提高（其他支付方式缺乏這種直接激勵作用）。③以病種為單位核算比以住院日為單位核算更接近實際醫療服務工作量，工作做得越多，技術水準越高，醫院受益越大，因而有刺激醫療服務供方收治疑難病人，不斷發展醫療技術的作用。④有助於促進醫院、社會醫療保險機構標準化管理，從而有助於兩者管理水準的不斷提高。

按病種付費的缺點：①實行 DRGs，有大量的基礎工作要做，即需要大量的統計數據來支持，才能測算出各類各級病種的診療費用。現在各國 DRGs 就有好幾百個疾病診斷組，同時，在日常運轉時，其管理、監督、審查工作也相對複雜。因此，這是一種管理技術要求較高、信息量大、成本較高的支付方式。這也是一些國家特別是醫療衛生信息系統尚不發達的國家開展這種方式的困難所在。②對於醫療服務供方過多提供服務的控制作用是很有限的。由於付費實際是以服務次數為單位，在缺乏有效控制監督手段的情況下，醫療供方為追求更多的經濟利益，有可能採用誘導病人住院或手術、分次治療、提高診療級別等方法增加服務次數和收入。③由於費用固定，服務供方為降低成本，有減少必要服務、減少必要住院天數的可能，從而危害病人的健康和利益。④沒有考慮到患者的體徵特性，適用面窄。只有一些診斷明確、技術成熟、沒有臨床併發症的病種能夠使用 DRGs 算出病種所需花費的費用，但是很多疾病都是伴有其他病

症的，這造成了這種付費方式的適用面不夠寬，控制費用的效果也就大為削減。

5. 按病種點數法或病種分值法

病種點數分值法（按病種點數付費）是社會保險經辦機構在住院醫療費用實行統籌基金付費總額控制管理的前提下，對一定區域內的定點醫院收治住院病例進行點數量化，確定定點醫院的各病種點數分值和點數單價，以此計算出統籌基金應付額與各定點醫院結算。它在總額控制的基礎上，賦予每個病種相應的分值，年底再通過醫院獲得的總分值和醫保總預算資金量來計算醫保支付的費用。點數法的實施需要地區之間有相對豐富的資源以及醫保和醫院之間具備良好的協商機制。

因此，病種點數分值法的實施具有以下優勢：第一，該方法能夠控制總體的費用，甚至住院費用的預算管理；第二，其實施起來相對比較簡單，不需要技術研發的過程，比較容易推廣；第三，其能夠促進醫院之間的競爭跟協作，促進醫院控制成本，優化醫院之間的分工，形成類似分級診療的效果；第四，其因地制宜，各項標準都取自當地，能夠適應當地特點且可以根據現狀進行動態調整逐步優化。

但是，點數法也存在一些潛在風險。具體如下：

(1) 等級系數差別過大，與分級診療背道而馳。

如果同一病種在三級機構結算等級系數差別過大，而同一地區的用藥、物價水準和人力資源卻相近，會促使三級醫院搶奪本屬於一、二醫院的患者流，與分級診療背道而馳。同時，一、二級醫療機構也會因為某些疾病的住院治療費用超出醫保基金支付額，以致無法開展診療活動，逐漸弱化醫療服務水準。

(2) 在嚴格的預算約束下，醫師可能尋求「預算外」收入。

醫保只針對的是醫保患者，而對非醫保患者、商保患者則不受此約束。因此，醫療機構可能尋求「預算外」收入，比如優先接待非醫保患者、商保患者，從而使醫保患者候診時間更長。有研究顯示，德國實行點數法後，法定醫療保險參保人的就診率降低，私人醫療保險的參保人的就診率上升，醫師對於預算約束的應對策略是改變其病人結構。另外，相比於私人醫療保險，法定醫療保險的參保人在預約專科醫師和全科醫師時等待時間變長。

(二) 對醫生的支付制

在國外，醫生多為自由職業者，私人開業，但他們加入醫師協會，接受醫師協會的管理（醫保醫師資格庫管理）；也有受僱於醫院或隸屬於醫院的。私人醫生直接或通過醫師協會與社會醫療保險機構簽訂協約，提供醫療服務。社會醫療保險機構直接或通過醫師協會支付醫生報酬；醫院裡的醫生則通過醫院獲得社會醫療保險支付的報酬。不管通過哪種途徑，國外社會醫療保險對醫生的支付方式和標準主要有以下幾種：

1. 按服務付費制

這種支付方式按勞付酬、論量計酬等，都是按醫生提供的服務項目多少支付報酬。一些國家社會醫療保險支付系統的點數制、分數制也都以這種支付方式為基礎。這是一種最古老的支付醫生報酬的辦法，現仍廣泛用於美國、加拿大、澳大利亞、新西蘭、韓國、日本、瑞士、比利時、法國、德國、挪威等國家。

按服務付費最大的特點是醫生收入與提供的服務量直接有關。對保險機構來說，這種支付方式的缺點是容易刺激醫生提供過多服務，導致費用上漲且難以預測和控制；處理帳單也會增加管理費，提高成本；有時醫療質量也會成問題。優點是受保人普遍滿意；醫生主動更新醫療手段，特別是那些收費高的新設備；醫生也願意提高自己的業務水準成為專家，因為病人都希望直接找專家。對醫生來說，這種支付方式能反應實際工作量，多服務多收費，所以醫生都願意採用這種方式；缺陷是要花很多時間詳細做記錄，以便從保險機構領報酬，或開帳單讓病人去保險機構報銷，而保險機構檢查費用情況又需要時間，而且往往拖延付款。對病人來說，好處是醫生努力改善服務質量，服務及時周到，病人還可自由選擇醫生；缺點是好醫生太忙，需要就診時難以預約，而條件差的地區醫生不足，而且保險費可能提高。

2. 工資制（薪金制）

按薪金支付制是指社會醫療保險機構根據定點醫院醫生或其他醫療衛生服務人員所提供的服務向他們發工資，以補償定點醫院人力資源的消耗。一般是依據所提供的服務時間、醫生技術等級、服務數量及質量來確定醫療服務人員的勞動價值。實行全民社會醫療保險的國家（如英國、加拿大），以及美國的健康維護組織使用這種支付方式。主要是為人力資源的消耗來提供補償的，按照服務的時間、職稱、服務的質量和數量來支付醫生報酬。根據醫生每天或每週有組織的計劃中工作的小時數，分為全薪和部分薪金兩種。有些國家不允許拿工資的醫生進行私診或額外收費，有些國家則允許。

工資制顯著的特點是，不考慮醫生看病次數或服務的人數，也即醫生收入與提供的服務量無關。工資制對社會醫療保險機構來說，最大的優點是控制總成本和人員開支；對醫生的好處是能避免財務人員為控制成本而干預醫生業務，醫生收入有保證，工作時間固定，空餘時間可集中精力鑽研業務，而且在一定的組織中工作，醫療設備好、管理好，便於合作，工作也輕鬆；對病人來說好處是能在同一個醫療中心接受多種治療，看病方便多了。

工資制的缺點是缺乏對醫生的直接經濟刺激，對提供過量治療沒有激勵作用，但也不能提供有效率的保健，醫生潛力不充分發揮，導致人浮於事現象。醫療機構之間可以通過轉診而轉移成本負擔，需要有人對醫生和醫療機構進行監督。病人抱怨工資制使醫生看病缺乏連續性，因此不全面瞭解治療效果；醫生情緒低，缺少職業滿足感，服務態度不好，病人就醫需等候或排隊。

3. 按人頭定額支付制

按人頭定額支付（capitation）是指社會醫療保險機構根據有關合同規定時間（一般為1年），按照約定醫療單位服務對象的人數規定的收費定額，預先支付供方一筆固定的服務費。在此期間，醫院和醫生負責提供合同規定範圍內的一切醫療服務，不再另外收費。按人頭定額預付使醫療服務提供方能自覺採取控制費用的措施，有利於管理機構控制費用，但必須採取相應措施監督醫療服務的質量。其總費用公式：

$$總費用 = 服務人數 \times 人頭數 \quad (5.5)$$

這種方式實際上是一定時期、一定人數的醫療費用的包干制，屬於預付制方式的

一種。因為支付每個受保人的費用時，不考慮這段時間醫生是否提供了醫療服務以及提供多少服務。按人頭定額支付制的特點是醫生收入與服務人數成正比；服務人數一定時，收入固定，服務項目越多，支出越多，收入反會減少。因此對保險機構或計劃來說，採用按人頭定額支付制，能防止醫生提供過多服務，有利於控制成本和費用；可鼓勵新畢業的醫生到缺醫地區工作，因為那裡的工作量易飽和；可促進預防工作，有利於日後減輕工作量和降低醫療費用支出。行政管理費用也較低，不需要行政監督檢查，只在醫生違約時，才進行裁決。實行按人頭定額支付制，對病人來說，可根據與保險機構簽約的醫生名單自由選擇醫生；可保證醫療的連續性，還能得到預防服務。但病人看病往往要預約、等候，醫療設備較差，得到的服務也少些。醫生按人頭定額收取費用，收入能有準確預算，能自主經營、自由行醫，但是需要同別的醫生競爭病人。丹麥、荷蘭、英國較早採用此法。義大利1980年以前對部分參保人的醫療費採用這種支付方法，1980年後全部改行此法。哥斯達黎加、印度尼西亞及美國的健康維持組織（HMO）也採用此法。

按人頭付費的優點有：①由於醫療費用採取按人頭包干的形式預先支付給了醫院，結餘歸自己，超支自付，從而使醫院產生內在的成本制約機制，費用意識會增強，能自覺地採取控制費用的措施，如積極開展預防保健、健康教育、體檢活動，以期最大限度地降低發病率，從而減少費用開支。②鼓勵醫生以較低的醫療成本為更多的病人服務，促進衛生資源的合理應用，防止醫生提供過量服務。③行政管理簡便，管理費用較低。

按人頭付費的缺點是如果是按人頭付費的方式，就要對醫療機構做出保證或承諾，所有參保人只能去固定的醫院，醫療服務的消費方是沒有選擇的，另外醫療機構可能會減少對消費方的消費數量，提供服務的數量和質量難以保證。可能會出現醫療服務提供者為了節約醫療費用而減少服務或降低醫療服務質量的現象。為保證醫療服務質量，按人頭支付方式通常規定服務對象的最高人數限額，以防止病人太多、醫院對病人的照顧不周而降低服務質量。一些國家規定每個醫生最多照管3,000人。

4. 以資源為基礎的相對價值標準（RBRVs）支付制

這是一種新的費用支付方式，是美國哈佛大學經過10年研究而制定的一種新的可替代現行的「依照慣例的、合理的」醫生服務報酬支付方式，於1992年在美國部分地區的老年社會醫療保險範圍內試行。關於RBRVs的研究結果表明，美國現有償付制度就其資源成本來說，診斷及管理性質服務所得的補償要低於外科手術、影像和化驗檢查，內科目前所得到的補償不及外科手術的一半；而且，同類服務在醫院提供所得到的補償，比在診所提供所得到的補償要高，所以實行RBRVs為基礎的支付制，就要提高給診斷及管理性服務的補償，降低外科手術、化驗和影像檢查服務的補償，這對病人和通科醫生將有利。

這種支付方式的基本思想是通過比較醫生個人服務投入的各類資源要素成本的高低來計算每項服務的相對價值，應用一個轉換因子把這些相對價值轉換成收費價格作為確定各項服務報酬的依據。相對價值是以成本為基礎確定的，是相當複雜的工作，大體上要為7,000多項服務制定相對價值，並需對數據不斷地進行分析和更新。它是

按照醫療服務中投入的資源成本算出相對價值或權數來確定價格，能夠使得醫療機構提供的服務得到最合理、最全面的補償。

制定相對價值標準所依據的消耗成本，即醫生服務中投入的資源要素包括三部分：①服務全過程（事前、事中和事後）所花費的時間和勞動強度（服務的複雜性、所需要的技術及努力程度存在的差異性）；②業務管理成本，即服務中的經常性開支，包括如辦公室人員工資、設備折舊和職業責任保險金等；③培訓的機會成本，使接受不同培訓時間的醫生能夠得到相應的回報率，包括醫生畢業後接受專科技術培訓期間失去的收入，這部分成本要分攤到醫生全部開業時間內提供的全部服務之中。然後通過建立數學模型，綜合以上三種因素變機構特定醫療服務的資源投入為基礎，由此得出相對價值 RBRVs 的計算方法為：

$$RBRV = (TW)(1+RPC)(1+AST) \tag{5.6}$$

其中：*RBRV* 是特定醫療服務的按資源投入為基準的相對價值；

TW 是醫生勞動總投入；

RPC 是不同專科的相對醫療成本指數；

AST 是以普通外科為標準的專科培訓機會成本相對分攤指數。

RBRVs 的優點是：能全面、合理地估計和比較每個醫生服務資源的投入，並據此使各種服務得到近似於理想的競爭市場中的補償標準，對醫生服務行為提供一個中性的激勵機制，可能會在很大程度上改變醫生的醫療模式，促使醫生將其活動範圍向診斷及管理性服務轉移，減少不必要的外科手術、手術性診斷試驗，這樣既可能使醫療質量得到提高，又可降低醫院使用率，進而增進整體醫療保健效益，縮減衛生保健費用或降低衛生保健費用增長速度。同樣重要的是，RBRVs 支付制由於改善了目前各醫學專業服務補償不公平的現象，提高全科醫生的收入，降低專科醫生過高的收入，對各種醫療專業服務進行中等刺激性支付，還能潛在地影響醫科畢業生的專業選擇，改善某些初級衛生保健專業人員短缺的狀況，引導資源合理流動。

也有不少人反對這種支付方式，RBRVs 的缺點是標準的制定很難也很複雜，也沒有做到真正的全面補償。目前該制度還處於研究階段，需要進一步完善。

實際上，社會醫療保險費用的支付方式多種多樣，不僅僅限於以上幾種。這些方式各有利弊，各有各的經濟誘因，對社會醫療保險機構、醫療服務提供者以及被保險人的影響也各不相同。社會醫療保險費用的支付方式決定著整個醫療費用的支出水準、醫療機構的收入與效益以及醫療服務的質量。根據不同的情況和需要，社會醫療保險機構要慎重地選擇合理的單一支付方式或組合方式來達到費用控制的目的。在目前的社會醫療保險制度改革中，支付方式的改革已成為核心內容之一。

第三節　社會醫療保險支付模式

一國社會醫療保險資金來源是多方面和多渠道的，其支付可能是多渠道，也有可

能是單渠道的①。這種支付渠道就是國家社會醫療保險制度對社會醫療保險資源的配置方式，體現該國社會醫療保險的支付體制或模式。一國社會醫療保險費用的多少，不僅取決於每個社會醫療保險計劃或機構支出的社會醫療保險資源是否得到了有效利用，還取決於整個國家社會醫療保險資源的配置是否合理，即社會醫療保險支付體制是否合理。根據各國社會醫療保險資源配置的集中統一程度不同，社會醫療保險支付體制可分為幾種模式：

一、集中統一支付模式

集中統一支付模式指在一個國家，社會醫療保險資源通過統一的社會醫療保險計劃渠道流向醫療服務提供者，也就是社會醫療保險基金集中在一個付款人手裡，由他統一支付給醫療服務提供者。由政府資助的全民健康保險國家多採用這種支付模式。由於全民免費醫療，醫療服務系統的全部收入來自國家社會醫療保險基金，提供國家社會醫療保險基金的政府成為全國社會醫療保險費用的唯一支付人，或全民醫療服務的唯一購買人。政府通過分配預算資金，集中統一支付醫療服務系統的報酬。這種支付模式的優點在於政府掌握著配置社會醫療保險資源的主動權，通過預算就可以控制流入醫療服務系統的總資金，因而可以較好地控制整個國家的衛生費用支出。這種模式又可分為幾種：

（1）聯邦政府作為單一支付人模式。特點是社會醫療保險資金由中央政府直接掌握，中央政府每年決定分配給衛生系統的總資金。其優點是能嚴格控制國家醫療費用占國民生產總值的比例。缺點是衛生保健不得不與其他社會經濟計劃競爭政府預算，尤其是經濟低速增長時期，政府衛生預算十分有限，沒有足夠資金改善醫療機構和發展醫療技術，引起治療性服務和其他服務嚴重短缺。採取這種模式的典型國家有英國。

（2）省政府作為單一支付人模式。特點是社會醫療保險資金可能來源於省政府稅收，也可能來源於聯邦和省政府兩級稅收，但都通過省政府社會醫療保險計劃集中支配和使用。省政府作為醫療服務的唯一付款人和購買人，掌握著流向本省醫療服務提供者的總資金，由它單方面決定或同提供者協商支付後者的辦法、具有較強的主動權和控制權。與聯邦政府集中統一支付模式相比，這種社會醫療保險支付模式由省和政府共同資助，資金來源充足；而且各省有自主權，比較靈活。採取這種模式的典型國家有加拿大。

（3）地方政府作為單一支付人模式。以瑞典的縣政府既提供健康保險，又提供衛生服務最為典型。中國現階段的社會醫療保險支付模式也屬於這種。其醫療費用財源主要來自縣政府稅收，由縣財政部門同醫療聯合會協商，通過預算分配，集中流向衛生系統。優點在於「直接民主」，地方稅收和居民所得到的保健密切相關，便於人們衡量和評價健康保險效率，加強民主監督；也比較注重初級衛生保健。缺點是各地區貧富不均，不同地方得到的保健水準可能有差異，公平性相對較差。

---

① 蔡仁華. 發達國家醫療保險制度［M］. 北京：時事出版社，2001：260.

二、準統一支付模式

這種模式多出現在實行全民社會醫療保險的國家中,如德國、法國、荷蘭等國。其特點是保險資金來源雖然是多方面的,但都匯集到一定的社會醫療保險機構,由它們根據全國統一的補償標準,按照與醫療服務提供者組織協商確定的支付辦法,集中支付。

這種支付模式的優點在於:首先,每個居民、雇主、政府、社會醫療保險機構、醫療服務提供者都清楚每年為衛生保健花費了多少資金;其次,由單一的第三方定價付費,比提供者收費要節省費用;最後,這種模式通過全國統一的社會醫療保險計劃控制著社會醫療保險資金的主渠道,可以決定醫療服務系統的規模,並可根據地方衛生規劃調整衛生資源的投入方向,不斷變化資金利用口徑,因此能保持衛生費用占國民生產總值的適當比例。缺點是衛生資源的配置比人們期望的要少,種類也少些;預防和保健容易被忽視;新醫療技術的利用受到某些程度的影響;限制提供者收費也不太受提供者歡迎。

三、分散獨立的支付模式

這種模式主要出現在公、私營醫療保險並存的,或以私營健康保險為主的多元社會醫療保險體制下,由於其存在許多分散、獨立的保險機構,就有多個分散、獨立的支付人。整體國家的社會醫療保險資源,正是通過這些分散的支付人,從多渠道流入提供者手裡。實行該模式的國家以美國為代表。對於國家社會醫療保險制度而言,由於醫療費用的支付渠道眾多,控制點分散,控制費用能力受到影響。往往是當一種保險計劃、控制成本有效時,提供者就把增加的成本轉向另一種保險計劃,因而總成本的上漲並不能得到很好的控制,而且社會醫療保險機構各自為政,競爭激烈,耗費大量行政及管理費用。

總之,支付模式主要從宏觀上體現一國社會醫療保險制度中社會醫療保險方與醫療服務系統之間的關係,反應整個醫療服務市場的運行機制,即國家社會醫療保險資源是以集中計劃配置為主,還是以分散的市場競爭為主,或介於二者之間。它決定了分配衛生部的總資金,從而決定著國家衛生總費用支出的多少及增長速度。

第四節　國外醫療保險支付制度的改革趨勢

國外醫療保險支付制度改革的進程說明醫療保險基金是國家衛生資源的配置器,而支付制度又是社會醫療保險資源的配置器[①]。中國應當重視社會醫療保險及其支付制度的重要調節作用,加快實行社會醫療保險,逐步擴大社會醫療保險覆蓋面。同時要協調好各種社會醫療保險計劃之間及其與衛生服務提供系統的關係。政府和社會應承

---

① 施建祥. 中國醫療保險發展模式論 [M]. 北京:中國物價出版社, 2003: 243.

擔責任，充分發揮並加強政府宏觀調控及社會協商調節的作用。

一、醫療保險支付制度的共同特點

各國社會醫療保險制度不同，採取的具體支付方式、標準及支付體制也不盡相同，但作為綜合的支付制度，各國之間仍然存在一些共同特點：

其一，各個國家內部都不是採用單一的支付方式和標準，而是各種方式和標準並存。如美國除總額預算制較少採用外，其他支付方式和標準都有；加拿大採用的支付方式有按服務付費、工資制、總額預算制；德國有按服務項目付費、按平均費用標準支付、總額預算制；英國有總額預算制、醫院醫生的工資制、通科醫生的按人頭定額預付制；澳大利亞有按服務付費、工資制、按人頭付費和預算制等。

其二，各種支付制度並不是互不相容，而是可以相互補充、綜合運用。許多國家都將幾種支付方式和標準融合在一起綜合運用，以充分發揮各種支付制度的長處，避免或限制其短處。如德國對醫生的支付，先由疾病基金會按總額預算制向社會醫療保險醫師協會支付，再由醫師協會以按服務付費的方式，分配給各個醫師。這實際上是將總額預算制控制費用的優勢，同按服務付費制所體現的尊重醫生行醫自主權、調動醫生多提供服務的積極性結合起來，既可控制醫療費用總量，又能激勵醫生在預算內主動服務。又如美國一些社會醫療保險機構為了既加強病人費用意識，又節省報銷小額費用的手續費，對參保人實行起付線和按比例共付相結合，規定起付線以下由病人自付，起付線以上由保險機構和病人按比例共付。

其三，各國醫療保險的支付制度都不是一成不變，而是在實踐中不斷發展變革。各種支付制度在實踐中，不斷暴露出種種矛盾與問題，需要及時地適應新出現的約束條件而更新、完善或者改革。近年來各國醫療費用普遍上漲較快，在解決如何控制醫療費用增長速度超出經濟增長率的問題上，各國都把支付制度的改革作為社會醫療保險費用控制的主要手段和關鍵。如美國採用 DRGs、推行 HMO 按人頭支付制，研究並試行 RBRVs。在聯邦德國，衛生部於 1998 年 8 月向國會推出社會醫療保險制度一攬子改革方案，包括藥劑費的定額支付，向一年內未就醫的參保人退還一個月的保險費等。法國對醫院預算的分配批准制度實行規範化（總額預算）；重新估計和嚴格控制巨額療養費的報銷；規定維生素類藥品不在保險之列，降低 2,000 種藥品的償付率，即提高個人的負擔部分等。

二、醫療保險支付制度的發展趨勢

世界各國都在不斷採取控制醫療費用的方式，而社會醫療保險支付制度的改革和完善又是控制醫療費用的關鍵。如何控制醫療費用支出是中國當前面臨的重要問題，國外在醫療費用支付制度改革方面取得的成功經驗是值得我們借鑑的。在各國醫療保險制度改革過程中，可以發現一些帶有共性的發展趨勢。

（一）支付方式從後付制向預付制發展

傳統的支付方式是社會醫療保險機構作為社會醫療保險的第三方，在醫療服務發

生後事後補償給醫療服務的提供方。這種後付制方式會誘導供方在自身的經濟利益刺激下過度提供醫療服務給患者，尤其當支付服務供方報酬的依據或標準對醫療行為有較強的經濟刺激而不是經濟約束，而對病人又沒有實行費用分擔制的情況下。社會醫療保險傳統的支付方式就是這種第三方的事後補償同按服務付費制相結合，這是造成過去幾十年來醫療費用上漲過快的一個制度上的原因。改成預付制後，社會醫療保險方就能改變作為第三方局外人的被動局面，可通過制定預付標準控制總支出，並通過預算約束強制服務提供方承擔經濟風險，自覺規範醫療行為。同時，社會醫療保險方通過預付制，為醫療服務提供者提供一筆相對穩定並可預見的週轉資金，把這部分社會醫療保險經費的使用、管理權交給醫院和醫生，利用經濟利益機制調動他們精打細算、合理使用社會醫療保險資源的積極性，達到既能控制費用，又能保證醫療服務質量的目的。

預付制的實行對各國控制醫療費用起了重要作用。美國實行 DRGs 五年後的總結報告表明，美國 65 歲以上老人的住院率每年下降 2.5%，平均住院天數也從 1982 年的平均 10.2 天，縮短為 1987 年的 8.9 天。近 40 篇研究報告報導，按人頭預付制與按服務項目支付制相比，人均衛生費用下降 10%~40%，住院率下降 25~45%，而門診次數和平均住院天數幾乎相同，所接受的預防服務甚至更多[1]。英國、德國、法國、加拿大、瑞典等實行總預算制，衛生費用占國民生產總值的比例比較穩定。前美國醫院聯合會主席曾誇張地說，預付制所起的遏制醫療費用增長的作用，比任何一個預言家估計的都要大。預付制已成為各國社會醫療保險支付制度改革的方向。

（二）支付標準由自由定價向政府控制價格或統一價格發展

傳統的醫療服務價格是由提供者確定的。社會醫療保險支付醫療服務提供者的費用包括成本費（cost）和提供者收費（charge）兩部分。許多醫院或醫生的收費，不是根據為病人提供保健的實際費用，而是根據他們的收入需要，收費標準不僅包括成本而且要資助虧損的醫療服務（如門診所）、沒有明確規定資金來源的項目（如醫生進修）和沒有補償的保健服務，甚至包括可能發生的醫療事故賠償費用。

由提供方制定的服務價格造成費用高漲。我們以按服務項目支付為例，美國以自由價格為基礎，造成醫療費用不斷上漲，而德國和日本由於有全國統一的醫生酬金價目表，衛生費用上漲穩定。因此，許多國家都改變了醫療服務的定價方式，實行政府統一定價，或由社會醫療保險機構和醫療服務提供者組織協商定價。

同樣實行按服務付費方式的國家醫療費用增長情況也不相同。美國主要以提供者習慣的、流行的、合理的（CPR）自由價格為基礎，因而衛生費用上漲很快，按照 OECD 統一口徑比較，2013 年美國衛生總費用占 GDP 比重為 16.4%，德國為 11%，法國為 10.9%，英國只有 8.5%。聯邦醫療保險和救助總局 2015 年發布報告指出，2014—2024 年，預計每年美國醫療衛生支出增長 5.8%，比 GDP 增速高 1.1 個百分點。

---

[1] 徐小炮，尹愛田，王利燕．美國 DRGs 支付制度對中國醫療支付方式改革的啟示 [J]．中國衛生經濟，2007（3）．

由此，到2024年，衛生費用占GDP比重將由2014年的17.3%上升為19.6%，衛生總費用預計將達到5.4萬億美元，各級政府支出費用將達到2.5萬億美元，占醫療衛生總支出的47%。因此，政府對衛生費用的控制作用越來越被重視[①]。許多國家改變醫療服務自由定價方式，實行政府定價，或由社會醫療保險組織與醫療服務提供者組織協商定價，通過統一價格信號，引導醫生行為規範化和社會醫療保險資源利用標準化。日本的統一醫生酬金價目表，被看作是本國社會醫療保險制度的核心和關鍵。美國近年來加緊研究並實行DRGs和RBRVs，實際上就是聯邦政府統一定價，其實際效果已引起廣泛關注，但由於美國醫生大多獨立於醫院自由行醫、獨立收費，所以美國聯邦醫保的費率也分為醫院服務費率和醫生服務費率。

(三) 支付數額由免費制向費用分擔制發展

社會醫療保險承擔了受保人的醫療費用，病人享受免費醫療，與支付費用無關，容易出現道德損害現象，造成服務過度利用，醫療費用上漲。因此，雖然免費能增加醫療服務利用的公平性，改善貧困人群、高危人群和患者的健康，但代價過於昂貴。為了防止消費者過度需求和利用造成的費用上漲，只有改變免費方式，讓病人分擔部分費用，以增強病人的費用意識。

傳統的做法是由社會醫療保險機構向醫療服務提供者支付病人的全部醫療費用，經濟風險全落在保險機構身上，對病人沒有經濟約束，病人與費用支付無關，這樣會造成患者過度利用醫療服務項目，引起費用上漲。為避免費用上漲，只有改變病人與費用支付無關的做法，讓患者承擔部分醫療費用，增加消費者的費用意識，減輕患者對醫療服務的過度利用。實行費用分擔制必然對衛生費用和衛生服務利用發生影響。美國蘭德公司在聯邦政府支持下，進行了衛生服務研究史上一項耗資最大、歷時最長的健康保險實驗，研究結果表明，人均衛生費用隨自付比例的增長而下降，95%自付組與免費組相比，人均衛生費用低60%；衛生服務利用次數也隨自付比例的增加而減少，開藥量隨自付額增多而下降，但從整體來看並不影響被保險人的健康狀況。因此，自蘭德健康保險實驗展開以來，發達國家的健康保險已用各種形式的費用分擔制來代替免費醫療。

(四) 支付體制由分散獨立向集中統一發展

社會醫療保險制度對醫療資源的配置方式，即該國社會醫療保險支付體制，目前國際上有三種：一是集中支付模式，如英國和加拿大；二是比較集中的支付模式，如德國、法國和日本；三是分散獨立的支付模式，如美國。人們普遍認為，社會醫療保險屬於一國福利制度的有機組成部分，只有國家統一集中支付才能確保全民享受基本的醫療保障。因此除少數國家外，醫療費用支付體制朝著集中統一支付方向發展。

加拿大目前全國統一的社會醫療保險計劃被本國公民視為「社會之寶」，其單一支付體制以及德國、法國、日本等國家的準單一支付體制，被世界公認對各自醫療費用的控制起重要作用。與此對照，美國以私人社會醫療保險為主，多個支付人以不同的

---

① 朱恒鵬. 美國醫療體制的特徵及其對中國的啟示 [J]. 比較，2016 (6).

方式和標準支付醫療服務提供者，花費大量管理費用，美國的管理成本大約占衛生費用的15%，而其他經濟合作與發展組織國家（OECD）只占5%，甚至更少。據估計，如果美國社會醫療保險管理費支出降至這些國家的平均水準，每年可節省約800億美元，相當於所有發展中國家總衛生支出的1/3。如果美國採用加拿大模式，即統一的社會醫療保險制度和單一的醫療費用支付人，每年可節省約300億美元，相當於總衛生費用的8.2%，足以支付國內無社會醫療保險人群的醫療費用且有餘。因此，美國衛生經濟學家和醫生設計各種「國家衛生規劃」或「全民健康保險計劃」，力圖融合美國和加拿大兩國社會醫療保險制度的優點。美國政府對醫院和醫生報酬實行統一定價正是向全民健康保險、單一支付模式過渡的第一步。

　　從以上的分析可以看出，就控制醫療費用的力度來看，控制供方往往比控制需方來得成功，但中國社會醫療保險制度改革在控制費用上普遍存在重需方控制而輕供方控制的現象。支付制度的完善與否對社會醫療保險制度改革的成敗至關重要。由於各種單一支付方式都有優缺點的，使缺點最小化的措施通常採用混合支付方式。就供方支付方式而言，不同的供方可以採用不同的支付方式，還可以根據提供服務而採用不同的支付方式。就需方支付方式而言，需要瞭解需方的支付能力和支付意願，並且需不斷進行市場調研工作，對需方的自付比例及有關政策做即時的調整。總之，無論是改革宏觀支付體制，還是微觀的補償方式都不存在最佳模式，只要適應於整個社會經濟大環境，偏重於某一問題的解決方案就是有效的。

第五節　中國醫療保險支付方式改革的實踐

　　中國醫療衛生事業是具有一定福利性質的社會主義公益性事業，隨著中國社會醫療保險的不斷發展和互聯網金融的不斷革新，按服務項目付費的支付模式的弊端已經暴露。再加上中國人均衛生資源稀少，衛生資源浪費十分嚴重，隨著老齡化問題的不斷深化，中國社會醫療保險支付體制符合中國當前國情也是必然要求。

一、中國社會醫療保險支付方式面臨的現狀

　　目前中國已初步形成了與基本醫療保險制度相適應的激勵、約束並重的支付制度。目前全國85%[①]的統籌地區開展了付費總額控制，並且將它納入基本醫療保險的定點協議裡進行管理。超過70%的統籌地區開展了按病種付費，35%的統籌地區開展按服務單元付費，主要是按床日付費，24%的統籌地區開展了按人頭付費的探索。在受益人群不斷擴大、待遇水準不斷提高、醫療費用上漲比較快的情況下，中國的醫療保險制度始終保持平穩運行，在一定程度上促進了醫藥衛生事業的發展。

　　伴隨著科技發展、增長的消費需求和人口老齡化趨勢，醫療成本將越來越高，而醫保基金的支付能力是有限的。事實上，醫療費用控制已經成了世界各國醫療管理的

---

① 數據來源：中國投資諮詢網。

基本趨向。國際醫保改革實踐證明，在醫保制度下，僅僅依靠需方成本分擔制度，難以有效控制醫療費用的持續增長，而通過醫保支付制度改革來探索供方費用控制，能提高供方費用控制的激勵與約束。據瞭解，目前很多國家都在積極進行醫保支付方式改革，以改善按服務項目支付帶來的具有成本價格膨脹傾向的激勵。

自2017年6月起，中國開始實行多元複合式醫保支付方式，針對不同醫療服務特點，推進醫保支付方式分類改革。對住院醫療服務，主要按病種、按疾病診斷相關分組付費，長期、慢性病住院醫療服務可按床日付費；對基層醫療服務，可按人頭付費，積極探索將按人頭付費與慢性病管理相結合；對不宜打包付費的複雜病例和門診費用，可按項目付費。探索符合中醫藥服務特點的支付方式，鼓勵提供和使用適宜的中醫藥服務。原則上對診療方案和出入院標準比較明確、診療技術比較成熟的疾病實行按病種付費。逐步將日間手術以及符合條件的中西醫病種門診治療納入醫保基金病種付費範圍。建立健全談判協商機制，以既往費用數據和醫保基金支付能力為基礎，在保證療效的基礎上科學合理確定中西醫病種付費標準，引導適宜技術使用，節約醫療費用。

例如，單病種支付方式改革的難點是單病種的病種和定額標準確定。以湖北省荊門市沙洋縣單病種改革為例，當地相關部門著力因勢利導，分層分步推進，最大化確保改革實效。由於單病種支付方式改革的難點是單病種的病種和定額標準確定，相關部門堅持「三定措施」著力突破難點：①定項目，縣醫保經辦機構發放「基本醫療保險單病種目錄表」至醫保定點醫療機構，徵求定點醫療機構意見和建議。②定價格，不同醫療機構根據單病種目錄上報價格，醫保經辦機構抽取3年平均數據定標準（如醫保後臺提取數據顯示：鄉鎮衛生院急性闌尾炎傳統手術治療方式所需費用最低1,500元，最高2,500元，因兩者差距過大，分別去掉最低和最高的費用，以中間費用的平均數為單病種標準費用）；醫療機構依據新物價收費標準上報單病種費用，然後組織醫保經辦機構、醫療專家、物價部門和人大、政協、群眾代表廣泛會商，確定單病種病種和定額標準；依據確定的單病種目錄和定額標準，醫保經辦機構與定點醫療機構協商談判，明確單病種項目清單；醫保經辦機構制定當年病種目錄及結算標準並付諸實施。③定職責，劃分部門責任，確保分工負責、形成合力。縣衛計部門負責摸底單病種病種數、定額標準和提供專家參與會商；醫保經辦機構負責掌握單病種實際費用測算；縣物價部門負責確定單病種定額價格；縣審計部門負責審計單病種定額結算基金工作。縣人大、政協、群眾代表負責參與、監督會商工作，確保贏得廣泛支持。

當地醫保部門將病情簡單、診斷容易、治療方式單一、治療效果滿意和花費較少的常見病、多發病作為「小」單病種，先行試點（如因沙洋水質較硬，患泌尿系結石的人較多，初期我們就將該病納入單病種，此外還將急性支氣管炎等常見病及產科的剖宮產、順產等先行先試納入單病種），累積經驗後逐步拓寬單病種個數，目前單病種個數已從24種發展到123種。在改革對象確定上，先期選擇城鎮職工「小」群體實施，逐步擴展到城鄉居民，做到全覆蓋。

二、當前中國社會醫療保險支付方式改革主要內容

在中國全民醫保市場業已形成，且醫保支付已成為公立醫院主要補償來源的前提

下,醫保支付制度改革將成為醫療服務費用控制的關鍵機制。當前中國醫保支付方式改革的主要目標是,2017年起進一步加強醫保基金預算管理,全面推行以按病種付費為主的多元複合支付方式。國家選擇部分地區開展按疾病診斷相關分組(DRGs)付費試點。到2020年,全國範圍內普遍實施適應不同疾病、不同服務特點的多元複合式醫保支付方式,按項目付費占比明顯下降。此次改革的終極目標之一,通過醫保改革最終推動醫療機構整體營運管理模式的轉變,從粗放式的規模擴張向服務的精細化轉變。醫保的支付方式變革在明確了方向和工具之後,也將指引醫療服務機構轉變方向,更好地提升醫療質量降和控制費用。

推進醫保支付方式分類改革,實行多元複合支付方式,針對不同醫療服務的特點,推進醫保支付方式分類改革。對住院醫療服務,主要按病種、按疾病診斷相關分組(DRGs)付費,長期、慢性病住院醫療服務可按床日付費;對基層醫療服務,可按人頭付費,積極探索將按人頭付費與慢性病管理相結合;對不宜打包付費的複雜病例和門診費用,可按項目付費;探索符合中醫藥服務特點的支付方式。

(一) 按疾病診斷相關分組(DRGs)付費

DRGs的全稱是按疾病診斷相關分組,是根據住院病人的病情嚴重程度、治療方法的複雜程度、診療的資源消耗(成本)程度以及有無併發症、年齡、住院轉歸等因素,將患者分為若干的「疾病診斷相關組」,繼而可以以組為單位打包確定價格、收費、醫保支付標準。

由於DRGs根據分組打包付費,高出部分不再支付,這促使醫院需要綜合考慮藥品耗材和檢查等手段的必要性,更為精細化地管理住院服務的成本。從世界各國和地區實施的經驗來看,DRGs不僅是較為有效控制住院費用的工具,也是幫助醫院轉變模式的重要手段。DRGs根據分組打包付費,高出部分不再支付,這促使醫院需要綜合考慮藥品耗材和檢查等手段的必要性,更為精細化地管理住院服務的成本。該試點的實施使中國的醫保支付方式將從數量付費法轉入質量付費法。在以數量論價值的時代是第三方付費制度發展的初級階段,未來質量付費法將大大提高醫生的價值。

(二) 按病種付費(病種點數法、病種分值法)

推行按病種付費,原則上對診療方案和出入院標準比較明確、診療技術比較成熟的疾病實行按病種付費,逐步將日間手術以及符合條件的中西醫病種門診治療納入按病種付費範圍。建立談判協商機制,合理確定中西醫病種付費標準。社會醫療保險經辦機構以各定點醫院的醫保出院病人統計數據資料為測算依據,考慮影響費用變化和醫院等級系數的相關因素,統計臨床路徑明確、併發症少、診療技術成熟、質量可控且費用穩定的病種的平均費用,計算相應的病種點數,經徵求相關部門意見後確定《病種點數表》。

相比之前的醫保支付方式,點數法更精打細算,將錢用在刀刃上。所以,點數法具有以下優勢:

1. 限制過度醫療

在點數法情況下,醫院最終的結算總額與所有醫療機構提供服務的總點數相關,

平均成本較低和服務量較多的醫療機構最終獲益，以此來鼓勵醫院依據患者需求提供服務並盡力控制成本。

2. 建立「內部監控」機制

「點數法」模糊了病種費用與醫療機構收入之間的關係，按病種分值來計算每家醫療機構最終獲得的醫保基金支付額度，就將統籌區域內所有醫療機構的利益捆綁在一起，任何一家醫療機構最終的獲利情況與其他醫療機構的診療行為規範與否密切相關，每家醫療機構不合理的診療行為都會損害其他醫療機構的利益，榮辱與共的利益關係使醫療機構結成「命運共同體」，彼此之間相互監督和約束。

各醫療機構之間彼此是作為「內部人」存在的，病種的臨床路徑、技術難度、診療理念、藥品和器械的使用等信息對「內部人」幾乎是透明的，所以對「內部人」監督更為有力有效。

3. 一定程度上促進分級診療和同級醫療機構的相互競爭

在醫療機構床位一定的情況下，大醫院更願意接診分值較高的複雜疾病，進而將簡單疾病分解到小型醫療機構。並且，同一級別的醫院如果不能達到同地區醫療水準服務的平均線，會面臨較大的醫保預算壓力，從而倒逼同級醫療機構進行服務水準的提高，促進良性競爭。

(三) 完善按人頭、按床日等付費方式

推進門診統籌按人頭付費，可從治療方案標準、評估指標明確的慢性病入手。對於精神病、安寧療護、醫療康復等需要長期住院治療且日均費用較穩定的疾病，可採取按床日付費。

另外，加強醫療監管、完善醫保定點協議管理也是必不可少的。全面推開醫保智能監控，將醫保監管從醫療機構延伸到醫務人員醫療服務行為，實現監管重點從醫療費用控制轉向醫療費用和醫療質量雙控制。有條件的地方醫保經辦機構可以按協議約定向醫療機構預付一部分醫保資金，支持醫療機構運行。

質量付費的意義在於，過去那些基於行政權力加人脈制定的目錄和價格逐漸失去約束性，真正有約束力的是醫療醫藥大數據分析所證明的結果。這個結果令政府和社會放心，令醫療機構信服並主動控制成本，留給患者和社會的是醫療服務質量的改善。現在，中國已有多個試點地區開展按疾病診斷相關分組付費，雖然還有很多地方並不具備開展此項工作的條件，可作為醫療支付改革的重要組成部分，未來仍會是大勢所趨。以數量論價值的時代是第三方付費制度發展的初級階段，在它完成使命之後必將逐漸退出，未來質量付費法將大大提高醫生的價值。

【本章思考題：重點及難點】

◇社會醫療保險支付項目有哪些？社會醫療保險支付的分類方法有哪些？

◇社會醫療保險支付對需方費用控制的具體方法有哪些？

◇社會醫療保險支付對供方費用控制的具體方法有哪些？

◇國外醫療保險支付制度的發展趨勢及經驗借鑑有哪些？
◇如何合理有效地應用社會醫療保險支付方式促使醫、患、保三方和諧關係的形成？

補充閱讀一：衛生總費用

1. 基本概念

衛生總費用（total health expenditure，TNE）是指一個國家或地區在一定時期內（通常是一年）全社會用於醫療衛生服務所消耗的資金總額。由政府衛生支出、社會衛生支出和個人衛生支出三部分構成。

衛生總費用是以貨幣作為綜合計量手段，從全社會角度反應衛生資金的全部運動過程，分析與評價衛生資金的籌集、分配和使用效果。

衛生總費用標誌著一個國家整體對衛生領域的投入高低。作為國際通行指標，衛生總費用被認為是瞭解一個國家衛生狀況的有效途徑之一，按照世衛組織的要求，發展中國家衛生總費用占GDP總費用不應低於5%。

2. 特點

衛生總費用是一種信息工具、一個全社會的概念，並具有動態性。它是與衛生政策有關的基礎性研究之一。

3. 衛生總費用的核算

衛生總費用核算，也稱國民衛生帳戶，採用國民經濟核算方法，以整個衛生系統為核算對象，建立衛生費用核算指標和核算框架，研究衛生系統的資金運動過程。其核算應當遵循的原則有應用性、可靠性、可比性、及時性、制度性以及政策敏感性。

4. 中國衛生總費用的概況

據統計，2015年中國衛生費用總額為38,775.37億元，同比增9.81%；2015年中國人均衛生費用為2,820.91元，同比增速9.26%；2016年中國衛生費用總額持續增長，達到42,145億元，同比增速8.69%。

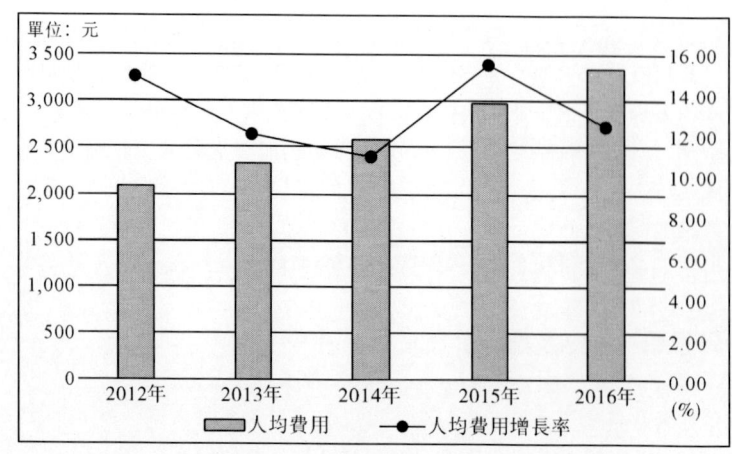

圖5-1　2012—2016年中國人均衛生費用及同比增速分析

數據來源：《中國統計年鑒2017》。

補充閱讀二：醫保移動支付

「互聯網+」時代的醫療保險

2016年9月底，南京人社和南京市信息中心聯手支付寶，在全國城市中率先使用支付寶，進行靈活就業人員的繳費。對於南京的靈活就業人員而言，這意味著過去需要跑到政務中心、社區或銀行櫃臺才能辦理的社會保險查詢、繳費業務，今後只需要在手機上動動手指就能實現，便利程度大大提升。目前在該城市服務功能中，南京市的靈活就業人員已經可以直接查詢並繳費。南京人社還在支付寶城市服務實現了居民醫保繳費，忙碌的爸爸媽媽再也不用跑到銀行給孩子給自己的父母繳費了，根據南京官方數據，目前南京市涉及居民醫保和靈活就業繳費的人員超過150萬人，意味著這一服務覆蓋超過南京市1/5的人群。

在西安，支付寶聯手中國建設銀行陝西省分行、西安市人社局，共同合作上線西安市職業介紹服務中心靈活就業人員社會保險繳費服務，通過這一渠道，西安市的靈活就業人員可以在支付寶上即時在線查詢自己的社會保險相關信息。這其中包括個人的醫療保險、養老保險、醫療大額保險、醫保退休代收服務等，並完成以上險種的繳費，再也不用本人親自跑到社會保險局櫃臺繳費了。

安徽省人社廳與螞蟻金服簽署全面合作協議，在全國首創「互聯網+人社」模式，通過人社數據和創業信息完善信用評價，助力小微企業創新創業，給群眾辦理社會保險繳費帶來更多的便利。蕪湖在安徽省內已經率先上線居民醫保支付寶繳費功能，過去這一費用需要市民到銀行櫃臺繳納，或者由社區工作人員上門統一收款，全市涉及這一繳費的人群多達90萬人，費時又費力。而現在，所有的流程都可以在手機上輕鬆完成。

2017年12月20日深圳市人力資源和社會保障局組織召開綜合性工作媒體見面會，深圳「互聯網+人社」將再推五大便民服務，包括逐步實現全部人社業務手機辦理、實現社會保險權益變動提醒、探索信用墊付應用場景等。

深圳在全國率先實現醫保移動支付，今年將使用範圍由僅限金融社會保險卡，擴大到全部社會保障卡，明年擬拓展少兒醫保移動支付；社會保險新信息系統預計明年一季度可上線運行，「醫保刷卡慢」的問題將得到解決。

深圳市人力資源和社會保障局積極構建「網上辦理為主，實體大廳辦理為輔」的「智慧人社」服務體系。建設「掌上人社」，拓展微信公眾號、城市服務、支付寶生活號、平安城市一帳通APP等業務辦理渠道。深圳在全國率先實現醫保移動支付，與支付寶、微信、平安、建設銀行、銀聯共5家支付平臺合作，在「互聯網+醫保支付」領域先行先試，於2016年6月在全市開展醫療保險移動支付工作試點。目前全市使用醫保移動支付綁卡人數超過160萬，累計交易金額超過8,400萬元。

在2018年，深圳對醫保移動支付流程進行優化升級，將使用範圍由僅限金融社會保險卡擴大到全部社會保障卡。下一步將繼續擴大服務對象範圍，拓展少兒醫保移動支付場景，考慮通過少兒醫保綁定父母的支付寶、微信等，實現少兒醫保移動支付。

深圳還創新養老金領取資格「刷臉」認證服務，為深圳退休人員提供養老金領取「刷臉」認證服務。目前通過微信、支付寶等完成在線資格認證的退休人員超過8,000人。

掛號免排隊，繳費刷醫保，檢驗結果發微信，在全國率先實現醫保與微信支付打通的深圳，患者只需要在微信上綁定社會保險卡，即可享受「互聯網+醫療」的便捷。

對於廣大患者而言，微信醫保支付的「福音」絕不僅是少輸入一次密碼，而是免排隊節約大量等待時間——深圳試點經驗顯示，使用微信醫保支付能為患者平均節省46.3分鐘排隊等候時間。據悉，目前越來越多的醫院實現了在線預約掛號，通過微信醫保支付掛號費後，用戶的微信將收到預約時間，只需要按照約定時間到指定診室報到即可，免去了掛號與候診的雙重排隊。如果醫生開具檢驗單據，也可以直接通過微信醫保支付繳費，這又省去了一次排隊繳費的時間，更方便的是，當檢驗結果出來後，微信還能第一時間接收到電子報告。

醫生完成診斷後，藥費帳單也同步推送到了患者的微信上，通過微信醫保支付一鍵完成社會保險和自費的混合支付，患者即可直接取藥，再省去一次排隊繳付藥費的煩惱。

至此，在微信醫保支付的幫助下，患者完整的就診體驗只需要在醫院中完成就診、檢查、診斷、取藥四個環節，其他與斷症、治療無關的「跑腿事」都交給了微信來完成，從而節省了大量的排隊等候時間。

據悉，在微信醫保支付中，醫院只需要在原有公眾號的基礎上打開API接口，無須重複開發，僅需輕量升級即可打通醫院的醫保移動支付。而隨著微信醫保支付的逐漸鋪開，人社局、醫院、騰訊、第三方開發者之間逐漸形成了緊密的生態合作：人社局為醫院開通移動醫保支付權限；微信支付則接入人社局的醫保支付與結算系統，並整合到微信第三方支付中心；第三方開發者則為醫院建設信息化的管理後臺，對內連接醫院院內信息系統，實現醫保費用計算，對外連接微信支付平臺。

此外，微信醫保支付輕量化的方案也為各地人社局、醫院和第三方開發者帶來了靈活的實施方式，不同功能的組合又帶來了醫療場景創新的可能性，使得越來越多的合作夥伴向微信醫保支付聚攏過來。

第六章　社會醫療保險管理

【內容提要】

◇ 熟悉社會醫療保險行政管理不同模式的優缺點。掌握社會醫療保險業務管理的具體涵蓋內容。熟悉社會醫療保險基金管理。
◇ 熟悉社會醫療保險運作的管理模式和基本內容。
◇ 熟悉社會醫療保險信息管理系統的重要組成功能和信息化管理的重要性。
◇ 掌握健康管理的相關內容。

第一節　社會醫療保險運作管理

社會醫療保險運作管理（operation management）是由國家和政府通過特定的組織機構和制度安排，對社會醫療保險的各種計劃和項目進行組織管理，監督實施，以實現社會醫療保險政策目標與任務管理的系統總稱。通俗地講，社會醫療保險營運管理就是對社會醫療保險的運作過程進行科學管理，使社會醫療保險系統順利運轉，同時使社會醫療保險事業平穩、快速、健康發展，以達到促進社會主義市場經濟體制建立、保障職工合法權益和維護社會穩定的目的。社會醫療保險營運管理的主要內容包括社會醫療保險行政管理、社會醫療保險業務管理和社會醫療保險基金管理。

一、社會醫療保險的行政管理

社會醫療保險行政管理[1]（social health insurance administration）是指通過一定的機構和程序，採取一定的方式、方法和手段，對社會醫療保險活動進行計劃、組織、指揮、協調、控制及監督的過程。按照管理層次，它可以分為國家的宏觀管理和社會醫療保險機構的微觀管理兩個方面。從宏觀上看，是指政府設立的社會醫療保險管理機構，依法行使政府授予的行政權力，對行政區域內的社會醫療保險事務進行管理；從微觀上看，社會醫療保險行政管理是指社會醫療保險管理機構內部進行行政事務的管理。

---

[1] 施建祥. 中國醫療保險發展模式論 [M]. 北京：中國物價出版社，2003：243.

（一）國家的宏觀管理體制

1. 社會醫療保險宏觀管理體制模式

社會醫療保險的宏觀管理（頂層設計），是指從國家和社會的角度出發進行管理。需要指出的是，在宏觀上行使社會醫療保險管理職能的應該是政府。從各國社會醫療保險宏觀管理的實踐來看，基本上都是由政府的一個部門來進行統一管理的。但是各國由於政治、經濟、文化和歷史背景不同，發展程度不一，因而，社會醫療保險制度的實施和管理體制也不盡相同。世界各國的社會醫療保險管理體制概括起來可分為如下三種模式：

（1）政府控制下的社會醫療保險部門和衛生部門分工合作模式，這種模式的特點是：政府不直接管理，只制定強有力的法律框架，並通過某個主管部門進行宏觀調控；在政府法律框架內，各機構有自主權；社會醫療保險部門由許多相對獨立的公共機構組成，負責籌集和管理資金、支付費用；衛生部門負責提供醫療服務，無論公立、私立醫院都自主經營；以市場調節為主；醫、保雙方各自獨立，互相協商，通過簽訂合同、執行合同規定的服務內容及支付辦法發生經濟關係，保障受益人的健康。

這種模式一般出現在社會醫療保險實施之前私人醫療服務市場就已相當發達的工業化國家，主要是歐洲國家，尤以德國、法國最典型。其優點是：國家社會醫療保險制度同市場經濟有機結合，既保證社會穩定，又促進經濟發展；比較靈活，可以根據社會醫療保險的需求調整資金籌集，並通過支付制度的改革調整服務的供給；保險和服務機構獨立核算、職責分明，雙方相互制約，有利於衛生資源合理有效地利用；病人擇醫的自由度較高，對服務質量滿意度較高。

但是實行這種模式，需要有相當發達的醫療服務市場；需要有比較完善的支付制度；同時，還需要有政府較強的監督和調控。否則，醫療服務市場不發達，作為市場主體的社會醫療保險方和醫療服務提供方買賣雙方不健全，這種模式無法實行，所以目前發展中國家還較少採用這種模式。醫療服務市場雖然發達，但支付制度不合理，再加上政府干預不力，實行這種模式則會導致醫療費用難以控制。例如，在美國，由於政府很少干預，沒有統一的強制性社會醫療保險，私人社會醫療保險之間的競爭削弱了買方的力量；各社會醫療保險機構對費用的支付也不統一合理，過度服務和費用轉移現象嚴重，全國衛生總費用增長很快，2015年已占國民生產總值的6%。

（2）社會保障部門管理模式，由社會保障部門管理，即由社會保障部門負責統籌所有社會成員的醫療經費，而醫療衛生部門則只負責提供醫療衛生服務。

社會保障部門主管模式的特點是社會保障部門（包括勞工部、社會福利部、社會保險部、社會事務部等）統一制定有關方針、政策；養老、失業、醫療等社會保險項目由一個部門統一管理，因而，各項險種關係便於協調，社會保險經費也便於管理和合理利用；所屬社會保障部門不僅負責籌集和管理資金，而且組織醫療服務機構提供服務；以自己擁有的醫務人員和醫療設施直接提供醫療服務，也可從社會上購買部分醫療服務；同時，醫療費用管理和醫療服務部門相分離，便於相互約束和控制。

這種模式的缺陷是：由於社會醫療保險較其他社會保險複雜得多，同衛生部門又

有不可分割的聯繫，社會保障部門操作社會醫療保險常常會感到非常困難，不易與醫療服務部門協調，醫療費用、保險費難以控制，管理費用較高。可能導致社會保障部門所屬醫療機構與衛生部門職能重複，不利於實行行業管理和區域衛生規劃；主要依靠社會保障部門內部人員和設施，不能充分利用社會上已有的衛生資源；醫院急救站、所有物質設施都歸社會醫療保險機構所有並受其支配，行醫自主權往往受到限制，醫生報酬實行薪金制，積極性不太高；以治療為主，受保人只能在社會醫療保險系統內部醫療機構看病，否則醫療費用得不到報銷，因而擇醫自由受到某些限制。

這種模式是從開發資源、提供醫療補助發展而來的，多出現在拉丁美洲和其他發展中國家。這些國家開始實行社會醫療保險制度時，基本的醫療資源比較缺乏且分佈不合理，採用這種模式能夠較快促進醫療衛生系統的發展，有效提供初級醫療服務，擺脫缺醫少藥的困境；利用控制社會醫療保險費用，可在本系統內通過調整醫療資源來滿足變化的需求。實行這種模式的關鍵是要協調好社會保障所屬醫療系統與衛生部所屬系統的關係，防止資源配置不當，造成浪費；並要調整好對醫療機構的補助和人員的工資，調動醫療機構和人員的積極性。

（3）衛生部門管理模式，由衛生部門管理，即衛生部門既負責醫療衛生服務的提供，又負責醫療衛生費用的籌集和使用。這可分為兩種形式：第一種是由國家全面承擔國民的醫療衛生責任，衛生服務的提供和衛生資源（包括資金）的供給都統一由國家計劃，衛生部門只負責貫徹實行。第二種是醫療衛生服務提供部門和社會醫療保險部門互為獨立的系統，由衛生部門同時對兩者進行管理和調控。這種方式的特點是既克服了統一計劃式醫療衛生服務的缺點，發揮了社會醫療保險方式的優勢，同時又避免了保險部門和服務部門相互分離、互不協調的問題。但是，這種管理體制卻擺脫不了保險方和服務方是一家的某些缺陷，可能會導致社會醫療保險的活力不足。

這種模式的優點是：將福利與衛生結合起來，在提高社會醫療保險資源經濟效率和加速實現衛生保健目標方面有很多優勢。有利於實行行業管理和區域衛生規劃，充分利用有限的衛生資源，避免由社會保障部門統管直接提供服務所造成的醫療機構重複建設；以預算制和工資制為主要補償和支付方式，利於成本控制；由國家全面承擔國民的醫療衛生責任，來保障國民健康，有利於預防與治療相結合；被保險人能夠平等地享受醫療服務。

但是實行這種模式，醫療保障水準和醫療衛生事業的發展對政府財政狀況的影響較大；需要有較強的監督機制才能保障被保險人獲得適當的、滿意的醫療服務；還需要有完善的預算分配制度，既調動衛生部門的積極性，又加強費用控制。

2. 社會醫療保險宏觀管理體制的發展趨勢

中國原有的社會醫療保險制度管理體制是衛生部門負責公費醫療經費的管理，並負責提供全社會大部分的醫療衛生服務；勞動部門負責勞保醫療經費管理，並負責提供部分勞保醫療服務。隨著城鎮職工社會醫療保險制度的建立，原有的公費、勞保「雙軌」醫療制度轉變為「單軌」的基本社會醫療保險制度。與此相適應，勞動和社會保障部門也成了綜合主管部門，這就改變了過去多頭管理的局面。

各國社會醫療保險制度的管理體制，都是在不同歷史條件下為適應不同國情逐步

形成的。各種管理模式都有自己的優缺點,因而都不是一成不變的。隨著社會醫療保險制度的發展,醫療服務系統呈現出多元化的趨勢,一些國家原有管理體制的弊病暴露得越來越明顯,因而被迫進行一些調整。縱觀世界各國,社會醫療保險體制的發展呈現如下趨勢:社會醫療保險逐步從其他社會保險中獨立出來;社會保障部門主管的模式在發展中國家已不再是唯一的形式,衛生部主管模式在許多國家得到發展;政府控制下社會醫療保險部門同衛生部門分工合作的模式在實行社會醫療保險的工業化國家中基本沒變,在發展中國家有所增加。

3. 政府在社會醫療保險宏觀管理中的職責和作用

(1) 規範社會醫療保險市場的建立。

社會醫療保險市場的建立和發展不可避免地要受到各國政治、經濟、文化、醫療衛生狀況等因素的影響,因此,各國政府應根據本國的實際情況,對社會醫療保險市場的一些總體特徵和總體規則進行設計。例如,對社會醫療保險的發展規模、發展速度和發展水準等內容進行整體規劃,從而為社會醫療保險市場的建立提供總的依據;要在宏觀上把握社會醫療保險市場的發展方向;要對社會醫療保險系統中各方的地位、權利、責任和相互關係用法律形式做出總體規定。

(2) 促進社會醫療保險市場的發展。

在社會醫療保險市場的建立過程中,保險市場的三方往往缺乏自覺性,這種情況在中國表現尤為突出。保險人(保險提供者)往往感到社會醫療保險風險大、利益小而缺乏積極性,參保人(被保險人)缺乏保險意識和保險知識,醫療供方擔心失去壟斷地位,甚至有抵觸情緒。因此,政府要積極培育和促進社會醫療保險市場的建立,在這裡,政府的職員包括進行社會醫療保險的宣傳教育、政策扶持、經濟支持,甚至要依靠行政命令。

(3) 監督社會醫療保險市場的運行。

社會醫療保險市場同其他市場一樣,存在著一些不規則、不正常的因素,例如,醫療服務提供方有市場壟斷的可能,參保人希望不自付或少自付便可有享受醫療服務的權利。儘管在這一市場中,三方之間有相互監督、相互制約的作用,特別是保險機構在很大程度上可以代表政府對服務提供方和參保人進行監控,但這是不夠的,因為保險機構本身也需監控。因此,政府有關部門應該成立專門的機構和組織,建立起嚴格的法律、行政監督控制制度和手段,盡可能地減少各種違規行為,保證社會醫療保險的正常運轉。這實際上是政府部門管理社會醫療保險的最主要的日常工作。

(4) 彌補醫療市場的不足。

在社會醫療保險市場中,有一些內容單靠保險系統中的三方通過市場機制的作用是不能解決的。例如,居民的某些醫療問題(如某些疾病的預防)是不能用保險方式來解決的;某些人群(如貧困人群)無法參加保險,等等。面對這種空缺,政府需要直接提供一些醫療服務——如加強公共衛生網絡的覆蓋,尤其是基層公共衛生的建設;完善醫療救助制度;資助某些人群參加社會醫療保險等,這樣就可以彌補社會醫療保險市場的不足,支持這一市場的健康發展。

（二）社會醫療保險機構的微觀管理

社會醫療保險機構是指在社會醫療保險系統中具體負責社會醫療保險費用的籌集、管理和支付等社會醫療保險業務的機構。從性質上講，它是具有一定的獨立自主經營權的、非營利性的（非商業性的）社會醫療保險經辦機構。社會醫療保險機構的基本任務就是按照國家的法律法規，有效地開展社會醫療保險業務，保證社會醫療保險的正常運轉。這一任務可以簡單地概括為：計劃、組織、籌資、服務、付費、監督和管理七個方面，具體體現如下：

1. 參與有關社會醫療保險的法律、法規和政策的制定

之所以強調這一點，是因為社會醫療保險機構是社會醫療保險的直接實施部門，最瞭解整個社會醫療保險的運行情況。因此，當國家要制定有關的法律、法規時，就需要保險機構的參與，有的時候甚至是首先由保險機構拿出方案。

社會醫療保險制度的建立和實施要以法律為依據，需要制定一系列的社會醫療保險法規，包括具體的實施辦法。在中國主要立法權集中在全國人大常務委員會和中央政府，諸如社會醫療保險的制度框架、實施對象、資金來源、享受條件、支付標準、管理辦法，以及有關部門的職責權限等重大原則性問題，都要由全國人大常務委員會或中央政府通過制定法律或行政法規來規定。另外，中央部委和省、自治區、直轄市政府也有制定政府規章或規範性文件的權力，如制定有關法規的具體細則、操作辦法等。社會醫療保險法規及實施辦法，在報送有關部門、政府或人大常務委員會審議之前，社會醫療保險管理部門必須做大量的準備工作，包括調研、起草和修改草稿及其說明材料等。一項社會醫療保險法規或實施辦法，從制訂工作計劃、開始調研、起草草案、反覆徵求意見、按程序上報、審議、最後修改定稿到正式頒布實施，往往需要一年甚至幾年的時間。

2. 完善社會醫療保險管理機構的設置及人員配置

從中央到地方，設立人力資源和社會保障部、人力資源和社會保障廳、人力資源和社會保障局等社會保險行政管理機構，同時下設社會醫療保險基金管理中心、社會醫療保險管理局或其他名稱的社會醫療保險經辦機構，並賦予相應的管理職能和權限。根據中國新形勢下機構改革的要求，社會醫療保險將實行決策、執行和監督三分離。社會醫療保險行政管理機構內部應設立社會醫療保險處或科，主要從事社會醫療保險政策研究，起草有關文件，指導和監督經辦機構落實有關政策；經辦機構內部應設立基金徵收、財務、服務監督、信息管理等部門，主要開展社會醫療保險業務，貫徹落實社會醫療保險有關政策，維持社會醫療保險業務正常運行；不必單獨設立社會醫療保險監督機構，今後的發展趨勢是政府設立專門的、統一的監督機構，其主要職責就是全面監督政府行政管理機構包括社會醫療保險管理機構履行職責、依法行政。

根據工作需要，各級社會醫療保險行政管理機構和經辦機構配備懂業務、善管理的專業人才，主要包括：臨床醫學、社會醫療保險、衛生經濟和衛生管理、法律、計算機、財會、審計、統計以及其他專業人員等。社會醫療保險機構特別需要一些具有豐富臨床經驗和一定的醫院管理經驗的高級醫務人員，能調解社會醫療保險經辦機構

或參保人與定點醫療機構間的矛盾和參與社會醫療保險服務監督等。

隨著知識經濟時代的到來，為了適應不同層次社會醫療保險機構對人才的需求，社會醫療保險機構的工作人員需要不斷接受新理念、新觀念、新知識、新機能的培訓。培訓內容包括社會醫療保險政策法規、世界貿易組織、依法行政、法律、計算機、管理等方面的知識以及操作規程和公文寫作等。社會醫療保險機構每年都應有計劃、有步驟、有針對性地組織二至三期培訓班，利於自身資源或依託相關部門單位和大專院校、採取半脫產或全脫產的方式進行多種途徑的培訓。

3. 籌集社會醫療保險基金

醫療保險基金是醫療保險制度的物質基礎，它是醫療保險機構依法通過對法定範圍內的單位和人群徵收醫療保險費（稅）來籌集的。在籌集過程中，醫療保險基金通常體現出強制性、費用共擔及收支平衡的原則。醫療保險基金的籌集渠道，主要是政府專門稅收、雇主與雇員繳費、公共財政補貼，以及如利息、滯納金等其他方面的收入（較少）。

各地區的醫療保險基金的確定應當以收定支，以收支平衡為原則。主要是由用人單位繳納的基本醫療保險費、職工個人繳納的基本醫療保險費、基本醫療保險費的利息、基本醫療保險費的滯納金、依法納入基本醫療保險基金的其他資金五部分構成。通常來說，起付標準原則上控制在當地職工平均工資的10%左右，最高支付限額控制在當地職工年平均工資的4倍左右。

中國目前推行的城鎮職工基本醫療保險制度的籌集模式是社會統籌與個人帳戶相結合的模式，即通過用人單位和職工按照工資總額的一定比例繳納基本醫療保險費，形成社會醫療統籌基金和個人醫療帳戶基金。故籌集社會醫療保險基金的工作主要包括：對社會醫療保險市場的調查研究，一些有關指標的測算和預算，進行社會醫療保險知識的宣傳教育，選擇有效的資金籌集方式，組織繳納保險費等。

4. 保證醫療衛生服務的提供

社會醫療保險機構一般不直接提供醫療衛生服務，但是要負責組織和聯繫提供醫療衛生服務。其工作包括：選擇合適的提供醫療衛生服務的機構，確定醫療衛生服務的範圍、種類；提供享受醫療衛生服務的方式。另外，也包括組織一些直接衛生服務。例如，疾病的預防、被保險人的身體檢查、健康教育、健康促進活動等，這對於提高社會醫療保險的效率和效益是非常必要的。

5. 社會醫療保險待遇的給付

最初，社會醫療保險的待遇是補償被保險人因病造成的收入損失，後來逐步擴展到承擔因治療疾病所發生的醫療費用。醫療保險機構作為醫療保險服務付費人，對醫療服務機構的補償方式是整個醫療保險制度運行的重要環節。概括起來，醫療保險費的支付方式可以分為後付制（fee for service）和預付制（budget control）。前者為服務項目付費；後者有總額預算包干、按人頭付費、按病種付費、工資制等方式。

社會醫療保險待遇的給付是社會醫療保險機構的日常工作中工作量最大的一項工作，它主要包括：選擇和確定合適的支付方式，檢查審核提供服務的情況等；此外，還有大量的財務會計工作。

6. 對服務提供方和參保人的監督

在保險運行的過程中，各種違反法規、制度的行為是時而出現，因而，對這些行為的監控是開展保險業務不可缺少的重要部分。社會醫療保險較一般保險而言，涉及對象更多，因而，監督工作更加複雜、工作量更大。對服務提供方的監督包括對服務範圍、種類的監督，對服務價格、收費的監督以及對服務水準和質量的監督。對參保人的監督主要是對各種違反保險條例的詐欺行為進行的監督。

7. 社會醫療保險基金的管理和營運

社會醫療保險基金是指勞動者提供疾病所需醫療費用而建立起來的一種社會保險基金。社會醫療保險基金一般來源於國家、企業或雇主和勞動者個人三方。其中，企業或雇主和勞動者個人繳納的保險費是醫療保險基金的主要來源。因此，對社會醫療保險基金進行良好的管理也是一項很繁重的工作，它主要包括：對基金的分配、核算、分析等。儘管社會醫療保險資金相對於其他保險資金而言，有週轉快、沉積時間短的特點。從資金的籌集到支付有個過程，為了抵禦風險，有一部分資金必須積蓄下來。如果是實行個人帳戶的保險方案，也會有一部分資金沉積下來，因此，就有一個對基金的管理任務，就是基金的保值和增值，即對基金的營運。

二、社會醫療保險的業務管理

社會醫療保險的業務管理[①]是指社會醫療保險管理機構對社會醫療保險制度運行涉及各項事務的具體管理。社會醫療保險從制度建立、基金籌集、對參保人、醫療機構的補償、對相關各方的審核等實務操作方面進行管理，這需要技術人員進行專業操作。社會醫療保險業務管理機構是社會醫療保險行政管理機構下屬的、相對獨立的、具有法人資格的事業性業務經辦機構，其職能主要是社會醫療保險基金的籌集、基本社會醫療保險服務範圍的界定、定點醫療機構和定點藥店的管理、醫療服務費用的結算、就醫管理、醫療費用的控制等。

目前中國社會醫療保險業務主要是通過「三、二、一」來進行規範和管理，同時輔之以就醫行為管理和各種控制醫療費用措施，在保障參保人基本醫療需求的前提下，控制醫療費用的不合理增長，從而促進社會醫療保險事業快速、健康、可持續地發展。社會醫療保險「三、二、一」指的是三個目錄（基本社會醫療保險藥品目錄、基本社會醫療保險診療項目、基本社會醫療保險服務設施標準）、兩個定點（定點醫療機構和定點零售藥店）、一個辦法（定點醫療機構醫療服務費用結算辦法）。

社會醫療保險的業務管理重中之重是對醫療機構和藥店實行定點管理。參保人應在定點醫療機構就醫、購藥，允許持處方到定點藥店購藥。這是合理利用衛生資源，避免醫療費用浪費，控制醫療費用過快增長，保證基本社會醫療保險基金收支平衡的重要手段。

（一）定點醫療機構的管理

定點醫療機構是指通過勞動保障部和衛生部、財政部等有關部門的資格審定，並

---

① 仇雨臨、孫樹菡. 社會醫療保險 [M]. 北京：中國勞動社會保障出版社，2001：196.

與社會醫療保險經辦機構簽訂合同，為基本社會醫療保險參保人員提供醫療服務並承擔相應責任的醫療機構。在選擇定點醫療機構時，必須符合當地區域醫療機構設置規劃，本著有利於促進分組醫療、雙向轉診體系的建立，促進醫療機構合理競爭，提高醫療服務質量，方便參保人員就醫並合理引導患者更多地利用基層醫療服務，兼顧綜合與專科、中醫與西醫合理佈局形成網絡的原則進行。願意承擔基本社會醫療保險定點醫療服務的醫療機構，可向當地主管部門提出書面申請，並提供審查所必需的各項材料。按定點醫療機構級別，根據其醫療保險管理及醫療費用發生情況分別劃分為 A、B、C 三類，將管理規範、收費合理、醫療服務優良的定點醫療機構確定為 A 類，而把各項費用指標完成情況及管理工作較差的定點醫療機構確定為 C 類。對納入 B 類管理的定點醫療機構，實行自查和檢查相結合的管理方式，根據自查和審核情況進行比較，累計積分，積分較高的逐步改變費用審核方式，變普查為抽查。

有關主管部門根據醫療機構提供的各項材料，對定點醫療機構的資格進行審查和認定，必須經常進行實地調查或核查。對於取得定點資格的醫療機構，要發放相應的資格證書，並向社會公布名單，以利於患者就醫和開展社會監督。

社會醫療保險經辦機構有權對參保人員在定點醫療機構就醫所發生的醫療費用進行審核。定點醫療機構有義務提供病案等全部診治資料及帳目清單。社會醫療保險經辦機構要根據規章制度所規定的結算辦法，按時、足額向定點社會醫療保險機構支付醫療費用。對不符合規定的醫療費用，社會醫療保險經辦機構不予支付或要追回損失費用。

勞動保障部門要會同衛生部門加強對定點醫療機構的監督管理，要對定點醫療機構的服務和管理情況進行定期檢查和考核。對違反規定的定點醫療機構，可視情節輕重分別給予限期改正、通報批評、取消定點資格等處罰。勞動保障部門可以每年對定點醫療機構的資格進行重新審定，並向社會公布結果。同時，要建立社會公眾與社會保險經辦機構對定點醫療機構的服務情況進行不定期評議的制度，完善監督機制。

(二) 定點零售藥店的管理

定點零售藥店是指通過國家有關主管部門審定並與社會醫療保險經辦機構簽訂合同，為基本社會醫療保險參保人員提供處方外配服務，並承擔相應責任的零售藥店。所謂處方外配，是指參保人在定點醫療機構就醫後，持處方在定點零售藥店購藥的行為。建立定點零售藥店制度，規範定點零售藥店行為，加強對定點零售藥店的管理，有利於加快基本社會醫療保險制度的建立與健全，促進衛生體系的深化改革，維護國家、企業和參保人員的利益。

定點零售藥店是經過具有一定行政級別的有關主管部門負責審查和認定，願意承擔基本社會醫療保險定點服務的零售藥店。符合條件的零售藥店可向當地有關主管部門提出書面申請。有關主管部門根據保障參保人的基本醫療需求，保證藥品品種數量和質量，本著方便患者、合理佈局的原則，對定點零售藥店進行資格審定。為方便參保人員購藥和進行社會監督，應向取得資格的定點零售藥店頒發相應的資格證書，並向社會公布這些定點零售藥店的名單。為了明確各方的責任、權利和義務，為管理者

提供依據，社會保險經辦機構應與取得定點資格的零售藥店簽訂社會醫療保險合同，合同內容應包括供藥範圍、服務項目、藥品價格、費用結算以及獎懲措施等。定點零售藥店因故需中止社會醫療保險合同的，須提前向社會保險機構提出申請，經同意後方可中止合同。在中止合同的申請獲得批准之前，藥店不得停止履行合同規定的各項義務。

國家有關行政管理部門和社會醫療保險經辦機構要加強對定點零售藥店的監督管理，督促它們認真遵守國家有關藥品管理監督的法律和法規，嚴格執行基本社會醫療保險的有關政策與規定，積極主動地配合社會保險經辦機構做好各項管理工作。定點零售藥店應主動加強內部管理，確定專門的聯絡員，與社會醫療保險經辦機構保持聯繫，協調處理工作中的各種問題。對基本社會醫療保險用藥和自費藥要分別管理、單獨建帳，並定期向社會醫療保險經辦機構報告處方外配服務情況及費用發生情況。社會醫療保險經辦機構有權對定點零售藥店的處方外配服務及其費用發生情況進行檢查、審核，定點零售藥店有義務提供有關資料及帳目清單。對於違反基本醫療用藥範圍的規定，以物代藥及其他超出用藥範圍的費用，社會醫療保險機構有權拒絕支付；已支付的，應追回損失費用。

（三）對參保人就醫行為的規範管理（分級醫療管理）[①]

目前參保人員的就醫行為秩序是混亂的，導致醫療機構患者就醫行為的「倒三角」結構——這種過度自由的就醫選擇，產生了很多問題和社會現象，社會醫療保險需要對患者流向進行有序引導。而經過現實經驗的探索，目前中國社會醫療保險的分級醫療制度已經逐步成熟，並將在新醫改方案中得到充分應用。

1. 分級醫療制度的概念

所謂分級醫療制度，就是把不同層次、不同級別的醫療服務機構進行有區別的功能定位，確定其承擔不同的診療任務，從患者的病情出發，利用社區首診制和雙向轉診制來引導和規範患者有序流動，使「合適的患者」在合適的醫療機構中得到診治，防止醫療資源不合理使用，減少患者就醫選擇的盲目性。

2. 實行分級醫療制度的意義

實行分級醫療制度是社會醫療保險可持續發展的內在要求，通過引導和規範患者流向，達到控制醫療保險費用過快增長的目的，同時，對優化衛生資源和強化定點醫療服務機構之間的合作都具有重要意義。

（1）有利於控制醫療費用過快增長，節約社會醫療保險資金。

一般來說，醫療級別越高，單病種平均總費用及日均費用都較高。與醫院的醫療服務相比，社區衛生服務是最經濟的。調查發現[②]，中國大型綜合門診病例中，64.8%的問題是可以在社區解決的，如能實現患者的合理分流，則可以節省40%的醫療費用。根據世界衛生組織報告，人群70%~80%的疾病可以不需要大醫院的大處方和大型診療

---

① 盧祖洵. 社會醫療保險［M］. 北京：人民衛生出版社，2003：287.
② 聶夢溪，李伯陽. 中國城市社區縱向連續性衛生服務［J］. 醫學與社會，2013（3）：30-33，1,006-5,563.

儀器診治，不需要長期住院治療，完全可以通過社區衛生服務進行治療和康復。因此，社會醫療保險要通過分級醫療制度，建立社區「守門人」制度，把符合要求的社區衛生服務機構和衛生服務項目納入支付報銷範疇，從政策上鼓勵和引導參保人充分利用社區衛生服務，適當拉開大中醫院與社區衛生機構報銷的比例檔次，這樣才能把患者留在基層，才能有效控制醫療費用過快增長，使有限的醫療保險資金發揮更大的保障作用。

（2）有利於引導患者合理分流，促進社會醫療資源優化配置。

實行分級醫療制度，可以從根本上保證處於不同層級的醫療機構都有「合適的」患者，起到合理分流患者的作用。目前，中國患者流向不合理，大醫院「門庭若市」，而相當一部分基層醫療機構「門可羅雀」，這與中國沒有實行嚴格的分級醫療制度是密切相關的。隨著中國社會醫療保險制度全民覆蓋，保障力度的進一步加大，如果持續缺乏嚴格的分級醫療制度，醫療費用將難以控制。因此，政府要大力發展基層醫療機構，通過社區首診制和雙向轉診制來促進患者合理分流，帶動醫療衛生資源重心向基層偏移，優化衛生資源配置規劃，以滿足居民大量的基本醫療需求，形成理性的「小病在社區、大病進醫院」的服務格局。

（3）有利於促進定點醫療機構的合理分工，提高醫療服務整體效能。

建立分級醫療制度，需要明確不同層級的醫療機構功能，進行合理分工。一般來說，社區衛生服務機構開展常見病、多發病、診斷明確的慢性病的門診治療和康復服務，醫院主要從事危急重症、疑難病症的住院和必要的急診服務。通過分級醫療制度，各級醫療機構簽訂合作協議，確定協作方式並建立利益分配機制；全科醫生和專科醫生各司其職，加強合作，共同為居民提供連續性的醫療衛生和保健康復服務。作為社會醫療保險制度，要利用政策的制度剛性，促使定點醫療機構合理分工，切實將符合規定的社區衛生服務項目納入定點支付範圍，在保證服務質量的前提下，引導和規範參保人在社區診治常見病、多發病及慢性病。

3. 實行分級醫療制度存在的問題[①]

社會醫療保險實行分級醫療制度，是對患者流向的制度性干預，雖然對控制醫療費用和提高衛生資源效率起到了很大促進作用，但是，也應該看到分級醫療制度會帶來一些問題，要求社會醫療保險和衛生服務管理者在實踐中盡量去化解。

（1）三醫聯動機制不健全。分級診療是涉及衛生計生、醫療保險、物價、發展改革和藥品保障等多個部門的長期系統工程，在實施過程中必然會受到政治、社會、經濟、多方利益衝突的影響。實行醫療、醫保、醫藥三醫聯動是推進分級診療的關鍵路徑，但是中國三醫聯動的動力機制不健全，醫療衛生領域的人事編制、績效考核、收入分配、法人治理等深層次體制機制改革單兵突進，缺乏部門之間的協同合作，尤其是醫保支付方式改革、醫藥購銷領域秩序規範落後於醫療衛生服務體系改革進度，嚴重制約了分級診療制度的整體推進。

（2）推行分級診療缺乏激勵機制。中國目前推行的分級診療制度主要由衛生行政部門主導，採取行政化手段規劃配置醫療衛生服務體系，定位各級醫療衛生機構，並

[①] 胡志. 中國分級診療制度運行中的問題和對策 [N]. 光明日報，2017-02-16（11）.

採取半強制性措施促使患者有序就醫。這種行政化分級診療制度呈現被動狀態，未形成有效的激勵機制。主要原因有：①長效財政補償機制缺失。政府的基本投入責任未完全落實，分級診療給醫療衛生機構帶來成本增量和政策性虧損，尚未形成以質量、效率為標準的補償機制。②醫療服務價格形成機制滯後。未形成以成本和收入結構變化為基礎的動態調整機制，無法緩解各級醫療衛生機構因技術複雜程度與資源消耗等帶來的新增壓力，不能體現醫務人員的技術價值。③績效考核和薪酬分配機制不合理。各級醫療衛生機構醫務人員的收入差距較大，基層醫療機構的全科醫生承擔公共衛生服務和基本醫療服務兩方面工作，其薪酬待遇遠低於城市醫院的醫生。④團隊簽約服務費補償機制不完善，主觀能動性下降。

（3）信息化建設落後，衛生資源共享較難。由於目前中國醫院信息系統、醫保系統、基本公共衛生服務管理系統等多個系統各自獨立運行，從而導致數據格式不兼容，無法進行數據交換與共享。落後的信息化建設不利於資源縱向流動，難以進行業務協同，降低了醫療衛生服務效率，抑制分級診療推進。

①患者就醫選擇權的問題。分級醫療制度實施後，特別是社區首診制的推行，患者首診的提供者被綁定於社區，甚至被鎖定於一個全科醫生上，患者若要去尋求住院服務或專科服務時，還必須經過社區全科醫生的轉診，而往往專科醫生的選擇也是由全科醫生決定的。這使得需方的就醫選擇權被極大地弱化了，社區首診制限制了患者就醫的隨意性，同時也限制了患者的選擇權。如果患者選擇權被過分抑制，則不利於居民健康權的實現，也不符合市場經濟的原則，並會導致患者對衛生系統的滿意度降低。一方面，為了控制醫療費用增長必須限制不合理的就醫行為；另一方面，為了保護患者的合理、理性的就醫選擇權，一些國家嘗試著放開患者選擇服務提供者的範圍。例如，英國提出「全科醫生轉診時的患者選擇」計劃，把原來患者只能選擇四所醫院之一，改為患者可以選擇國內任何醫院。

②服務供方壟斷性問題。當分級醫療制度確立後，患者的選擇權受到限制，使原本就有先天壟斷性優勢的醫療服務行業的壟斷地位更加牢固，供方會基於優越的壟斷地位，形成賣方市場，在社會醫療保險的制度框架下，處於壟斷地位的供方也會做出符合自身利益的行為方式，或者過度提供服務，甚至誘導需求，損害需方的經濟利益，或者減少服務，降低服務效率，保全自身利益。而且，基於社區首診制，社區衛生服務機構成為「合法的」壟斷方，如果行為不當，會貽誤患者的病情，損害需方的健康權益。因此，在中國社會醫療保險的分級醫療實踐中，要善於啟動醫療供方之間的市場競爭，如擴大不同層級定點機構的範圍，把符合規定的非營利的民營醫院也能納入進來，降低服務供方的壟斷性。

③患者制度性分流的風險性問題。從服務供方來看，當各級醫療機構的技術力量和醫療設備的差異較為懸殊時，鑒於任何人都存在患有需要不同醫療機構解決的轉科疾病的可能，因此，患者需要根據自己病情自由選擇「合適」級別的醫院和醫療方式的權力。當患者的選擇權受到限制，完全依靠社區醫生來進行選擇時，有時會影響患者分流的合理性和有效性，增加患者喪失解決健康問題的最佳時機的風險，使患者可能因為制度性的轉診機制延誤而失去最佳時機，甚至可能喪命。另外，由於全科醫生

的優劣程度不同，居民在選擇屬於「我的醫生」時就處於不公平的地位，可能為患者帶來潛在的健康風險。

4. 當前分級醫療制度進展狀況

為加快構建「基層首診、雙向轉診、急慢分治、上下聯動」的就醫秩序，中國各省市因地制宜，出抬的方案各有側重，取得了階段性成果：上海市以「1+1+1」的簽約醫療機構組合為突破口；廈門市以「慢病先行，三師共管」為紐帶實現大醫院和社區醫院的銜接；江蘇省通過組建醫療聯合體在內部實行資源共享；宜昌市實行「互聯網+分級診療」，搭建分級診療轉診協作服務平臺。但統計結果顯示，2016年1~10月，全國醫院總診療人次為26.3億，同比提高5.1%；基層醫療衛生機構為35.6億人次，同比下降1.1%；醫院出院人次數13,920.8萬，同比提高8.1%；基層醫療衛生機構3,278.2萬人，同比提高3.2%[①]。可見，更多的醫療服務仍然集中於醫院，分級診療制度仍處於探索和攻堅階段。

5. 對當前分級醫療制度進展的建議

（1）強化頂層設計，促進三醫聯動。要在頂層設計和總體規劃的前提下，加強協同合作，增強改革的整體性、系統性和協同性。加強醫療保障精細化管理，繼續深化醫保支付方式改革，發揮支付方式在規範醫療服務行為方面的激勵約束作用；完善不同級別醫療機構的醫保差異化支付政策，適當提高基層醫療衛生機構醫保支付比例，合理引導就醫流向；建立穩定連續的藥品供應保障體系，保證基層醫療機構的藥品能與醫院對接。

（2）構建分級診療長效激勵機制。落實政府和市場的可持續補償機制。根據各級醫療衛生機構的政策性虧損和成本增量進行按時合理的投入，建立以分級診療實施效果為主要標準的績效考核機制，改革基層醫療衛生機構的收支兩條線補償方式，探索收入結餘激勵機制，增強分級診療的經濟激勵作用。

（3）以分級診療為重點，完善現代化醫療衛生機構運行機制。建立多方參與的醫療服務價格談判協商機制，根據不同級別醫療衛生機構的功能定位，科學測算服務費用，建立動態調整機制。根據醫務人員的職能分工和技術價值合理確定薪酬分配制度，重點向全科醫生傾斜。給予基層醫療衛生機構更大的人事決策權和收入分配權，增強其對優秀人才的吸引力。

（4）加大信息化建設力度。提高分級診療效率信息化是分級診療制度可持續推進的保障。要加快構建區域衛生信息平臺，實現各級、各類醫療衛生機構的互聯互通，推動優質醫療資源縱向流動；實現醫療、醫保、公共衛生等系統之間的對接功能，從而提高醫療服務效率，保證分級診療的方便快捷。

三、社會醫療保險的財務管理

（一）社會醫療保險基金財務管理

醫療保險經辦機構作為醫療保險基金的管理主體，經政府授權，面向社會公眾代

---

① 數據來源：國家統計信息中心。

表政府對醫療保險基金籌集、使用和支付進行全面管理。基金運行貫穿整個管理活動的始終，財務管理活動滲透在醫療保險基金運行的各個方面、各個環節，它從保障資金平衡和合理有效使用的角度調控整個基金活動的方方面面。

醫療保險基金財務管理工作是一項複雜而又艱鉅的重要管理工作。隨著醫療保險制度改革不斷向縱深發展，只有不斷建立健全各項財務管理規章制度，規範和強化醫療保險基金的財務管理工作，保證基金的安全、完整和穩健運行，才能實現基金以收定支，收支平衡原則。才能充分發揮社會化管理職能，更好地實現保障廣大職工群眾基本醫療需求的社會保障目標。

根據《會計法》和《社會保險基金財務制度》等有關法律、法規的規定，醫療保險基金必須納入單獨的社會保障基金財政專戶，實行收支兩條線管理，專款專用，任何地區、部門、單位和個人均不得擠占和挪用，也不得用於平衡財政預算。基金的財務管理體制要求各級相應的財政部門為存儲醫療保險專項基金，必須在國有商業銀行開設專用計息帳戶——社會保障基金財政專戶。作為基金收支管理主體的醫療保險經辦機構所有的相關財務行為，都必須緊緊圍繞社會保障基金財政專戶管理來開展各項工作。規範醫療保險基金財政專戶管理的主要任務有：對財政專戶內醫療保險基金進行會計財務核算；辦理醫療保險基金的收繳、撥付等業務；定期反應和報告財政專戶內社會保障基金收支計劃執行情況；督促檢查基金收入及時足額繳入財政專戶；其他與財政專戶有關的業務。

社會保障基金財政專戶資金帳戶核算管理，可以全面完整地反應基金的資金流程，考核基金的資金來源與運用各環節的管理情況。實行收支兩條線管理原則，從而避免出現「坐收坐支」現象，有效規避因資金失控引發基金風險，更大大提高了基金運轉效率。通過對基金的籌集、使用和支付等環節進行嚴格管理，充分發揮財務管理的內部監督控制職能作用。

同時，基金財務狀況監測和評估也是一項重要任務。和發達國家相比，我們在技術上、制度上、體制上還存在一些問題。從發達國家的經驗來看，社會醫療保險基金財務狀況的監測和評估是必須要做而且是要定期公布的，既要向政府部門公布還要向基金理事會也就是參保人的代理人公布，更重要的是公眾也應該知道。這種財務狀況的監測和評估強調第三方的參與。

(二) 社會醫療保險基金投資管理

社會醫療保險基金的投資營運是指社會醫療保險基金管理機構或受其委託的機構，用社會醫療保險基金購買特定的金融資產或實際資產，以使社會醫療保險機構能在一定時期獲得適當預期收益的資金營運行為。其效果直接關係到社會醫療保險制度能否正常運行，關係到能否實現社會醫療保險的政策目標。醫保基金投資營運可以抵禦通貨膨脹的影響，可以補充社會醫療保險基金的來源不足，可以減輕企業（雇主）、被保險人、政府的負擔，可以直接支援經濟建設，提高醫療保險在國民經濟中的地位。社會醫療保險基金的營運能對醫療保險事業的發展起到巨大的推動作用。

在現行的社會保險制度下，醫療保險因採取「社會統籌和個人帳戶相結合」的混

合制（部分累積制），醫保資金實行基金制後，面臨著基金貶值的威脅，如果不能保證醫保基金在儲存期間保值和增值，則在面對醫療保險支付高潮時，將陷入支付危機。如何在保證安全的前提下，使基金保值增值，是十分迫切的問題。中國以往醫療保險基金的投資工具和投資方向單一、投資收益率低，難以保值增值。

社會醫療保險基金的投資營運採取委託經營方式，必須按照公平、公開、民主原則，選擇資信高、效益優並經過社會保險基金監督委員會審查的投資營運機構。為確保社會保險基金營運的安全和效益，社會保險基金投資營運機構必須按照國家頒布的專門法規、政策等依法投資，依法收益，接受監督檢查。因此，現實中存在的問題已經說明，目前中國社會醫療保險基金投資僅限於國債和銀行存款，過於強調資金的安全性，而忽視了資金的營利性，表面上看風險被控制了，實際上並非如此，仍然面臨著通貨膨脹的風險，處於貶值的風險中，是難以保值增值的。從國外社會保險基金投資營運實踐經驗看，社會保險基金的投資必須同時兼顧安全性、營利性和流動性，利用多種金融工具進行投資尤其是利用股票進行投資，又是大勢所趨。為減輕在職人員的負擔，提高資金的使用效率，社會保險基金進入資本市場投資於股票，實行市場化營運是必然的趨勢和理性的選擇。

(三) 社會醫療保險基金的審計監督

社會保險基金審計的目標就是，通過審計，全面掌握社會保險基金的收支規模、資金流向、基金結餘分佈及基金管理運行情況，揭露資金籌集、管理、使用中存在的突出問題，促進加強基金管理和落實各項社會保險政策、基金安全完整，維護人民群眾的切身利益。社會醫療保險基金的審計監督主要用於保障醫保制度的可持續發展，保障醫保基金的正確使用，它是醫保基金監管工作的重要構成部分。

由於基本醫療保障基金運動過程涉及不同層面的許多環節，因此，對於社會醫療保險基金的審計監督需要政府審計、內容審計和獨立審計在相關環節履行各自職能，協同完成。社會醫療保險審計監督的主要內容是基本醫療保險基金的運作過程，建立基本醫療保障審計機構是完善審計監督體系的一項重要措施。

社會保險基金審計監督主要有以下四個方面：

（1）基金徵收。重點檢查社會保險基金管理和經辦機構是否按規定及時、足額徵收基金，有無擅自或者降低徵收比例，有無對企業減徵或免徵。有無因控制不嚴，監管不到位，造成基金流失情況，是否存在轉移或隱瞞資金收入、私設「小金庫」問題；企業是否按規定繳費，有無隱瞞基數，故意漏繳、少繳基金；是否按規定為企業承包人員、停薪留職人員、流動作業人員及下崗職工繳納社會保險基金；基金的存款利息是否按規定計入基金。

（2）基金支出。重點檢查社會保障管理部門和經辦機構是否依法及時足額支付社會保險基金，實現中央提出的兩個確保。檢查離退休職工人數和養老金發放標準，並對下崗職工失業保險基金和最低生活保障資金、醫療保險基金進行檢查監督。對社會保險資金支出的真實性、合法性進行重點審核，檢查有無虛報冒領、擠占挪用、拖欠截留等違紀問題。

(3) 基金管理。重點檢查社會保險基金管理部門上繳的基金是否全部及時納入財政社會保險基金專戶管理，有無多頭開戶、帳外存儲等問題；各級財政部門補助的資金是否到位，是否及時納入基金財政專戶，重點關注補助資金有無不及時撥付、截留、挪用等問題；財政部門是否嚴格審核社會保險經辦機構提出的用款計劃，及時批復社會保險經辦機構的預決算；社會保險基金是否安全完整，基金是否保值增值。

(4) 內控制度。重點檢查社會保險基金的各項管理制度是否完善，內部控制是否健全有效；各級主管部門和經辦機構是否按規定分別單獨核算各項社會保險基金，有關會計帳簿、憑證是否健全，有無漏記、重記、錯記等現象，原始會計資料保存是否完整；對應建立個人帳戶管理的基金，是否按規定建立了個人帳戶，收支情況是否清楚；出納人員、記帳人員和審批人員、經辦人員的職責權限是否明確，是否互相分離、互相制約。

建立健全各級社會保險部門的審計監督機構是實行社會保險監督的主要措施和必要條件，因此，努力提高社會保險審計的業務水準是審計監督的重要條件。建立一個有事業心、有敬業精神熟知國家關於社會保險的各項方針政策，且懂得財務審計工作，又在業務技術上具有一定水準的專業人才隊伍是審計監督部門持續的追求和努力。除此之外，有關部門還應建立社會保險審計監督制度，貫徹以預防監督為主的方針，規範審計工作的主要內容，並逐步形成審計工作的制度化、規範化和經常化。

第二節　社會醫療保險信息管理系統

一、社會醫療保險信息管理系統的定義和構成

(一) 定義

社會醫療保險信息管理系統 (health insurance management information system, MIMIS) 是一個以提高社會醫療保險效率和科學決策水準為目的的，主要由人、計算機技術和數據信息等要素組成的，以社會醫療保險信息的採集、識別、轉換、傳輸、儲存、加工 (包括計算、匯總、類比和預測等)、檢索、維護等功能為主的有機整體。

社會醫療保險中的信息系統是面向管理的，其數據來源於管理工作，輸出的信息也為管理工作服務。因此，社會醫療保險系統可以看作是一個信息管理系統。

(二) 構成

社會醫療保險信息管理的主要任務就是及時、準確、完整地採集社會醫療保險信息，並對其進行科學的加工，為科學決策和管理提供依據。社會醫療保險信息管理的基礎是管理系統的設計，核心是對信息的加工。而信息是表徵事物狀態的信號、數據、指令、程序、情報的通稱。社會醫療保險系統中主要有以下幾種信息：

(1) 參保信息。參保信息包括參保單位的單位信息和參保人的個人信息。參保單位信息中包括參保單位的編碼、名稱、性質 (行政、事業和企業等)、各類員工的人

數、工資水準和參保時間等。參保人的個人信息包括參保人的編碼、姓名、性別、出生日期、學歷、職務、職稱、民族、婚姻狀況、參加工作時間和參保時間等。

（2）保費信息。保費信息主要指各參保單位應繳保費和實繳保費的情況。

（3）就醫信息。就醫信息包括參保人生病就醫的醫院、科別、檢查、用藥、住院、就醫的時間和參保人的編碼等。

（4）償付信息。償付信息包括各定點醫療機構申報的就醫人次和實際償付的情況。

（5）資金營運信息。資金營運信息包括項目名稱和投入產出情況。

（6）政策、法規信息。政策、法規信息包括有關政策、法規的名稱、頒布的時間、頒布機關和主要內容。

此外，如果涉及個人帳戶，還應包括個人帳戶信息。個人帳戶信息包括帳號、姓名、單位編號、每月的工資水準及帳戶資金的增減情況。

二、社會醫療保險信息管理系統的功能

（一）社會醫療保險信息管理系統組成

社會醫療保險信息管理系統應包括基本信息管理、基金管理、醫院收費與劃帳、費用償付、醫療服務監督和調研諮詢共六個子系統，以下描述每個子系統的具體功能：

（1）基本信息管理子系統完成的是參保單位和個人以及定點醫療機構的相關信息的管理，主要功能包括：參保單位信息登錄、查詢與修改；參保個人信息登錄、查詢與修改；醫療單位信息登錄、查詢與修改；醫療證件的製作、發放、註銷與補辦；相關報表與單據的製作。

（2）基金管理子系統完成的是社會醫療保險基金的分割，主要功能包括：應繳保費的計算；保費的銀行托收；保費收繳情況的查詢；個人帳戶資金的劃撥；相關報表和單據的製作。

（3）醫院收費與劃帳子系統完成的是醫療費用的收費、劃帳、記帳和各類費用單的登錄等，主要功能包括：掛號收費；門診收費與劃帳；住院收費與劃帳；特檢收費與劃帳；現金報銷與劃帳；打印收款或劃帳的單據。

（4）費用償付子系統對定點醫療機構的費用償付，主要功能包括：各醫療單位收費點的費用採集；按月、按單位對各種費用進行分類統計；償付費用的結算；銀行托付；相關報表與單據製作。

（5）醫療服務監督子系統對社會醫療保險的服務質量進行監督控制，提供輔助信息，主要功能包括：社會醫療保險政策的登錄與查詢；定點醫療機構服務質量檢查；定點醫療機構獎懲記錄與查詢；定點醫療機構基本信息分析；醫療費用追蹤分析。

（6）調研諮詢子系統為社會醫療保險的政策研究提供基礎數據，主要功能包括：參保情況的分析與預測；保險基金的收支平衡分析；基金運行情況的分析與預測；社會醫療保險新模式的模擬試驗研究。

（二）社會醫療保險信息管理系統的功能

社會醫療保險信息管理系統是社會醫療保險組織機構中的一個子系統，它既包括

社會醫療保險工作的信息處理，也包括社會醫療保險組織機構內部的信息處理，它們都是為管理工作服務的。社會醫療保險信息管理系統功能主要包含管理功能及數據處理功能。

1. 管理功能

社會醫療保險信息管理系統的管理功能是指用來管理社會醫療保險業務過程的活動。它表現在以下幾個方面：

（1）控制功能。對社會醫療保險管理中每一個過程、環節及具體工作的運行情況進行監控、檢查，比較計劃與執行的偏差，根據比較分析結果對管理工作進行控制，以達到預期目的。

（2）預測功能。根據過去的數據，運用各種數學方法及模型，預測將來社會醫療保險被保人健康及保險金籌集和支付的情況。

（3）決策功能。對社會醫療保險不同管理層次提供不同內容的報告，運用數學模型等方法提出各種決策方案。協助最高管理層管理人員做出社會醫療保險管理組織的最高級政策決策和規劃；協助中層管理人員制訂戰術計劃及提出管理措施的決策；協助基層管理人員制定出具體管理指標及提出解決問題的具體辦法。

2. 數據處理功能

社會醫療保險信息管理系統的數據處理功能是指對社會醫療保險管理過程中的原始數據進行收集、傳送、加工、貯存及輸出，以提供查詢和應用。

（1）收集數據功能。收集數據功能是指對原始數據的收集，也就是把不同時間和不同管理層次上分散的原始數據（報表、單據等）集中起來，並通過一定設備手段（如鍵盤、掃描儀、磁性閱讀器、磁帶機、軟盤機、光盤機等）將原始數據送入計算機。數據收集是整個數據處理的基礎，其工作質量是社會醫療保險信息管理系統能否正確發揮作用的關鍵。

（2）傳遞數據功能，即將數據或信息從一個系統向另一個系統傳送，以及在不同管理層之間傳送。數據傳送速度和準確度是系統的重要功能。

（3）存儲數據功能，即將原始數據及加工後所得的各種信息儲存起來，供以後使用。在這裡不但要注意存儲數據或信息的介質（物理存儲設備），又要注意存儲的組織方式（邏輯關係）等問題，這樣才能有效地提高社會醫療保險信息管理系統的安全性及工作效率。

（4）加工數據功能，對進入社會醫療保險信息管理系統中的各種數據進行分類、合併、匯總、統計計算，從而產生滿足不同管理層次需要的有用信息。對數據加工處理是社會醫療保險信息管理系統的核心功能，系統的加工處理水準越高，越能滿足不同管理層次對信息的需求。計算技術水準的提高、數學模型及計算方法的發展，使社會醫療保險信息管理系統大大提高了數據加工處理能力。

（5）輸出信息的功能。社會醫療保險信息管理系統根據用戶的不同需要，以不同的形式將信息提供給用戶。輸出信息是否易讀易懂、直觀醒目，則會直接影響到社會醫療保險信息管理系統的使用效率和功能的發揮。

三、建立醫療保險管理信息系統的重要性

1. 社會醫療保險決策部門制定政策、法規的必然要求

現代化管理包括管理方法和手段兩個基本方面。管理方法是一種定量化的方法，即通過建立相應的數學模型來表達或模擬現實活動的特徵，運用數學方法來計算出數學模型中的各個參數，反應參數間的相互關係及其作用大小，是科學決策的重要基礎。經驗式決策已成為過去，人們面對浩瀚無際的信息束手無策的時代已成為歷史。現代計算機技術以及信息系統的建立能對大量而複雜的決策信息進行分析、綜合，並加以模擬，產生出可供決策部門決策的若干選擇，每個選擇均以定量化的描述提供參考。一項政策的制定是一項複雜的社會工程，任何一項政策的出抬，都要涉及千家萬戶的利益，設計合理的信息系統可以提供給決策部門諸多的決策信息。隨著市場經濟的建立和企業制度改革的深化，社會醫療保險事業必將向廣度和深度發展。同時，對社會醫療保險的管理也提出了更高的要求，從社會醫療保險參保、財務、監督、基金運作等方面，信息系統可以為社會醫療保險決策部門提供許多有價值的信息，從而為做出正確的決策提供保證。

2. 社會醫療保險管理規範化和標準化的必然要求

社會醫療保險管理規範化和標準化是標誌著管理水準高低的一個重要指徵。管理信息系統的建立使管理規範化和標準化成為現實。規範化和標準化有三個方面的含義：其一，整個社會醫療保險運作過程中需要一定的管理和工作規範來統一協調各部門、各單位之間的行動。這種規範是政策指導下的規範，它要求人們按照統一的政策統一各自的行動。其二，信息系統的介入改變了人們傳統的觀念和習慣。信息系統建設伊始，就是以規範化的需求作為開發依據，它反應了各種規範的方方面面。信息系統面向用戶並通過用戶來實現信息的採集和各種報表的制定，這種工作方式與傳統的人工信息採集習慣產生了碰撞，這就要求用戶改變傳統的習慣，改變傳統的思維觀點，以達到工作的規範化和標準化。其三，管理的規範化和標準化表現為對信息處理的標準化。傳統的手工信息處理，具有主觀隨意性的特點，而信息系統對信息的處理具有標準化的特點，這樣既提高了工作效率又避免了工作的隨意性。

3. 社會醫療保險管理是實現準確、高效、即時的必然要求

社會醫療保險管理的準確性表現為信息系統貫穿於整個社會醫療保險業務中，從信息的採集到結果的輸出有一整套控制的手段。信息採集的規範化即將各類信息歸類、編碼，按統一的格式和界面錄入，保證了數據採集的準確性。信息的處理過程表現為按照用戶的需求制定相應的程序，系統自動進行處理。社會醫療保險管理的高效性表現為工作效率的大幅度提高。高速度的輸入，既保證了工作效率的提高又保證了準確性，而且一次輸入，多次輸出，數據共享，避免了重複勞動。工作效率的提高還表現在對用戶的查詢及複雜的計算上。在實踐過程中，經常需要查詢某些信息，如同一個醫療證號下同一天的就診次數及每次就診費用的分佈。如果通過手工查詢可能需要數天才能完成，而信息系統查詢可在數分鐘內完成。

社會醫療保險的管理即時性表現為信息系統在社會醫療保險機構、定點醫療單位、

銀行之間的即時聯網。即時聯網的優點在於能即時跟蹤參保人的醫療消費情況。其缺點是投資過大，從投資與效益的比例來看是不合適的。「社會統籌與個人帳戶相結合的醫療社會保險模式」要求在運作過程中即時跟蹤參保人的費用情況，共享一份檔案。採用 IC 卡方案是中國目前比較可行的方法，該方案能達到一種準即時聯網的功效，同時又可進行各網點的脫機作業，能夠滿足社會醫療保險運作上的基本需求。

4. 科學分析和預測的必然要求

手工運作時代，科學分析和預測十分困難，信息系統的建立為社會醫療保險機構進行上述工作提供了物質基礎。社會醫療保險各個環節和總的預測工作是科學決策的基礎。尤其是財務分析預測是社會醫療保險業務的主要環節，可以根據系統提供的完整的社會醫療保險信息資料，利用計算機進行預測分析，即首先根據現有的資料，建立相應的預測模型，確定模型中的各個主要參效，進行模擬實驗，從而為科學分析與預測提供保證。

在社會醫療保險財務分析中，經常面對預測分析的工作，如根據今年的保險基金的支出情況來預測明年的情況，其方法是從信息系統完整的資料中篩選、預測變量，如就診次數、就診時間分佈、就診人數及年齡、性別分佈以及歷年的物價指數等，建立相應的預測模型（線性的或者是非線性的），以預測下一年度基金的使用和支出情況。這樣可以做到合理安排、適度調整政策，使領導心中有數。

5. 保證社會醫療保險實施過程中有效監督的必然要求

社會醫療保險業務運作中的規範化和標準化，使得社會醫療保險機構能夠及時對醫療服務的供方和需方實施有力的監督。對供方的監督主要指定點醫療單位行為的監督，具體體現為對大處方、人情方、分解處方的管理。管理信息系統可以提供給監督部門大量的線索和數據，例如，處方的費用分佈，每日就診次數、人數等，根據這些信息檢查醫療單位的行為。又如，有的醫療單位片面追求經濟效益，分解處方、分解記帳，通過電腦查詢就可以知道同一醫療證號下每日就診次數、記帳次數、每次就診費用及記帳類別，從中可以得出醫院是否違規的結論。

第三節　社會醫療保險委託經辦

一、社會醫療保險委託經辦

社會醫療保險委託經辦的實施主要是為了解決管辦不分的現狀，使得醫保資源在合理增加醫保籌資渠道和籌資力度的同時，可以提高現有醫保基金的使用效率，防止造假騙保、藥價虛高、醫藥回扣的現象。在確保基金安全有效監管的前提下，以政府購買服務的方式委託具有資質的商業保險機構等社會力量參與基本醫療保險的經辦服務，激發經辦活力。因此，委託經辦是當前社會醫療保險創新經辦管理的具體體現。

(一) 原有三方關係下的醫療費用控制

醫療保險體系的建立，就是通過建立起一個疾病風險的社會分擔機制，提高人們

對基本醫療服務的經濟可及性。中國的醫療保險體系屬於社會醫療保險體制，核心原則是社會互助。在社會醫療保險業務中，涉及醫療保險方、醫療服務提供方和參保群眾三方。醫保機構向參保群眾籌集疾病基金，個人只是在選擇醫療保險時考慮費用問題，當他們生病時，費用的控制將由病人所選擇的醫療保險機構來完成。醫保機構通過集中廣大的參保者群體，掌握醫保基金的分配權，形成了對醫療保險服務提供方行為和內容的約束力，主要是通過創造各種激勵促使醫療服務方提供優質低價的醫療服務。在這三方關係中，醫療服務提供者有提供過量醫療服務的動機，醫保機構代表眾多零散的參保者的個人利益，分配醫療保險資源。

在中國，醫保經辦機構和大部分定點醫院都同屬於事業單位性質，醫保結餘基金屬於公共財政，醫保機構在經濟上沒有激勵去控制醫療費用。作為公立機構的醫保機構並沒有任何執法權力，與醫療服務提供者是一種市場的關係，只能通過與其訂立委託合同或契約的方式，來規範診療行為、分配醫保基金。

醫保經辦機構被完全排斥在藥品集中招標制度外，對於藥品的中標價和采購量都沒有發言權，扮演的是被動的付帳者角色，難保藥品費用的不上漲。總之，醫保機構通過各種起付線、封頂線、報銷比例等手段來限制患者的就醫行為，相反，從管理的成本效益和醫療行為專業性門檻考慮，醫保機構對供方醫療行為的約束和激勵方面缺乏有效手段。

(二) 委託經辦業務中多方關係下的醫療費用控制

作為社會保障體系中的兩個重要支柱，社會保險與商業保險是互補和共存的，兩者在實現保險服務社會化的過程中有可能借助保險資源的整合來尋求合作，在原有的醫療保險體系中加入商業保險公司，四方關係的平衡能達到對醫療費用的抑制。

委託經辦各方出發點在純粹的商業醫療保險體系中，保險機構與醫療機構之間沒有直接經濟聯繫，被保險人先將保費繳給保險機構，當被保險人從醫療機構獲得醫療服務時，先向醫療機構支付相應的醫療費，再從商業保險機構得到補償。由於客戶群體相對少，對醫療機構更沒有話語權和執行力，這一開放性結構使得醫療機構的醫療行為得不到有效約束，賠付率居高不下。商業醫療保險機構對於參與社會醫療保險業務保持著極大的積極性，雖然在業務經辦的過程中，單純從財務收支角度，商業保險公司處於虧損或微利經營狀態，但隨之而來的保險公司社會聲譽的提高，以及人群疾病基礎數據庫和風險管控經驗的累積，能夠增加商業保險公司在市場上的競爭力。

社會醫保機構主動引入商業保險參與業務經辦，在國際上已經成為一種潮流和趨勢。在中國，各地政府也是爭相在醫保領域引入商業保險公司，這是在醫保擴面下增人增支壓力的直接考慮，是基層政府出於管理能力低下做出的現實選擇，也是社會醫保機構主動向商業保險公司伸出橄欖枝以尋求出路。在政府財力充足的地區，委託經辦業務的考慮，是為了提高參保群眾的醫療福利待遇。

醫療服務市場的信息不對稱導致市場失靈，社會醫保經辦機構在醫療保險資源的分配上又存在低效率和嚴重浪費，對此，很多學者認為，在公共服務領域應加強政府與第三部門之間的競爭與合作，通過明確角色分工，可以建立優勢互補的公共服務領

域治理結構。社會醫療保險屬於公共服務範疇，委託經辦業務正好提供了多方共同參與控制醫療費用的平臺。

(三) 四方關係下的費用控制

在合作經辦過程中，商業保險公司帶來了包括服務質量、經辦效率、經辦成本、信息系統、管理方法、對醫療行為介入、費用控制等諸多方面的改善。這一委託經辦業務，在原有的三方關係中加入了商業保險公司，變得更為複雜化。

(1) 商業保險公司和醫保機構：商業保險公司負責業務經辦具體事宜，在社會互助性原則下不能對參保者做風險規避選擇，協同醫保機構進行對醫療機構診療行為的稽核和監控；醫保機構為委託方和監督管理方，選擇合作夥伴，對商業保險公司展業行為進行規範，並對經營狀況進行績效評價。在委託經辦中嵌入激勵和約束機制，使商業保險公司和醫保機構有共同的目標和動力，能更好地達到醫療費用控制效果。

(2) 商業保險公司和醫療機構：在龐大的客戶群基礎上，商業保險公司具有了分配醫療保險資源的能力，可以參照社會保險機構與定點醫院簽訂的管理辦法和違約責任協議，對醫院進行有約束力的績效評價；定點醫療機構則依照簽訂的契約，通過在服務質量和規範化管理方面建立良好的聲譽，來爭取更多的醫保客戶。商業保險公司和醫療機構不是敵對關係，在各方面實現良好的溝通和協商對二者來說極為重要。

(3) 商業保險公司和參保群眾：商業保險公司為參保群眾提供高效率、流暢的業務經辦服務，政府按人頭劃撥管理費，商業保險公司要盡可能擴大參保面，才能實現集約化經營下的效益；參保群眾有自由選擇商業保險公司參保的權利，可以向醫保機構就其服務質量進行投訴和意見反饋。商業保險公司要建立起良好的服務意識，不損害社會互助性，不能對參保者進行風險規避選擇。

總之，在加入商業保險公司後，原有的三方關係變為四方關係，商業保險公司站在社會醫保機構的立場上，借助政府聲譽和公信力來參與業務經辦，協助政府對定點醫療機構進行管理。商業保險公司與醫療服務提供者不存在直接的經濟利益和行政隸屬關係，能更好地落實對定點醫療機構的一整套管理制度和評價辦法，且增人增支的靈活性更大，不會受限於短期的管理成本效益比，對醫療服務提供方診療行為的介入和制約更有力。

二、委託經辦模式的現實價值

國外通過制定政策框架，建立起一套費用控制的激勵機制[1]，將社會基本醫療保險交予商業保險公司運作，政府完全不承擔究底責任。這一做法在中國國情下全面推行尚不可行。中國從原有的計劃經濟逐步走向市場經濟，市場經濟下的法制條件發展的尚不成熟，市場化的透明度不夠，現階段中國醫療保險體系是建立在保基本廣覆蓋的水準上，對社會醫療保險業務有政策支持和財政補貼，財政承擔基金究底責任。

---

[1] 鄭小華，胡錦樑，錢恩奎，等. 中美兩國醫療費用控制理論與方法比較研究 [J]. 中國循證醫學雜誌，2009，9 (11)：1,193-1,199.

國內社會醫療保險與商業保險公司在委託經辦上，遠不如國外來得徹底，沒有實現管辦分開，只是一種公共服務的外包。這是因為中國在公共服務領域的外包實踐不夠，也缺乏完善的市場條件，政府在簽訂公共服務合同方面主要依據當地政府的管理水準、認知程度和以往簽訂合同的經驗，沒有成型的模式可以套用。加之社會醫療保險這一公共服務領域影響面大，造成的社會風險難以估量。另外，在中國商業保險公司的市場化經營時間太短，基本上是援引國外先進理念和管理框架，風險管控能力和信息安全建設方面都尚不成熟。政府和商業保險公司在委託經辦業務中，都處於不斷摸索和嘗試、調整的階段。

　　相對而言，國外對醫療費用控制的理解更為成熟，主要是通過引導醫療資源的流向和分配，營造與醫療費用水準相適應的醫療質量保障體系和效率提升機制。中國社會醫療保險業務委託商業保險公司經辦業務，就醫療費用控制方面，相對於國外的市場化導向、監管體系建立和激勵機制的嵌入等宏觀層面，國內各地區累積了很多業務層面的操作經驗。即便管辦分離不徹底，這一公共服務外包業務依然促進了醫療保險工作效率的提高，抑制了醫療費用的支出。

　　如何在現有的醫療格局和存量資源下做好費用控制，順勢而為，是中國做好費用控制面臨的一個現實問題。基層政府出於醫保擴面壓力和管理能力低下的現實考慮，積極主動引入商業保險公司參與業務經辦，在醫療保險領域做出了「公共服務外包」的選擇，帶來了包括服務質量、經辦效率、經辦成本、信息系統、管理方法、對醫療行為介入、費用控制等諸多方面的改善，為中國醫療費用控制走出了一條可行之路。

三、健康管理

　　健康管理是20世紀70年代首先在美國興起的。由於人口老齡化和慢性疾病發生率大幅度增長，特別是新興的、昂貴的醫療技術在20世紀中後期的大量出現，導致醫療衛生費用迅速上漲。為控制醫療費用並保證個人健康，1973年美國政府頒布了《健康維護組織法》，鼓勵社會各界積極參與健康維護工作。之後，各州相繼成立了健康維護組織，並與健康保險相結合，推動了健康管理產業的發展。採用健康管理的醫療保險機構和公司很多，如健康維護組織（HMO）、優先選擇提供者組織（PPO）、專有提供者組織（EPO）等，甚至部分政府提供的老年人醫療保障和窮人醫療保障機構也採用了管理型醫療保健模式。健康管理已經成為一種經濟可持續的醫療保健模式。

（一）健康管理的概念

　　健康管理（health management）是指採用一、二、三級預防並舉的措施，對個人及群體的健康危險因素進行全面管理的過程。其目的是要調動其自覺性和主動性，有效地利用有限的資源來達到最大的健康改善效果，保護和促進人類的健康，真正達到防治疾病的發生、提高生命質量、降低醫療費用的目的。

（二）健康管理的特點

　　一是始終以控制健康危險因素為核心。健康管理與疾病治療不同。疾病治療往往注重對疾病症狀的治療，頭痛醫頭、腳痛醫腳；而健康管理則注重對影響人的健康危

險因素進行干預和控制。例如，從健康管理的角度來看一個痛風病人，重要危險因素是多吃少動、營養過剩、代謝異常，同時痛風又是導致心血管疾病、腎衰竭、骨關節病等的重要危險因素。因此，不僅要採取措施降低痛風發病次數，還需要對危險因素進行有效控制，從根本上減少其併發症的發生。

二是一、二、三級預防並舉。一級預防是指通過健康教育、健康促進手段，達到對一般人群的心理、行為、社會、生物可控制的危險因素的綜合一級預防目標，來改善健康狀況，降低疾病的發生率；二級預防是指通過危險因素的預測，有針對性地進行干預，達到早發現、早診斷、早治療，規範化管理的二級預防目標；三級預防是指通過健康管理，提高現患病人群的自身化管理技能，減少疾病的危害，達到預防各種併發症的發生及有效降低病人殘疾和死亡率的三級預防目標。

三是預防醫學與臨床醫學相結合。形成一種真正「以人為中心，以健康為中心」的新的醫學模式，即從單純的生物醫學模式向生物、心理、社會醫學模式的轉變，並要從手段與措施上，將群體健康教育與個體指導相結合，不僅要告知影響其健康的危險因素是什麼，使其明白應如何採取有效措施，積極予以防治，同時針對其健康危險因素進行分析，提出有利於控制其健康危險因素、提高其身心健康水準的干預方案。

(三) 健康管理的組成

健康管理由三部分組成，第一部分為收集健康信息，進行健康監測。收集個人健康狀況和生活方式有關的信息，有助於及早發現健康問題，為評價和干預管理提供基礎數據；第二部分為健康危險因素評價。通過對個人的健康現狀和發展趨勢做出預測，達到健康警示的作用，提高人們的健康意識，為干預管理和效果的評價提供依據；第三部分為健康危險因素干預管理與健康促進。通過個人健康改善的行動計劃及指南對不同危險因素實施個性化的健康指導，最終解決健康問題。

疾病的發生有其特定的發生、發展規律，各方面因素影響到疾病的轉歸。在掌握疾病發生規律的基礎上，健康信息收集有助於我們對客戶的健康狀況和其發生疾病的危險性進行充分瞭解與掌握，有利於我們實現保前和保中的風險控制。健康危險因素干預管理與健康促進，有助於我們從源頭上控制疾病的發生率，降低醫療費用支出，實現了保中和出險後的風險控制。

【本章思考題：重點及難點】

◇社會醫療保險不同行政管理模式對醫藥服務市場行為的影響有哪些？

◇針對社會醫療保險監督的內容與方式，提出中國社會醫療保險監督環節現實中可能存在的問題。

◇提出針對中國社會醫療保險法律體系改善的意見或建議。

◇委託經辦的現實意義是什麼？

補充閱讀一：HMO 組織

健康維護組織相關介紹

健康維護組織（Health Maintenance Organization）即通常所稱的 HMO，是 1973 年起源於美國的一種醫療保障方式，它是一種在收取固定預付費用後，為特定地區主動參保人群提供全面醫療服務的體系。HMO 是管控型醫療保險計劃中最便宜的類型，其目標是為每一個會員提供健康管理，強調通過預防性和綜合協調醫療服務，提高投保人的整體健康水準，從而減少醫療費用。因此，HMO 有更多預防性醫療的福利，如為會員提供免費的年度體檢、疫苗注射等。

現在，HMO 已成為一種越來越普及的管理式健康護理形式。管理式健康護理的目標之一是幫助限制美國迅速上漲的健康護理費用，旨在透過協調所有醫療處置並避免所有不必要或不適當的服務，提供預付費用較少的健康護理服務。

一、HMO 的不同模式

1. 雇員模式：在該模式中，客戶可以在一個或多個集中的場所接受全部護理服務。作為完整的醫療中心提供服務，醫師大多是 HMO 的專職付薪雇員，並且 HMO 不僅提供全部健康服務還要處理相關的管理與財政事務。每個客戶可以選擇一位主治醫師（PCP），PCP 將協調病人的全部護理，包括住院治療和轉診至 HMO 內的專家。

2. 獨立醫師模式（IPA）：該模式是 HMO 與醫師組成協會並依據按人數計費、固定費用或按次計費基礎償付其醫療服務的個人執業醫師簽訂合約。客戶能夠在 IPA 內自主選擇他們自己的主治醫師，並能夠在必要時轉送至屬於該組織的其他專家。醫師不僅可以在他們自己的診所內診治病人，還可以在診所內繼續個人執業。因此，該模式是全國範圍內成長速度最快、最普遍的 HMO 形式。

3. 團體模式：該模式是 HMO 與一個醫師團體（通常是多專科醫師團體）簽訂合約，組成其自己的合夥公司或同意向 HMO 客戶提供醫療服務的其他聯合公司。醫師通常按照約定的依據人數的費率獲得償付。通常，一些大型團體模式擁有自己的醫院，而其他的團體模式則是通過與地區醫院簽訂合約提供住院護理。

4. 網絡模式：該模式的實質與團體模式相同，也是同許多單一專科或多專業醫師團體簽訂合約，病人能夠使用網絡內的任何醫師。同 IPA 相同，醫師不僅可以在他們自己的診所內診治病人，通常還在那裡診治非 HMO 病人。但由於其規模較小，該模式下的醫師通常不擁有自己的醫院，而是與地區醫院簽訂合約提供住院服務。

二、HMO 的特點

除了急診和地區外緊急護理服務，客戶必須使用與 HMO 有關的醫師和醫院。HMO 承擔提供並支付必要的健康護理服務的責任，且每月的保險費涵蓋所有的健康福利服務，因此客戶不必為每次就診或處方支付費用或只支付額定的費用。並且，健康服務包括預防性健康護理以及大多數免疫和定期身體檢查。

傳統補償型保險的參加者通常每月向保險公司支付保險費，HMO 則是以按次計費

服務為基礎的受保內科和外科治療支付預定金額，從而保護或償付參加者的疾病或意外。除此之外，病人能夠自主選擇他們自己的醫師，但免疫和定期身體檢查一般不在保險範圍內。

補充閱讀二：中國醫療保險基金審計公報

中華人民共和國審計署關於醫療保險基金的專項審計結果公報
（2017年1月24日公告）

根據《中華人民共和國審計法》的規定，2016年8月至9月，審計署組織地方審計機關對基本醫療保險和城鄉居民大病保險等醫療保險基金進行了專項審計。審計抽查了28個省本級（含新疆生產建設兵團）、166個市本級和569個縣（市、區）2015年和2016年上半年的基金管理使用情況，抽查資金金額3,433.13億元，延伸調查了3,715個定點醫療機構、2,002個定點零售藥店以及其他相關單位。現將審計結果公告如下：

一、醫療保險基金基本情況

根據醫療保險行政部門和經辦機構提供的數據，截至2016年6月，審計地區基本醫療保險參保人數55,951.65萬人；城鄉居民大病保險參保人數36,797.79萬人。

2015年和2016年上半年，審計地區基本醫療保險基金收入12,692.81億元，其中保險費收入12,280.12億元；基金支出10,081.15億元，其中基本醫療保險待遇支出9,681.06億元；期末基金累計結餘9,769.38億元，其中統籌基金6,602.95億元，個人帳戶3,166.43億元。

二、醫療保險工作取得顯著成效

審計結果表明，審計地區各級政府及所屬相關部門認真貫徹落實黨中央、國務院決策部署，積極推進全民醫保體系建設，在保障群眾病有所醫等方面發揮了顯著作用。

（一）全民醫保體系有效建成

截至2016年6月，基本醫療保險制度覆蓋全部審計地區，城鄉居民大病保險基本實現全覆蓋。審計地區2015年享受基本醫療保險待遇人次較2012年增長32.78%。部分地區已合併實施了統一的城鄉居民基本醫療保險制度。總體上看，審計地區覆蓋城鄉的全民醫保網已經建成，為實現人人病有所醫提供了制度保障。

（二）醫療保障能力穩步提高

2015年，審計地區基本醫療保險基金收入、支出、年末結餘分別較2012年增長了57%、58%和68%，基金運行總體安全平穩。財政對居民基本醫療保險的投入不斷加大，2015年各級財政投入補助資金和人均政府補助標準分別較2012年增長了67.69%和62.19%。2015年居民基本醫療保險住院費用政策內報銷比例較2012年提高了1個百分點。城鄉居民大病保險制度實施後，大病患者實際報銷比例在基本醫療保險的基礎上提高了約12個百分點，群眾就醫負擔進一步減輕。

（三）醫保服務管理不斷完善

截至2016年6月，審計地區定點醫療機構和定點零售藥店數量分別較2012年增長

了23.56%和63.76%；27個省已建成基本醫療保險的省內異地就醫結算系統（平臺），審計地區2015年和2016年上半年共有577.87萬人次通過省級平臺即時結算異地就醫費用362.15億元，群眾就醫更加方便。超過6成的統籌地區開始實行按病種付費，探索建立醫療保險對醫療服務的引導約束機制。

三、審計發現的主要問題

從審計情況看，有關部門和單位能夠認真執行國家政策法規，醫保業務經辦和基金管理總體規範，但也發現了一些管理不規範問題，以及15.78億元違法違規問題（約占抽查資金金額的0.46%）。

（一）部分地區和單位醫保基金籌集不到位

2.65萬家用人單位和47個徵收機構少繳少徵醫療保險費30.06億元；部分地區的醫保財政補助、補貼資金26.72億元未及時足額撥付到位；部分徵收機構未及時上繳醫療保險費等收入44.36億元；截至2016年6月，審計地區有95.09萬名職工未參加職工基本醫療保險。

（二）部分地區醫保基金支出使用不夠規範

9個市級和24個縣將醫保基金1.20億元，挪用於對外借款等支出；8個省級、64個市級和186個縣將醫保基金22.86億元，擴大範圍用於其他社會保障等支出；1.4億元醫保個人帳戶資金被提取現金或用於購買日用品等支出，涉及539家藥店。

（三）制度銜接不到位和部分企業醫療保險基金封閉運行

由於制度間銜接不到位，305萬人重複參加基本醫療保險造成財政多補助14.57億元，305萬人中有5,124人重複報銷醫療費用1,346.91萬元；109個企業醫療保險基金仍在封閉運行，涉及職工776.76萬人，其中23個企業由於生產經營困難等原因，存在欠繳醫療保險費、拖欠定點機構結算款和職工醫療費等問題。

（四）部分定點機構和個人騙取套取醫保基金

923家定點醫療機構和定點零售藥店涉嫌通過虛假就醫、分解住院等方式，騙取套取醫療保險基金2.07億元作為本單位收入核算，也有少數自然人涉嫌通過虛假異地發票等方式騙取醫療保險基金1,007.11萬元。

（五）部分醫療和經辦機構違規加價或收費

474家醫療機構違規加價銷售藥品和耗材5.37億元；1,330家醫療機構採取自立項目、重複收費等方式，違規收取診療項目費用等5.99億元；64個醫保經辦機構違規收取網絡維護費等1.05億元。

本次審計已向相關部門移送違法違紀問題線索421起。

上述審計情況，審計機關已依法出具審計報告和下達審計決定。對審計指出的問題，有關地方高度重視，堅持邊審計、邊整改。截至2016年10月底，已追回收回被套取騙取、擠占挪用及擴大範圍支出等資金11.46億元，撥付財政補助補貼資金4.18億元，調整會計帳目14.07億元。其他問題正在進一步整改中，具體整改情況將由各省分別組織向社會公告。審計署將跟蹤後續整改情況，督促整改到位。

附：審計發現的主要問題及整改情況表，請查證原文連結：

http://www.audit.gov.cn/n5/n25/c92641/content.html

第七章　社會醫療保險的法制與監督

【內容提要】

◇介紹中國社會醫療保險法律體系及社會醫療保險監督的內容與方式。

◇介紹《中華人民共和國社會保險法》出抬的歷史背景及其條款內容，提出針對中國社會醫療保險法律體系改善的意見或建議。

第一節　社會醫療保險的法律制度

一、社會醫療保險法律制度的概念與特徵

（一）社會醫療保險的法律制度概念

社會醫療保險的法律制度是指國家為了維持社會醫療保險制度的正常運行，規範社會醫療保險當事人之間權利與義務關係的政策、規章、法律、法規的總稱。

社會醫療保險既是國家對勞動者（或其他國民）履行的義務，又是勞動者（或其他國民）實現物質幫助權這一憲法規定的基本權利的重要途徑。既然涉及權利和義務的關係，理所當然地要制定相關的法律來調整，這就出現了社會醫療保險相關法律法規。國家通過強制手段對國民收入進行再分配，形成專門的保險基金，當勞動者（或其他國民）患病或生育時，在物質上給予必要的幫助，社會醫療保險法律法規就是對這一社會保障制度的法律化。它集中體現了國家對勞動者（或其他國民）基本醫療水準提高的決心和意志。

（二）社會醫療保險法律的特徵

1. 以實現公民的物質幫助權為宗旨

中國憲法第四十五條規定：「中華人民共和國公民在年老、疾病或喪失勞動能力的情況下，有從國家和社會獲得物質幫助的權利。國家發展為公民享受這些權利所需要的社會保險、社會救濟和醫療衛生事業。」上述規定賦予了公民一系列獲得物質幫助的權利。社會醫療保險法律規範則是實現公民在患病時獲得物質幫助權利的法律保證。因為社會醫療保險是由政府舉辦的社會福利性事業，而不是商業性的營利性事業，這種社會醫療保險能保證參保人在生病時得到基本醫療服務，避免出現因病致貧。政府

為此投入一定量的資金，以減少個人負擔，提高參保人的保險待遇。代表政府經營社會醫療保險的組織機構不得以營利為目的，當發生資金虧損短缺時，能從國家財政得到補貼，且國家不對社會醫療保險事業徵稅。

2. 權利與義務的不對稱性

社會醫療保險法律規範對保險金籌集與支付的規定體現了參保人所享受的權利與他所承擔義務的不一致性。個人繳納保險金以其收入百分比而定，高收入者多交，低收入者少交；在保險金的支付上，卻不是根據繳費多少而定，而是根據實際需要支付保險金，這就形成了權利與義務的不對稱性。從單位所繳納的保險金部分來看也是如此，比如說，老企業的老人、病人多，實際消耗的醫療費多；新企業的年輕人多，實際消耗的醫療費用少，但兩者繳費的標準卻是一樣的，這也形成了權利與義務的不平等性。這裡應該說明的是，這種權利與義務的不平等性不能與不公平性畫等號，它是實現社會醫療保險保障性所必需的。

3. 從形式到內容的強制性

任何法律都是由國家強制實施的，社會醫療保險法律規範也不例外。但社會醫療保險法律規範的強制性還表現在其具體內容上：在參保人方面，凡屬於保險範圍的個人都必須投保，社會醫療保險的承辦機構必須接受投保，雙方都沒有選擇餘地；在保險金的徵收方面，凡參加保險的個人和單位都必須依法繳納一定的保險費，保險費率由政府主管部門與有關各方協商制定，參與保險的各方無權更改保險費率；在社會醫療保險的經濟利益方面，不是實行多投多保的原則，社會醫療保險的實質就在於對國民收入強制進行分配與再分配。以上強制性內容是其他商業保險法所沒有的，商業保險法的強制性只是對作為市場主體參保各方的行為規範的強制。

4. 高度的科學技術性

社會醫療保險與其他保險一樣，要運用科學技術及管理知識作為依據。首先，社會醫療保險事業的營運是以概率與數理統計理論為基礎來確定保險費率及保險責任準備金的；其次，社會醫療保險承保項目、醫療機構提供的醫療服務是否合理以及醫療費用標準的確定都必須以醫學知識為基礎；最後，社會醫療保險制度的建立和營運牽涉到社會的許多方面，是一項複雜的社會系統工程，必須有社會管理科學知識做指導。因此，社會醫療保險法的許多具體條款都將體現科學內容，否則就難以做到公平合理，甚至要影響社會醫療保險制度的建立和健康發展。

5. 法律規範的變動性

相對於其他法律規範而言，社會醫療保險法律法規具有變動性，而缺乏一定的穩定性。一般地講，法律的嚴肅性和權威性要求任何法律規範都必須具有一定的穩定性，不應頻繁修改。但是，一方面，中國的社會醫療保險事業剛剛起步，各方面的工作都還處於探索試驗階段，主客觀方面的經驗尚不成熟。因此，還不能肯定所制定的法律、法規是否符合實際情況。如果在法律、法規的運用過程中發現了新情況、新問題，就應該及時補充和完善有關的法律、法規。另一方面，社會醫療保險事業不是一個孤立的系統，它是與社會的其他方面緊密聯繫的。社會的經濟狀況、人口狀況、醫療技術發展水準以及疾病譜的變化等因素都可能使已有的社會醫療保險法律規範過時，這就

要求對社會醫療保險法律規範進行及時修改，以適應變化了的客觀情況。

二、社會醫療保險法律的功能作用

社會醫療保險法律的功能定位是指它在國家整個法律體系中所處的位置，一個國家的全部法律是作為一個整體而存在的，是各個部門法圍繞憲法有機結合。在中國憲法已確定「實行社會主義市場經濟」這一宏偉目標的情況下，必須建立和完善與市場經濟相適應的法律體系。市場經濟法律體系將成為中國整個法律體系的重要組成部分，它本身又包括：市場主體法、市場主體行為規則法（此類中包含商業保險法）、市場管理規則法、市場體系法、市場宏觀調控法和社會保障法。

社會保障法即為保證社會成員的基本生活權利而提供救助和補貼的有關法律規範。它主要包括勞動法、社會保障法兩類，前者是調整勞動關係的法律規範，後者是調整因社會保障（在勞動者喪失勞動能力或出現其他生活困難時提供）而產生的社會關係的法律規範。

社會醫療保險法律是社會保障法律體系中的重要組成部分，因為疾病是所有人都無法避免的一種風險。社會醫療保險法律是保障勞動者或其他國民在患病時避免可能出現的生活困難的法律保證。在社會保障法律體系中與社會醫療保險法律並列的還有失業保險法律、養老保險法律、工傷保險法律等，它們一起保障勞動者在出現經濟困難、企業破產和本人患病、工傷、退休、致殘等特殊情況下的基本生活水準。

從國家和社會的角度來看，建立和完善社會主義市場經濟，必須以社會安定為前提條件，包括社會醫療保險在內的社會保障制度是必不可少的穩定機制；從勞動者個人角度來看，實現憲法所賦予的「從國家和社會獲得物質幫助的權利」，包括社會醫療保險在內的社會保障制度是必不可少的手段。而社會醫療保險等社會保障制度的建立和發展又離不開法律的規範和調整，這就決定了社會醫療保險法律規範不可替代的作用。社會醫療保險法律的作用具體表現在以下幾個方面：

（一）保證國家意志能夠得到有效體現和貫徹

中國現階段的根本任務是發展生產力，建立和完善社會主義市場經濟體制，而改革並建立包括社會醫療保險制度在內的整個社會保障體系，是保證社會安定團結穩定和促進社會醫療保險制度順利建立必不可少的條件。因此，建立包括社會醫療保險在內的整個社會保障體系成為了國家發展戰略的重要組成部分，也是國家意志的一個方面。如果沒有法律強制手段，就無法保證建立社會醫療保險等社會保障制度這一國家意志的順利貫徹，這勢必阻礙社會主義市場經濟體制的建立和完善。

（二）保證中國現階段的醫療保健制度改革的順利實施

從中華人民共和國成立初期，中國就著手建立具有社會主義性質的醫療保健制度，形成了包括勞保醫療制度、公費醫療制度和合作醫療制度在內的醫療保健服務體系。60多年來，這一制度對保障人民身體健康、促進社會經濟發展起了重要作用。但是，隨著中國由計劃經濟向社會主義市場經濟的改革進一步深化，現行醫療保健制度的矛盾和缺陷日益突出。因此，改革原有醫療保健制度，建立多方籌資、覆蓋面廣的社會

醫療保險制度有著充分的必要性。這一改革勢必影響社會各方面的切身利益，因而勢必遇到來自多方面的強大阻力。這一改革任務的艱鉅性決定了必須以法律強制力保證其順利實施，社會醫療保險立法的作用也就顯而易見了。

(三) 保證社會醫療保險資金有長期、穩定的來源

根據大數定律，參保人數越多，保險系統的共濟能力和抗風險能力就越強。為了保證社會醫療保險資金有長期、穩定的來源，提高醫療保障水準，應盡可能地擴大保險規模，這就需要一定的法律保障。如果社會醫療保險不立法，又沒有強有力的強制措施，社會醫療保險的參保率就很難提高，即使參加了，也可能少繳、拖欠保險費，甚至退出社會醫療保險。顯然，這必將導致社會醫療保險基金入不敷出，難以為繼。因此，社會醫療保險必須立法，才能保證社會醫療保險資金有長期、穩定的來源。

(四) 保障廣大參保人的基本醫療需求

國際勞工組織早在1952年的第102號公約中就把社會醫療保險作為社會保障的重要內容，在1969年的第130號公約中又確定了詳細的社會醫療保險的原則。可見，國際上對保障勞動者的醫療需求是非常重視的。但是，在中國有些企業，特別是一些私營企業、外資企業和合資企業的經營者出於經濟利益的考慮，一般都不大願意為員工購買社會醫療保險，因此，只有通過立法的形式強制所有企業經營者為其員工購買社會醫療保險，才能使廣大勞動者享受基本醫療服務的權利得到保障。

(五) 規範和調整社會醫療保險中的各種利益關係，保證社會醫療保險系統的有效運轉

從理論上講，社會醫療保險的實質是國民收入的分配與再分配，它包括多方面的經濟利益轉移：第一，從高收入者向低收入者的轉移；第二，從企事業單位向雇員的轉移；第三，從發病率低的年輕人群向發病率高的老年人群的轉移；第四，從發病率低的企事業單位向發病率高的企事業單位的轉移。這種情況涉及經濟利益的再分配，只有依靠法律的強制性才能保證其實施。

從實踐的角度講，社會醫療保險制度的建立使有關各方之間產生了權利義務關係。第一，在社會醫療保險基金籌集過程中，社會醫療保險管理機構、用人單位和參保人之間的關係。其突出問題是，能否保證社會醫療保險範圍內的用人單位及其職工都參加社會醫療保險，能否保證應繳納的社會醫療保險金能夠足額按期繳納。第二，在醫療服務過程中，約定醫療單位和病人之間的關係。其問題在於能否保證合理醫療、合理收費，既不降低醫療服務的質量和水準，也不過度地提供醫療服務，以免浪費衛生資源。第三，社會醫療保險費用支付過程中，社會醫療保險承辦機構、約定醫療單位和參保人之間的關係。一方面是社會醫療保險承辦機構對約定單位的醫療費用償付是否合理、及時，在償付時是否進行過詳盡的審核；另一方面是社會醫療保險承辦機構對個人醫療費用的償付是否合理。第四，在整個社會醫療保險中還涉及中央與地方、部門與部門以及地方政府與其歷屆的社會醫療保險管理機構之間的關係。

如此複雜的權利義務關係必須而且應當由法律規範來調整，對有關各方面的權利義務必須用法律規範明確地加以確定，以維護中國社會醫療保險事業的健康發展。

三、社會醫療保險立法的條件

(一) 有完善的社會醫療保險政策、實施方案或實踐經驗

社會醫療保險作為社會保險的一部分，許多國家都實行法定保險，通過國家或地方立法強制推行。根據具體情況，可以採取先立法後實施和先實施再立法兩種不同的方法。無論採取哪種方法，社會醫療保險立法都必須具備一個先決條件，即有完善的社會醫療保險政策和實施方案。

一個國家或一個地區的社會醫療保險政策由國家中央政府或地方政府制定，其基本內容包括：社會醫療保險實施的範圍（適用對象）；社會醫療保險基金籌集的方式、方法、比例（一般按個人的收入或工資的一定比例來籌集）和管理方式；參保人就醫時的待遇；費用的分組和支付辦法；費用的結算和基金的平衡；醫院（或醫療服務單位）提供的醫療服務；社會醫療保險管理機構的職責；違反社會醫療保險政策的處罰等。保險管理機構根據政府的政策制定社會醫療保險的具體實施過程詳細的科學論證，並徵求社會各界的意見，使社會醫療保險的具體實施方案具有可行性。

國家或地方立法機關根據中央政府或地方政府的社會醫療保險政策和實施方案制訂立法計劃，按照立法程序制定科學的依據和堅實的基礎。因此，社會醫療保險政策和實施方案是社會醫療保險立法的最基本的先決條件，它要解決的問題主要是：能否保障參保人群就醫時的基本權益，即享受政策所規定的基本醫療待遇；個人自付的醫療費用是否超過個人或家庭的經濟承受能力；定點醫療單位能否為患者（特別是大病、重病和老年病患者）提供相應的醫療服務；就醫過程中手續是否簡便易行。如果大多數人能接受這些條件，社會醫療保險立法就有了群眾基礎，並可保持法律、法規的權威性。這裡所說的大多數人，重點是退休人員，大病、重病和慢性病患者，行動不便者以及低收入患者，社會醫療保險的政策和具體實施方案主要是考慮這些人的利益，社會醫療保險立法特別要考慮這些人的態度，在某種程度上也主要靠這些人的支持。

(二) 納入立法機關的立法計劃

無論是國家立法還是地方立法，社會醫療保險的立法意圖都要得到立法機關的認可和同意，並納入立法機關的立法計劃。納入立法計劃和完成立法，在立法機關要經過兩個階段，必須要做大量的工作，如果條件不成熟或者立法工作不夠充分，就難以納入立法機關的立法計劃，即使納入了立法機關的計劃，究竟什麼時候能夠完成立法，還要取決於社會醫療保險制度是否完善和能否反應人們的意志。如果制度不完善或不切實際，不能真正反應民意，法案便很難獲得通過，說明立法還缺乏基礎。一般來說，只要社會醫療保險制度反應了民意，有了群眾基礎就能納入立法機關的立法計劃。反過來說，納入立法機關的立法計劃，一般都是反應了民意或反應了客觀事物發展的需要。因此，只要社會醫療保險制度實施的條件基本成熟，就應立即報告立法機關，要求納入立法計劃，爭取使立法機關盡快完成立法。

從 1994 年中國開始將社會保險列入國家立法規劃，到這一部根本大法於 2010 年 10 月底得到全國人大常委會的表決通過，整整耗時 16 年，歷經全國人大四審並受到社

會大眾的廣泛關注。隨著《社會保險法》從 2011 年 7 月 1 日開始施行，中國社會保險立法層次低、社會保險法規系統性弱、區域與行業銜接性差等現象將得以根本扭轉。《社會保險法》首次從法律層面確立了中國養老、醫療、失業、工傷和生育五大社會保險支柱。它的頒布實施，對加快建立覆蓋城鄉居民的社會保障體系，保障人民群眾共享改革發展成果，促進社會主義和諧社會建設，具有十分重要的意義。

四、社會醫療保險法律與相關法律的關係

從社會醫療保險法律與相關法律的關係中可進一步認清其所處的地位。

(一) 與其他社會保險法律的關係

社會醫療保險法律與其他社會保險法律一起組成了一個完整的社會保險法律體系。此法律體系的目的在於，當勞動者因失業、退休、患病、傷殘等風險而陷於困境時，保障他們及其家屬的基本生活水準。在現代社會，上述風險客觀存在著，哪一種風險的出現都會使勞動者遭受損失，生活難以為繼。因此，只有將各種風險都納入社會保障體系，才能真正達到安定社會、解除參保者後顧之憂的功效。

(二) 與勞動法的關係

包括社會醫療保險法律在內的各種社會保險法與勞動法一樣，其目的都是維護勞動者的權利，保障勞動者的生活。兩者的區別在於，勞動法的作用主要在於維護在職勞動者的各項權利，涉及勞動關係的建立與解除、勞動爭議的處理、工作時間、勞動報酬、技能培養、安全衛生、參與民主管理等方面的內容。而社會醫療保險法律規範等各類社會保險法的作用在於維護參保人（包括勞動者和其他國民）在特殊情況下的權利，即保障他們在喪失勞動能力或出現其他生活困難時的基本生活權利。

(三) 與商業健康保險法的關係

包括社會醫療保險在內的各種社會保險屬於國家行政性事業，因而包括社會醫療保險法律規範在內的各種社會保險法具有行政法律規章的性質，起著落實國家政策的作用，體現出行政行為必須合法、公正的基本原則。而包括商業健康保險在內的各種商業保險則是雙方當事人在平等自願的基礎上通過協商建立起來的合同關係，因而商業保險法具有民事法律的屬性，起著規範人們的交易行為的作用，體現出平等、自願、公平、等價、有償、誠實、信用的基本原則。這兩者具有不同的性質。但社會醫療保險與商業健康保險之間也有密切的聯繫，兩者相輔相成，在不同層次上為人們在傷病時提供物質幫助，因而社會醫療保險法規與商業健康保險法規應相互銜接。

五、社會醫療保險法律關係的構成

法律關係是法律的核心內容，其具體表現在規定法律關係的各參與方之間的權利義務關係①。人們在社會生活的各個方面結成各種不同的社會關係，當這些不同的社會

---

① 仇雨臨，孫樹菡. 社會醫療保險 [M]. 北京：中國人民大學出版社，2001：196.

關係用不同的法律規範來調整時就形成了各種不同的法律關係。人們在社會醫療保險中所形成的社會關係，當它為社會醫療保險法律、法規所規範和調整時就形成了社會醫療保險法律關係。社會醫療保險法律關係的構成要素與其他法律關係一樣，由主體、內容和客體三要素組成。社會醫療保險法律關係三要素具有自身的特殊性，以區別於其他法律關係。

(一) 社會醫療保險法律關係的主體

社會醫療保險法律關係的主體是指社會醫療保險法律關係的各方參與者，也就是社會醫療保險法律關係中的權利享有者和義務承擔者。其主體是法律關係存在的前提條件，而且數量上至少有兩個。社會醫療保險法律關係的主體包括：雇傭勞動者的單位（用人單位）、參與保險的勞動者或其他國民（被保險人）、醫療服務機構（定點醫院和定點藥店）和社會醫療保險管理機構。

社會醫療保險法律關係的主體應當是具有社會保險權利能力和行為能力的人，他們可以是公民（投保人和受益人），也可以是法人（定點醫院和定點藥店）、社團法人（管理委員會）或者國家機關（經辦機構）。社會保險權利能力，即主體享有社會保險法律規定的權利和承擔該法律所規定義務的資格。社會保險行為能力，即主體以自己的行為享有社會保險法律規定的權利和承擔該法規定義務的能力。

社會醫療保險法律關係的主體比其他保險法律關係的主體更為廣泛，它發生在醫療津貼、醫療待遇和生育津貼三個不同的法律關係之中，包括社會醫療保險人、投保人、被保險人、受益人、醫療服務提供人和監督管理人。主體的廣泛性，決定了社會醫療保險法律關係的複雜性。在醫療津貼法律關係中，主體的一方是提供醫療津貼的國家、基金會或雇主；另一方是享有醫療津貼的患病雇員。醫療待遇法律關係中有三方當事人：一方是進行社會醫療保險管理的經辦機構；另一方是提供醫療服務的定點醫院和定點藥店；第三方是享有醫療待遇的患病雇員。生育津貼法律關係中，主體的一方是提供生育工資和津貼的國家、基金會或者雇主；另一方是享有生育工資和津貼的孕、產、哺乳期女工。

(二) 社會醫療保險法律關係的客體

社會醫療保險法律關係的客體是指社會醫療保險法律關係主體的權利義務指向的對象（標的），一般包括物質幫助權、物和行為三類。

(1) 物質幫助權。社會醫療保險法的立法宗旨決定了勞動者及其他國民的物質幫助權是社會醫療保險法律關係的首要客體。中國憲法規定中華人民共和國公民在年老、疾病或者喪失勞動力的情況下，有從國家和社會獲得物質幫助的權利，並規定國家發展為保證這些權利實現所需的社會保險、社會救濟和醫療衛生事業。社會醫療保險法旨在貫徹發展社會保險事業的國家政策，實現勞動者或其他國民在生病時能從國家和社會獲得物質幫助的權利。社會醫療保險法中的諸多權利義務最終都可追溯到對勞動者或其他國民的物質幫助權的維護。因此，勞動者或者其他國民的物質幫助權是社會醫療保險法律關係中最高層次的客體。

(2) 物。物是指可為人們控制和利用的一切物質財富。在社會醫療保險法律關係

中，作為客體的「物」有各種與社會醫療保險有關的費用、藥品、醫療器械等。在社會醫療保險領域，物主要是指現金，如醫療津貼和生育津貼、醫療待遇等。在有些國家，特別是發展中國家也不排除向困難患者提供實物幫助的可能。

（3）行為。行為是指社會醫療保險經辦機構向繳費人所提供的服務行為，以及在社會醫療保險輔助關係中醫療服務機構向患者提供的醫療服務行為。行為有作為和不作為兩種形式，在社會醫療保險法律關係中，這類客體包括定點醫療單位的醫療服務行為、用人單位及被保險人繳納保險費的行為、社會醫療保險管理機構的管理行為和支付行為等。

（三）社會醫療保險法律關係的內容

社會醫療保險法律關係的內容，是指社會醫療保險法律關係的各主體依法享有的權利和應承擔的義務。權利是指當事人一方實現某種利益的可能性；義務是當事人一方為了滿足對方利益要求而履行一定行為的必要性。權利與義務在一般情況下是相互依存的，在少數情況下是脫節的。社會醫療保險發生在經濟制度與社會福利及救濟制度之間，因此，社會醫療保險中的權利與義務有時是脫節的。這些權利和義務既不是主體自由選擇的，也不是主體之間相互約定的，而是由社會醫療保險法律規範規定，並且由國家強制予以保障實施的。對違反法定義務的主體要實施一定的制裁。任何法律規範都要通過規定法律關係主體的權利和義務來達到規範人們行為的目的，社會醫療保險法律規範也不例外。

1. 各主體的權利義務

任何法律關係的內容都歸結為法律主體的權利和義務，而法律關係又是一部法律的核心內容，因此，一部完善的法律應對法律關係各主體的權利義務明確加以闡述。

（1）保險人即社會醫療保險管理機構（包括社會醫療保險行政主管機構和承辦機構）的權利就是其行政職權，表現為社會醫療保險管理機構在行政管理中有權行使行政職權，對參保人實施管理，並享受國家為確保行政目標的實現而提供的行政優先權和各種物質條件。要強調的是，社會醫療保險行政主管機構作為國家行政機關，其行政職權是它所固有的法定職權，此機構一經依法成立，就具備了由憲法和有關組織法所規定的行政職權。社會醫療保險承辦機構作為事業單位，其本身並不享有行政職權，它需要由社會醫療保險法律規範明確授予才能獲得一定的行政職權。社會醫療保險管理機構的義務就是其應承擔的行政職責，表現為依法履行國家法定的職責，接受國家、社會和參保人的監督，保護參保人的合法權益。

在公共社會醫療保險法律制度中，保險人是國家及國家授權或者委託的經辦機構；在實行混合管理的公共社會醫療保險法律制度中，保險人也可以是法律認可的委員會或基金會（非營利組織）。社會醫療保險法對保險人的資格、能力和職責均給予了明確的規定。他們的職責是管理投保人和受益人的信息檔案、收支社會醫療保險費以及控制費用總額。由於社會醫療保險具有社會互助的特徵，在公共社會醫療保險法律制度中，保險人與投保人和受益人之間屬於管理與服務的關係，雙方的權利與義務不是相互對應的。

（2）投保人即保險稅或保險費的繳納者。在實行非繳費型的公共社會醫療保險制度的國家裡，沒有投保人，只有納稅人；其餘各種類型的制度均有投保人。投保人的義務是按時、按量登記、申報和繳費；及時向經辦機構報告投保人和被保險人的信息及變更情況。投保的方向不同，可能是投向公共機構、非營利性的社會團體或者投向私營商業保險機構。投保人有權查詢繳費記錄和監督、控告社會醫療保險基金經辦機構的行為。投保人包括負有強制繳費義務的雇主、雇員、自由職業者和其他人；自願承擔繳費義務的雇主；自願繳費的雇員、自由職業者和其他人。其中，雇主的繳費義務與某些權利脫離，他們為雇員的繳費與自己享有醫療服務待遇的權利相脫離；雇員、自由職業者和其他人的繳費義務與享受醫療服務待遇的權利相互對應。投保人的繳費分為法定義務和自願行為兩種情況。

（3）被保險人即由投保人指定的為其繳費的、享有社會醫療保險金受益權的人。被保險人是受益人的前身，他們可以是公務員、雇員、個體勞動者、自由職業者和農民，他們必須具有勞動合同關係或者必須是合法資格的居民。被保險人是權利主體，他們也可以是義務主體。例如，投保雇員為自己繳費；同時，他們也可以是非義務主體，例如，在實行雇主社會醫療保險責任制或者具有最低工資限制的國家，是雇主為他的雇員繳費，雇員便成為單純的權利主體。被保險人有權查詢繳費記錄、監督和舉報保險人的違法行為，對保險人和義務投保人的違法行為和違約行為提起仲裁或訴訟；被保險人也負有及時向經辦機構報告本人的信息及變更情況的義務。

（4）受益人即享有社會醫療保險待遇的人，他們是被保險人的實際受益人，在一般情況下，受益人就是被保險人。在法定條件下，受益人可以延伸到被保險人的家庭成員，如被保險人死亡情況下的遺屬撫恤金的受益人或者個人帳戶內遺產的繼承人。受益人只有達到法定條件時，才能得到醫療待遇的受益權。

（5）醫療服務提供方（包括醫院、醫生和藥店）也是社會醫療保險法律關係的主體之一。離開定點醫療服務單位的積極參與，社會醫療保險將無法收到好的效果，特別是醫療費用將無法得到有效控制。醫院有公立醫院和私立醫院、定點醫院和非定點醫院之分；醫生有個體醫生和醫院醫生之分。定點醫院通過資源配置和合同方式與患者建立醫療服務關係，與保險人建立付費關係。藥店有定點藥店和非定點藥店兩類，定點藥店通過合同方式與患者建立藥品特價購銷關係。醫療服務提供人與保險人和受益人之間均不存在保險法律關係，他們與社會醫療保險經辦機構之間是依法律或合同所發生的接受付費的權利關係，他們與受益人之間是依法律或合同所發生的提供醫療服務的義務關係。

定點醫療單位的權利在於：第一，能從社會醫療保險基金中獲取提供醫療服務後的費用補償；第二，有權從國家財政獲得一定的資助；第三，有權參與醫療費用償付標準的制定；第四，有權在醫療服務過程中行使一定的處置權。其義務在於：幫助控制醫療費用的過度上漲，減少衛生資源的浪費，提供在質量和數量兩方面都符合社會醫療保險法規要求的基本醫療服務，嚴格遵守社會醫療保險法律規範並接受社會醫療保險管理機構的監督檢查。

2. 各主體之間法律關係的性質

根據以上論述，我們可以認清社會醫療保險各權利義務主體之間法律關係的性質：

（1）在社會醫療保險基金的籌集過程中，社會醫療保險承辦機構與用人單位及被保險人之間的法律關係既具有契約的性質，又具有管理與被管理的性質。

（2）在社會醫療保險基金的支付過程中，社會醫療保險承辦機構與定點醫療單位之間的法律關係既具有契約的性質（即定點醫療單位通過向社會醫療保險承辦機構承包醫療任務並從後者獲取相應的醫療補償費），也具有管理與被管理的性質。

上述兩種法律關係都兼有民事法律關係的性質和行政法律關係的性質，這表明社會醫療保險承辦機構一方面是一個具有自身經濟利益的事業單位，另一方面又具有一定的行政管理職權。

（3）在醫療服務過程中，定點醫療單位與被保險人（病人）之間是一種特殊契約關係。這是指，它首先是平等民事主體之間的民事法律關係，但這種民事法律關係又受一些特殊規範的約束。比如說，病人來就醫，定點醫療單位無拒診的自由；對定點醫療單位的一定處置權，病人有服從的義務。

（4）用人單位與職工（即被保險人）之間是純粹的契約關係。

（5）社會醫療保險行政主管機構與其他主體之間的法律關係是管理與被管理的行政法律關係。

六、社會醫療保險法律的具體內容

（一）社會醫療保險管理機構

社會醫療保險法律應對社會醫療保險事業的管理機構的設置、職能、組織原則等方面做出明確規定，這是保證社會醫療保險事業健康發展的至關重要的條件。社會醫療保險既不應由政府某個職能部門直接包辦，也不應由企事業單位或行政機關自辦，而應成立專門的管理機構來舉辦，並按政事分開的原則，將這一管理機構分為兩個相對獨立的部分，即社會醫療保險行政主管機構和社會醫療保險承辦機構。社會醫療保險法應對他們的行政職權和行政職責做詳細的規定。如《中華人民共和國社會保險法》第七條規定「國務院社會保險行政部門負責全國的社會保險管理工作，國務院其他有關部門在各自的職責範圍內負責有關的社會保險工作。縣級以上地方人民政府社會保險行政部門負責本行政區域的社會保險管理工作，縣級以上地方人民政府其他有關部門在各自的職責範圍內負責有關的社會保險工作。」第八條規定「社會保險經辦機構提供社會保險服務，負責社會保險登記、個人權益記錄、社會保險待遇支付等工作。」

（二）社會醫療保險的承保範圍

社會醫療保險的承保範圍是社會醫療保險法的重要內容之一，可分為被保險人範圍和社會醫療保險項目範圍兩類。

（1）被保險人範圍。按照社會醫療保險的宗旨，被保險人的範圍應盡可能廣泛。具體地講，應覆蓋全體勞動者乃至大部分國民。但考慮到中國的實際情況，這一目標只能分階段實現。被保險人的範圍應該包括所有類型企事業、機關、社會團體等用人

單位的所有職工（包括離退休人員）以及大學生、農民、無固定工作的勞動者、各類企業職工的家屬等。

（2）社會醫療保險項目範圍。關於基本社會醫療保險的診療項目、基本社會醫療保險用藥範圍和藥品價格、基本社會醫療保險醫療服務設施範圍和支付標準、定點醫院和藥店資格、醫生、醫院服務價格等規定，是社會醫療保險立法的重要內容。社會醫療保險只能保障被保險人在自然生病時享受基本的醫療服務。具體地講，社會醫療保險的項目包括：因病情需要的各種檢查、診斷、治療、用藥、住院所需的醫療費用。基本醫療服務以外的醫療服務項目不屬於社會醫療保險範圍，但可通過其他補充社會醫療保險的形式得到保障。因非自然傷病需要醫療服務的，儘管屬於基本醫療服務的範圍，但不用於社會醫療保險的承保範圍，而應由自己、侵犯人或其他保險途徑支付醫療費用，如因打架鬥毆、交通肇事、酗酒等原因所致傷病的醫療費用。因自殺、工傷和醫療事故等所致傷病的醫療費用，這些人為因素所致的傷病或傷殘首先涉及的是賠償責任，故在社會醫療保險的承保範圍之外。隨著科學技術的進步和社會經濟的發展，基本醫療服務的標準也將隨之變化，這就要求社會醫療保險行政主管部門及時修訂有關法律、法規，調整社會醫療保險項目的範圍。

（三）社會醫療保險基金的籌集

社會醫療保險法律必須確定社會醫療保險基金的籌集原則、分組比例、籌集方式、保險費率及保險費的計算方式、對各種人群的徵收辦法等。在確定社會醫療保險費率時應兼顧社會醫療保險償付能力和被保險人的經濟承受能力。在確定國家、用人單位和被保險人三者分擔社會醫療保險費的比例時，如果財力充足，則國家承擔比例可大些，反之則可小些。關於個人承擔部分，收入較高者則應多繳納。這裡不存在個人公平不公平的問題，而是在整體公平的基礎上由社會醫療保險的互濟性、收入再分配性質所決定的。

一個具有可操作性的社會醫療保險法實施細則必須對社會醫療保險費在不同情況下的分組比例有詳細的規定，比如，對不同性質的用人單位（如全額預算、差額預算、自收自支）的分擔比例的規定，對不同種類的被保險人（如年齡、工齡、職務、勞動模範等）分擔比例的規定。

關於籌集方式及具體徵收辦法也應由社會醫療保險法實施細則加以規定。對繳納不足或逾期不繳的問題還應規定切實可行的解決措施。另外，對所籌集的醫療基金如何劃分出社會統籌部分與個人帳戶，對如何確定社會統籌的對象、規模及補償內容，對個人帳戶上是否需要按門診或按服務項目做出劃分等，都應做出明確規定。

社會醫療保險資金的籌集範圍、籌集比例和籌集方法。通常是政府為公務員提供資金；雇主為雇員繳費，或者雇員自己繳費；個體勞動者的繳費通常是雇主和雇員的繳費之和。在公共社會醫療保險法律制度中，繳費比例由政府規定和調控，一般採取現收現付的籌集辦法。很多國家的社會醫療保險同其他社會保險制度統一籌集資金。

《中華人民共和國社會保險法》第二十三條規定「職工應當參加職工基本醫療保險，由用人單位和職工按照國家規定共同繳納基本醫療保險費。無雇工的個體工商戶、

未在用人單位參加職工基本醫療保險的非全日制從業人員以及其他靈活就業人員可以參加職工基本醫療保險，由個人按照國家規定繳納基本醫療保險費。」

第二十四條和第二十五條規定「國家建立和完善新型農村合作醫療制度。新型農村合作醫療的管理辦法，由國務院規定。國家建立和完善城鎮居民基本醫療保險制度。城鎮居民基本醫療保險實行個人繳費和政府補貼相結合。享受最低生活保障的人、喪失勞動能力的殘疾人、低收入家庭六十週歲以上的老年人和未成年人等所需個人繳費部分，由政府給予補貼。」

(四) 社會醫療保險費用的支付

社會醫療保險法及其實施細則中有關社會醫療保險費用支付的規定包括：哪些費用應由個人帳戶支付；自付比例如何確定；與定點醫療單位是按「總量控制」（以人、病種、門診人次或平均住院日為單位）還是按醫療服務項目結算；結算時有關各類指標標準如何確定；在支付過程中，對定點醫療單位醫療服務的審核方式和程序如何確定；對被保險人資格的審核辦法如何規定等，以上問題都應在社會醫療保險法中進行明確、具體的規定。

為了提高社會醫療保險承辦機構的行政效率和管理水準，維護被保險人的合法權益，社會醫療保險法有必要對社會醫療保險費支付的期限做出規定，對逾期不支付的應採取相應的措施。社會醫療保險支付標準的確定原則是：最低限額以能維護被保險人及其家屬的基本生活水準為準；最高限額以不超過實際醫療服務費用為準。

《中華人民共和國社會保險法》第二十八條規定「符合基本醫療保險藥品目錄、診療項目、醫療服務設施標準以及急診、搶救的醫療費用，按照國家規定從基本醫療保險基金中支付。」以及第三十條規定「下列醫療費用不納入基本醫療保險基金支付範圍：（一）應當從工傷保險基金中支付的；（二）應當由第三人負擔的；（三）應當由公共衛生負擔的；（四）在境外就醫的。醫療費用依法應當由第三人負擔，第三人不支付或者無法確定第三人的，由基本醫療保險基金先行支付。基本醫療保險基金先行支付後，有權向第三人追償。」

(五) 對社會醫療保險基金的管理

用人單位和被保險人個人繳納的社會醫療保險費由社會醫療保險承辦機構進行管理，在這方面應建立嚴格的財務制度和監督機制，對故意揮霍、挪用醫療保險基金的行為追究責任人的行政責任乃至刑事責任。對社會醫療保險基金中用作管理費、風險儲備金的部分應規定明確的比例，這個比例的確定和更改都應由能代表各方利益的機構按法定程序進行。為了確保基金的安全、保值和增值，社會醫療保險法必須明確規定社會醫療保險基金只應投資於國債、基本設施建設，不許做任何風險性投資，更不能作為地方政府或部門的機動財力。在公共社會醫療保險制度中，社會醫療保險基金的管理和監督均為政府行為，同時賦予繳費人監督權和訴訟權。

《中華人民共和國社會保險法》第六十四條規定「各項社會保險基金按照社會保險險種分別建帳，分帳核算，執行國家統一的會計制度。社會保險基金專款專用，任何組織和個人不得侵占或者挪用。基本養老保險基金逐步實行全國統籌，其他社會保

基金逐步實行省級統籌，具體時間、步驟由國務院規定。」

第六十五條和第六十六條規定「社會保險基金通過預算實現收支平衡。縣級以上人民政府在社會保險基金出現支付不足時，給予補貼。社會保險基金按照統籌層次設立預算。社會保險基金預算按照社會保險項目分別編製。」

第六十九條規定「社會保險基金在保證安全的前提下，按照國務院規定投資營運實現保值增值。社會保險基金不得違規投資營運，不得用於平衡其他政府預算，不得用於興建、改建辦公場所和支付人員經費、運行費用、管理費用，或者違反法律、行政法規規定挪作其他用途。」

(六) 對醫療服務的管理

醫療服務是社會醫療保險系統的一個重要組成部分，社會醫療保險法及其實施細則必須對就醫過程的各個環節做出規定，使得對醫療服務的管理有章可循。這些規定應包括如下內容：如何對參與社會醫療保險的定點醫療機構進行資格審查；如何對所確定的定點醫療機構的醫療服務質量進行經常性的評審考核和監督；參保人員患病時到哪一家定點醫院就醫，就醫時需要辦理哪些手續，就醫後按什麼程序結算費用；在什麼情況下可以轉診、轉院；對出差探親時的就醫如何處理等。醫院保險管理機構和職責：國家負一般監督責任，在實行中央管理體制的國家，政府一管到底，如新加坡和中國；在實行多元化和混合管理體制的國家，由兩方或者三方組成的委員會、疾病基金會進行管理。

《中華人民共和國社會保險法》第三十一條規定「社會保險經辦機構根據管理服務的需要，可以與醫療機構、藥品經營單位簽訂服務協議，規範醫療服務行為。醫療機構應當為參保人員提供合理、必要的醫療服務。」

第二節　社會醫療保險監督

一、社會醫療保險監督的含義與功能

(一) 含義

社會醫療保險監督是社會醫療保險管理的重要組成部分，也是社會醫療保險管理過程中不可缺少的環節，它是指享有監督權的監督主體，通過法定的方式，依據法定的程序對社會醫療保險系統中各方的行為進行監督和控制的綜合管理過程[①]。

建立社會醫療保險的目的是保障人們的基本醫療需求，同時又控制醫療費用的不合理增長以及減少衛生資源的浪費。然而，在實施社會醫療保險的過程中，有的個人或單位從自身利益出發，採用不正確的態度和行為，如參保單位不按規定參保，參保人不按規定就醫，定點醫療機構不按規定提供醫療服務，社會醫療保險機構不按規定

---

① 張笑天，王保真. 社會醫療保險原理與方法［M］. 北京：中國人口出版社，1996：408.

營運等，為了保證社會醫療保險的有效運行，就有必要對社會醫療保險的各個方面進行強有力的監督。

(二) 功能

社會醫療保險監督的功能是指社會醫療保險監督活動在社會醫療保險管理過程中所起的作用。社會醫療保險監督主要有四個功能，即制約、參與、預防和反饋。其中，制約功能確定了監督的範圍，參與功能提出了監督的過程，預防功能突出了監督的重點，反饋功能則為監督提供了依據。它們之間相互聯繫，相互配合，形成監督活動的功能體系。

1. 制約功能

社會醫療保險監督的制約功能，是指為了保證社會醫療保險的順利實施，對社會醫療保險運行過程中的各要素、各環節、各階段進行的檢查活動。社會醫療保險系統的內外環境每時每刻都在發生變化，為了保證這種變化不會影響社會醫療保險的實施，就必須對社會醫療保險運行的全過程進行檢查，以便隨時隨地糾正每項具體活動的偏差。

2. 參與功能

社會醫療保險監督的參與功能，是指為了保證社會醫療保險監督活動的有效性，使監督者能夠參與每項具體的管理活動，並在參與中實施監督。監督活動要滲透到管理活動的每一個環節之中。對管理目標的實現，不僅要根據客觀實際情況檢查、核實目標的先進性、科學性，而且還要審查計劃的嚴密性、可行性；不僅要及時監視和發現實施過程中出現的偏差及其缺陷，還要督促有關部門和人員糾正偏差，克服缺陷。而這些，都需要監督職能的積極參與。

3. 預防功能

社會醫療保險監督的預防功能，是指社會醫療保險監督活動除了要檢查、發現並糾正社會醫療保險運行過程中出現的各種偏差之外，還要善於發現和尋找可能對社會醫療保險產生不利影響的現實因素和潛在因素，以預防、阻止各種錯誤和偏差的產生和出現，保證社會醫療保險的順利實施。監督既要發現偏差、糾正偏差，還要防止出現偏差。由此可見，監督活動還能起到防患於未然的作用。

4. 反饋功能

監督也是一種反饋，而且是一種及時的反饋。社會醫療保險監督的首要工作是檢查。通過審核檢查，能及時發現管理中存在的各種問題和偏差。社會醫療保險各方面反饋的信息，可以為管理者和管理部門採取針對性措施、及時糾正偏差和不斷改進工作提供迅速、可靠的科學依據。

二、社會醫療保險監督的基本原則

(一) 目的性原則

社會醫療保險監督，最根本的任務是保證社會醫療保險的順利實施。為此，在實施社會醫療保險監督時，首先要考慮它是否和這一目的相一致，這就是社會醫療保

險監督的目的性原則，也是社會醫療保險監督的首要原則。

監督的過程，實際上就是發現偏差、糾正偏差的過程。無論是發現偏差，還是糾正偏差，都不外乎有兩類問題：一類是目標和計劃正確，執行活動中偏離了計劃的軌道，這時，需對執行活動糾正偏差；另一類是目標和計劃制訂不符合客觀實際，繼續實施下去，會帶來不良後果，這時，需要對目標和計劃作相應的修改。這兩類問題的糾偏，就其實質而言，都是為了最終目的的實現。

（二）客觀性原則

前面已經提到，監督是一種反饋，而且是一種及時的反饋。有效反饋要求準確、全面、及時。這就決定了社會醫療保險監督活動必須遵循客觀性原則。首先，要求社會醫療保險監督主體從思想上、認識上注重客觀事實；其次，社會醫療保險監督的標準必須是客觀的；再次，在實施社會醫療保險監督檢查的過程中，對所發生的問題要進行細緻的調查和科學的分析，弄清楚產生問題的原因，為制定糾正偏差的措施及有效解決問題提供科學的依據；最後，在做出監督結論時，應本著實事求是的態度，做出真實、全面的評價。

（三）異體監督原則

異體監督，是指對行為主體的監督，是由行為主體之外的其他主體實施的，監督者與被監督者不同。異體監督原則是現代管理的基本要求。現代管理理論指出：有效的管理活動應該具有相對的封閉性。即不僅要有科學的決策，而且還要有準確貫徹決策的執行活動，並且還要有對執行活動進行的強有力的監督。沒有監督，就有可能出現下面種種後果：執行部門對有關決策未能正確貫徹或根本不貫徹，導致管理失控；執行過程中受種種因素的影響，使實際成效偏離了目標，而決策部門卻無從知道，從而不能對執行活動進行有效的控制；決策與客觀實際不符，執行過程中已暴露出來，但決策部門卻無法察覺，因而無法糾正，給事業造成損失等諸如此類的問題。可見，現代管理客觀上要求對管理運行過程進行異體監督。因而，在社會醫療保險監督機構的建立和監督人員的配備上，也必須遵循異體監督的原則。

（四）超前監督原則

社會醫療保險的監督具有預防功能。因此，在實施社會醫療保險監督的過程中，還應遵循超前監督這一原則。遵循超前監督的原則，需做好以下幾個方面的工作：

（1）在組織內公開監督制度、監督內容及監督標準，使組織內的全體成員及各級管理人員瞭解監督工作的性質和規定，增強他們參與監督的預防功能並提高監督活動的權威性。

（2）對管理運行中所產生的重大失誤、問題及有關糾正措施等進行通報，以引起全體管理人員和全體組織成員的高度警惕，並給大家留下深刻的印象，避免以後出現類似的差錯。

（3）監督主體要努力認識到社會醫療保險運行的客觀規律及有效監督的客觀要求，提高自己的科學預見能力，在實施監督之前，預先想出有效的監督對策。

(4) 根據以往的監督活動所揭露出來的失誤、問題等，針對社會醫療保險運行中的薄弱環節，提出積極的建議和有效的解決措施，建立嚴格的管理制度，採取嚴密的管理防範措施，使其消除隱患，堵塞漏洞，達到防患於未然的目的。

(五) 經濟性原則

社會醫療保險監督所支出的費用要小於社會醫療保險監督活動所帶來的利益，這就是社會醫療保險監督的經濟性原則。社會醫療保險監督的經濟性原則要求：首先，監督支出的每一項費用必須是合理的、有效的，為此，規劃和組織監督活動時，要從組織機構的大小、所要監督問題的重要程度、監督所能帶來的利益等諸多方面進行考察，從而決定所投入的人、財、物的數量；其次，在監督過程中，監督人員應將注意力集中到對一些關鍵性問題的監督上。這樣做，既能抓住所應監督的要害性問題，又能防止在枝節問題上花費過多的精力，並減少監督費用支出，從而取得較好的監督效益。

三、社會醫療保險監督的方式

(一) 一般監督

一般監督是指按行政隸屬關係所實行的監督，即各級人民政府對自己的工作部門（廳、局、委員會等）的監督。在社會醫療保險中，一般監督就是各級人民政府對所屬的社會醫療保險管理機構的監督。

(二) 專門監督

專門監督是指政府設立專門的組織或機構對轄區內的社會醫療保險工作進行具體監督。從發展趨勢來看，政府需設立社會醫療保險或社會保險管理機構，管理機構內需設立專門的社會醫療保險監督部門對用人單位、定點醫療機構和參保人的行為進行監督。另外，政府還需設立專門的監督組織對社會醫療保險管理機構實施監督。

(三) 職能監督

職能監督是指政府各職能部門在其職能範圍內對其他部門實行的工作監督。社會醫療保險的職能監督主要有財政監督、審計監督和物價監督。

(1) 財政監督。財政監督是指國家通過財政部門，利用財政手段對社會醫療保險機構的資金營運活動所實行的一種廣泛而深入的監督。對社會醫療保險的財政監督重點包括：監督其在徵收社會醫療保險費上有無不按規定隨意徵收的現象及問題，在社會醫療保險基金支出上有無違反財經紀律和財務制度的現象及問題等。

(2) 審計監督。審計監督是指各級審計機關和審計人員以國家的財經紀律、制度、政策、法令規定為標準，對社會醫療保險機構的財務收支及經濟業務活動所進行的監督檢查、約束控制的管理活動。審計部門是財經法紀的維護者，它與社會醫療保險機構不存在直接的關係，僅僅是依法行使審計監督的權力，這使它更加具有超脫性。

(3) 物價監督。物價監督主要是指國家物價部門對市場價格總水準、物價上漲指數、各種產品的比價以及各種商品的定價、售價等所進行的監督。對社會醫療保險來

說，物價監督的重點是對醫療價格的監督。為了維持社會醫療保險基金的收支平衡，在社會醫療保險費一定的情況下，減少社會醫療保險基金的不合理支出是關鍵。這就要求定點醫療機構不僅要做到合理檢查、合理用藥、合理治療，而且還要合理定價，不能違反國家有關規定和物價部門所規定的價格標準。通過物價監督，防止定點醫療機構隨意提高社會醫療保險服務的價格，減少社會醫療保險基金的流失，保障廣大參保人的基本醫療需求。

(四) 社會監督

社會監督是指非官方的、非專門的除社會醫療保險監督系統之外的其他方面的監督，它符合普通民眾的需求與意願，屬於群眾性的、社會性的、非強制性的監督。社會監督主要有以下幾個方面的內容：

(1) 人民政協監督。人民政協是中國共產黨領導下各民主黨派、各人民團體和社會各方面代表組成的愛國統一戰線。通過政治協商進行民主監督，是人民政協的主要職能。政協委員通過提交議案以及進行專題調研與視察等方式，對社會醫療保險工作實施監察與督導。

(2) 群眾團體監督。群眾團體包括工、青、婦等八個人民團體，它們各自代表一部分社會利益，反應群眾的願望，是依法保護群眾權益的群眾團體。各群眾團體可以代表人民群眾向有關部門提出意見、批評、申訴和控告。

(3) 社會輿論監督。社會輿論對社會醫療保險的監督具有不可忽視的作用。它主要是通過廣播、電視、報刊等社會媒介，反應人民群眾的呼聲，對社會醫療保險各方的行為實行道義上的監督。

四、社會醫療保險監督的內容

(一) 對參保單位的監督

參保單位是社會醫療保險基金的「源頭」，為了增強整體抗風險能力，也為了保障參保人的合法權益，必須加強對參保單位的監督。對參保單位監督的內容主要有以下幾個方面：

(1) 選擇性參保。許多企業為了減少社會醫療保險費的支出，有選擇性地讓體弱、多病或年長者的職工參保，而不讓年輕、健康的職工參保，勞動密集型企業往往只讓企業固定員工參保，而不讓臨時工甚至合同工參保。為了達到選擇性參保的目的，企業往往在辦理醫療參保手續時提供假資料來隱瞞職工人數。

(2) 少報工資總額。社會醫療保險費的收繳是以職工工資總額為基數的。職工工資總額的高低直接影響到社會醫療保險收入的多少。企業為了減少社會醫療保險費支出，除了採取選擇性參保外，另一種常用的方法就是人為壓低職工工資總額，上報的職工工資總額往往只是實際水準的 1/2 甚至 1/3。因此，必須加強對參保單位職工工資總額的審核和監督檢查。

(3) 突擊參保。有些用人單位不在規定的時間範圍內到社會醫療保險機構辦理參保手續，但當單位出現重病患者時，卻主動要求參保，目的是想將單位應承擔的巨額

醫療費用轉嫁給社會醫療保險機構。這種投機性的突擊參保行為，往往會造成社會醫療保險基金的大量流失。

（4）幫助多病親屬或他人參保。有些參保單位領導利用手中的權力，將自己多病的親屬或朋友調入或招聘到本單位，為其辦理參保手續。還有些參保單位，幫助多病的親屬或他人（非本單位職工）參保。這種假公濟私的行為對其他參保人構成了利益損害。

（二）對定點醫療機構的監督

醫療市場屬於特殊的供方市場。由於病人沒有足夠的醫學知識來選擇醫療服務，因此，病人所做的檢查與治療完全由醫生做主，醫生的這種特殊地位決定了定點醫療機構在社會醫療保險費用的控制上起著舉足輕重的作用。為了維持社會醫療保險基金的收支平衡，減少不合理的醫療開支，真正保障廣大參保人的基本醫療需求，加強對定點醫療機構及其醫生的監督是必要的。

1. 對定點醫療機構監督的內容

（1）不合理用藥。不合理用藥包括在一張處方上有多種藥物的不合理搭配，或同時開多種同類藥物；對非慢性疾病患者，開出超出正常用量的藥物劑量；不顧病情需要，人為限制處方金額或處方用藥劑量等。

（2）違規用藥。在處方中出現社會醫療保險基本用藥目錄之外的藥物，有些藥物並非病人特別需要，有些確屬病情需要，但未辦理審批手續。

（3）藥房換藥。在處方上開的是社會醫療保險基本用藥，而實際上藥房給的卻是進口藥、滋補藥或其他貴重藥。

（4）濫檢查。做不必要的檢查：在疾病診斷明確的情況下，為增加醫院或醫療科室的收入，誘導甚至強迫參保人做不必要的檢查。對於那些無痛苦的檢查項目及「高、精、尖」檢查項目，尤其多見。另外，還有一種忽視常規檢查的現象：本來常規檢查即可，卻非要開出不必要的大型檢查。

（5）違規記帳。診治、記帳不驗證，將非參保人的醫療費用記入社會醫療保險基金支付帳內；將自費藥品、自費項目、生活用品及其他非社會醫療保險支付的檢查治療等費用記入社會醫療保險基金的支付帳戶內。

（6）亂收費。擅自提高收費標準，無視衛生行政與物價管理部門聯合頒布的醫療收費標準；自定收費標準，這在一些未納入醫療收費標準的高、新醫療項目上表現得尤為明顯；分解收費項目。

（7）不堅持出入院標準。病人的入院、出院都有一定的標準。但有些定點醫療機構將不該住院的病人收入住院，浪費醫療衛生資源，而一些真正需要住院的病人卻又不能及時入院接受治療，或病情尚未穩定即叫病人出院，損害了參保人的合法權益。

（8）醫療工作者利用工作之便多開藥。本院職工利用工作之便，為熟人開人情方或為自己多開藥，這也是社會醫療保險基金流失的一個重要渠道。

（9）虛報社會醫療保險費用金額。向社會醫療保險機構虛報、重報、多報參保人的醫療費用記帳金額，甚至假造處方、病歷等。

2. 對定點醫療機構監督常用的方法

（1）查處方。門診處方檢查內容如下：書寫是否規範；用藥是否合理；計價是否合理；是否分解處方等。

（2）查病歷。住院病歷檢查內容如下：病歷書寫是否符合社會醫療保險要求，是否超出用藥目錄，是否合理用藥，是否合理計價；病歷上的姓名與患者是否一致；是否符合出入院標準；住院天數情況，是否存在有意延長或縮短住院時間的問題；費用與結帳單是否一致；其他違規情況。

（3）查化驗單和檢查單。其監督檢查內容有：陽性率和計價是否合理。

（4）查藥房。主要檢查藥房中每種藥的庫存量加上處方使用量是否等於進貨量。

（5）查帳。主要檢查內容有：社會醫療保險門診記帳人次數與社會醫療保險掛號人次數、定點醫療機構上報到社會醫療保險機構的門診人次數是否一致；社會醫療保險門診記帳費用加個人自付的現金與社會醫療保險門診檢查、治療、處方的金額之和、定點醫療機構上報到社會醫療保險機構的門診醫療費用是否一致；社會醫療保險住院結帳人次數與社會醫療保險出院人次數、上報的住院人數是否一致；住院結帳單費用與實際住院的醫療費用、上報的住院醫療費用是否一致；是否有將非社會醫療保險基金支付的費用記入社會醫療保險帳戶內；是否有分解收費等。

（6）利用社會醫療保險信息管理系統查問題。利用社會醫療保險信息管理系統可以通過電腦對參保人、參保單位、定點醫療機構在一定時間內的就診人次數和就診費用進行分類統計，從中發現有無異常情況。

（7）通過審批報銷發現問題。審批報銷不但可以發現定點醫療機構執行社會醫療保險政策的情況，還可根據參保人反應的情況發現社會醫療保險實施中的各種新問題。

（8）受理投訴，包括電話、來信、上訪等多種形式的投訴。通過投訴可以發現定點醫療機構在執行社會醫療保險政策過程中的各種問題。

（三）對參保人的監督

社會醫療保險基金的支出主要取決於定點醫療機構，但這並不意味著社會醫療保險基金的支出與參保人無關。參保人是醫療服務的接受者和利用者，參保人的行為對社會醫療保險基金的支出也有直接影響。因此，也必須加強對參保人的監督。對參保人監督的主要內容有以下兩個方面：

（1）過度醫療消費和超前醫療消費。過度醫療消費是指參保人過度利用醫療服務，例如，通過利用一種以上的檢查技術確診或要求醫生開多種同類藥品等。超前醫療消費是指參保人超越社會經濟發展水準，利用「高檔」醫療服務，即常規檢查能夠確診的，卻要求用高、精特殊檢查；一般治療手續能解決的，卻要求用高、精治療技術；普通廉價藥能治愈的，卻要求用價格昂貴的進口藥、貴重藥等。過度醫療消費和超前醫療消費會給社會醫療保險基金帶來大量不必要的支出，因此，必須嚴加控制。社會醫療保險要求建立特殊檢查治療審批制度，目的在於通過審批、監督，控制參保人不合理的醫療需求。

（2）為他人開藥和借證給他人就診。按規定繳納社會醫療保險費用是每個用人單

位及其職工應盡的義務，按規定享受社會醫療保險待遇是每名參保人的基本權利，權利與義務是對等的。誰參加社會醫療保險，誰才具有享受社會醫療保險待遇的資格。參保人為他人開藥和借證給他人就診，讓非社會醫療保險對象享受社會醫療保險待遇，這是一種不正當的行為，對其他參保人來說，也是一種侵權行為，應通過監督加以控制。

（四）對社會醫療保險經辦機構的監督

儘管社會醫療保險機構是代表政府來具體行使對社會醫療保險的管理職能和具體經辦社會醫療保險業務的，但不能忽視對社會醫療保險機構本身的監督管理。對社會醫療保險機構監督的主要內容有：

（1）執行社會醫療保險政策有無偏差。如有偏差，應分析產生偏差的原因促其糾正偏差。

（2）社會醫療保險工作是否有計劃、有步驟地進行。

（3）單位參保率、職工參保率和資金到位率是否達到了預定目標。

（4）對定點醫療機構的醫療費用償付是否合理、準確、及時。

（5）是否做到專款專用。

（6）社會醫療保險基金的投資是否符合國家有關規定的安全性、流動性、收益要求。

（7）管理費的提取和使用是否適當。

（8）社會醫療保險基金的支出是否符合國家財經紀律和財務制度。

（9）對用人單位、定點醫療機構、參保人的處罰是否公正、合理。

（10）是否切實保障了參保人的基本醫療需求，是否將醫療資源的浪費降到了最低限度，是否達到了基金「收支平衡，略有結餘」的目的等。

（五）對社會醫療保險基金的監督

對社會醫療保險基金的監管是指由國家行政監管機構、專職監督部門以及利害關係者對社會醫療保險基金經辦機構、營運機構或其他有關仲介機構（簡稱三類機構）的管理過程及結果進行評審、認證和鑒定，以保證社會醫療保險基金管理符合國家有關政策、法規，並最大限度地保障被保險人的利益。社會醫療保險基金管理是對社會醫療保險經辦機構及有關機構運作基金的活動實施的綜合性監督，是比日常管理層次更高的再監督，是社會醫療保險監管的重中之重。加強基金監管，直接關係到廣大人民群眾的切身利益，關係到改革和經濟建設穩定發展的大局。

從基金監管的角度講，社會醫療保險政策能否有效實施和真正貫徹落實，很重要的一點就是要有一個正常的管理秩序和良好的營運環境，而正常的管理秩序和良好的營運環境需要強有力的基金監管體系來支持。在當前社會主義市場經濟體制已基本確立、社會保障體系框架正在形成的過程中，高效、健全的監管體系應包括基金監管法律體系、基金監管資格認證體系、基金監管風險監測預警體系和基金監管組織體制等。

1. 社會醫療保險基金監管的重要性

第一，加強基金監管是維護廣大人民群眾切身利益和社會穩定的需要。社會醫療

保險基金是社會醫療保險制度的物質基礎，它是國家依照法律、法規建立的專項計息基金，是勞動者的「血汗錢」和「保命錢」。建立基金管理制度有利於保證國家方針、政策、法律、法規的貫徹落實；以國家社會保障方面的有關政策、法律、法規為依據，通過對醫療基金收支、管理等情況進行監督檢查，可以保障廣大勞動者的基本權益和基本生活，可以有力地維護社會安定團結，推進改革開放和經濟建設順利進行。

第二，加強基金管理是建立和完善社會保障體系的需要。建立統一、規範和完善的社會保障體系，是中國特色社會主義事業的一項帶有根本性的制度建設，也是一個開拓創新的重大改革任務。進一步完善社會保障體系，關鍵在於增加社會保障資金來源，建立穩定可靠的資金籌措機制，健全社會保險基金的監督機制和保值、增值機制。基金監管制度是社會保障體系的重要組成部分，是基金安全和完整的根本保證。隨著社會主義市場經濟體制的建立，特別是在建立完善社會保障體系的新形勢下，客觀上需要建立和發展與社會保障體系相適應的，地位超脫、客觀公正、並有一定權威的監管制度，對基金的收繳、支付、結餘和營運進行獨立的監督檢查，確保其規範化、制度化，做到公開透明、安全。同時，還要考慮如何使社會保障基金投資營運實現保值、增值。

第三，有利於嚴肅財經法紀，維護財經秩序。在計劃經濟向社會主義市場經濟轉軌時期，由於法制相對滯後，監督檢查力度不夠，因而仍不同程度地存在財經紀律鬆弛、經辦和營運秩序混亂等問題。建立和發展基金監管制度，有利於維護國家財經法紀，促進社會保障體系建設，實現經濟體制改革方針戰略。

第四，有利於促進廉政建設，防止濫用權力。由於基金經辦和營運權被掌握在專門機構和少數人手中，因此他們具有一定的權威性和強制性。為了防止權力濫用、以權謀私、獨斷專行等情況出現，必然要建立基金監管制度，予以經常、有效的約束，形成權力制衡機制。建立和發展基金監管制度的作用包括四個方面：一是有利於克服消極腐敗現象，加強廉政建設；二是能夠以權力制約權力，防止腐敗的發生；三是可以通過實施監管，及時發現違法亂紀行為的線索；四是可以積極配合紀檢、監察和司法部門查處大案要案，更好地貫徹落實黨風廉政建設。

2. 社會醫療保險基金監管的基本原則

（1）法制性原則。所謂法制性原則，是指政府監管機構利用法律手段來管理社會醫療保險基金經辦機構和營運業務。它主要體現在三個方面：一是用法律確定監督對象的權力、義務以及管理和營運的行為標準；二是用法律確定監管機構的法律地位、監管權威與監管職責及其行為標準和管理辦法；三是用法律確定監管機構與其他機構之間的關係，這涉及政策指定部門、仲介機構、國內外有關機構。法制原則的確定使得基金監管具有嚴肅性、強制性和權威性等特點，從而保證基金監管有效運行。

（2）安全性原則。所謂安全性原則，是指監管機構通過監督，從宏觀上維持社會穩定，保護國家利益，維持基金安全與穩健運行；從微觀上保護參加保險人員的合法權益，防止以權謀私、違規違紀操作，避免基金損失以及由此引發的支付困難。如果經辦或投資風險過大，不僅無法獲得預期效益，而且可能危及社會保障基金的基礎，從而引起社會動亂，因此安全性原則是基金監管的首要原則。

(3) 公正性原則。所謂公正性原則，是指監管機構在履行監管職能時，應以客觀事實為依據，以法律法規為準繩，綜合運用行政、經濟和法律手段，對經辦機構及有關機構的違規違紀行為予以監督檢察。公正、超脫是基金監管能否收到實效的一個決定性因素。監管機構應按客觀、公正、公開的原則，提高執法的透明度，對監管主體、對象、目的、手段和程度做出統一規範，使被監管者充分瞭解自己的權利和義務，自覺地依照法律管理基金。監管人員不得參與經辦機構、營運機構和仲介機構的管理營運活動，如有利害關係和親屬關係，應予以迴避。

(4) 獨立性原則。所謂獨立性原則，是指監管機構依照法律獨立行使行政監管權力，不受其他機關、企業社團和個人的干預。獨立性原則確保了監管的嚴肅性、強制性、權威性和有效性。它主要體現在兩個方面：一是監管機構與監督對象、其他機構既要密切合作，又要劃清職責界限，互不干涉、越位；二是監管機構對經辦機構和營運機構執法時，不能受其他機構、個人的左右，應保持相對的獨立性。

(5) 審慎性原則。所謂審慎性原則，是指監管機構進行審慎監管，包括審慎地進入與退出，審慎地定論與處理，做到寬嚴適度，創造一個良好的監督管理環境。監管機構按照基金安全性、流動性、效益性三大原則，合理設置有關監管指標，進行評價和預測，最大限度地控制風險。

(6) 科學性原則。基金監管是一個不斷發展和完善的系統工程。它涉及監管組織體系、監管方式體系、法律體系、管理營運預警體系和風險檢測體系等。這些體系必須以科學性為原則，才能達到監管的目的。監管機構必須運用先進的科學技術手段，建立健全法律體系和監測評估體系，不斷提高監管的質量和效率，以推動基金監管工作邁向更高的層次和水準。

【本章思考題：重點及難點】

◇社會醫療保險法律有哪些特徵？
◇社會醫療保險法律有哪些功能與作用？
◇社會醫療保險監督的基本原則有哪些？並結合實際情況說明社會醫療保險監督的必要性。
◇熟悉掌握《中華人民共和國社會保險法》的條款內容，針對保險業的發展現狀提出改進的對策或建議。

補充閱讀一：《中華人民共和國社會保險法》

《中華人民共和國社會保險法》是中國特色社會主義法律體系中起支架作用的重要法律，是一部著力保障和改善民生的法律。它的頒布實施，是中國人力資源社會保障法制建設中的又一個里程碑，對於建立覆蓋城鄉居民的社會保障體系，更好地維護公民參加社會保險和享受社會保險待遇的合法權益，使公民共享發展成果，促進社會主義和諧社會建設，具有十分重要的意義。

（2010 年 10 月 28 日第十一屆全國人民代表大會常務委員會第十七次會議通過，2010 年 10 月 28 日中華人民共和國主席令第 35 號公布，自 2011 年 7 月 1 日起施行。）

第一章　總　則

第一條　為了規範社會保險關係，維護公民參加社會保險和享受社會保險待遇的合法權益，使公民共享發展成果，促進社會和諧穩定，根據憲法，制定本法。

第二條　國家建立基本養老保險、基本醫療保險、工傷保險、失業保險、生育保險等社會保險制度，保障公民在年老、疾病、工傷、失業、生育等情況下依法從國家和社會獲得物質幫助的權利。

第三條　社會保險制度堅持廣覆蓋、保基本、多層次、可持續的方針，社會保險水準應當與經濟社會發展水準相適應。

第四條　中華人民共和國境內的用人單位和個人依法繳納社會保險費，有權查詢繳費記錄、個人權益記錄，要求社會保險經辦機構提供社會保險諮詢等相關服務。

個人依法享受社會保險待遇，有權監督本單位為其繳費情況。

第五條　縣級以上人民政府將社會保險事業納入國民經濟和社會發展規劃。

國家多渠道籌集社會保險資金。縣級以上人民政府對社會保險事業給予必要的經費支持。

國家通過稅收優惠政策支持社會保險事業。

第六條　國家對社會保險基金實行嚴格監管。

國務院和省、自治區、直轄市人民政府建立健全社會保險基金監督管理制度，保障社會保險基金安全、有效運行。

縣級以上人民政府採取措施，鼓勵和支持社會各方面參與社會保險基金的監督。

第七條　國務院社會保險行政部門負責全國的社會保險管理工作，國務院其他有關部門在各自的職責範圍內負責有關的社會保險工作。

縣級以上地方人民政府社會保險行政部門負責本行政區域的社會保險管理工作，縣級以上地方人民政府其他有關部門在各自的職責範圍內負責有關的社會保險工作。

第八條　社會保險經辦機構提供社會保險服務，負責社會保險登記、個人權益記錄、社會保險待遇支付等工作。

第九條　工會依法維護職工的合法權益，有權參與社會保險重大事項的研究，參加社會保險監督委員會，對與職工社會保險權益有關的事項進行監督。

第二章　基本養老保險

第十條　職工應當參加基本養老保險，由用人單位和職工共同繳納基本養老保險費。

無雇工的個體工商戶、未在用人單位參加基本養老保險的非全日制從業人員以及其他靈活就業人員可以參加基本養老保險，由個人繳納基本養老保險費。

公務員和參照公務員法管理的工作人員養老保險的辦法由國務院規定。

第十一條　基本養老保險實行社會統籌與個人帳戶相結合。

基本養老保險基金由用人單位和個人繳費以及政府補貼等組成。

第十二條　用人單位應當按照國家規定的本單位職工工資總額的比例繳納基本養

老保險費，記入基本養老保險統籌基金。

職工應當按照國家規定的本人工資的比例繳納基本養老保險費，記入個人帳戶。

無雇工的個體工商戶、未在用人單位參加基本養老保險的非全日制從業人員以及其他靈活就業人員參加基本養老保險的，應當按照國家規定繳納基本養老保險費，分別記入基本養老保險統籌基金和個人帳戶。

第十三條　國有企業、事業單位職工參加基本養老保險前，視同繳費年限期間應當繳納的基本養老保險費由政府承擔。

基本養老保險基金出現支付不足時，政府給予補貼。

第十四條　個人帳戶不得提前支取，記帳利率不得低於銀行定期存款利率，免徵利息稅。個人死亡的，個人帳戶餘額可以繼承。

第十五條　基本養老金由統籌養老金和個人帳戶養老金組成。

基本養老金根據個人累計繳費年限、繳費工資、當地職工平均工資、個人帳戶金額、城鎮人口平均預期壽命等因素確定。

第十六條　參加基本養老保險的個人，達到法定退休年齡時累計繳費滿十五年的，按月領取基本養老金。

參加基本養老保險的個人，達到法定退休年齡時累計繳費不足十五年的，可以繳費至滿十五年，按月領取基本養老金；也可以轉入新型農村社會養老保險或者城鎮居民社會養老保險，按照國務院規定享受相應的養老保險待遇。

第十七條　參加基本養老保險的個人，因病或者非因工死亡的，其遺屬可以領取喪葬補助金和撫恤金；在未達到法定退休年齡時因病或者非因工致殘完全喪失勞動能力的，可以領取病殘津貼。所需資金從基本養老保險基金中支付。

第十八條　國家建立基本養老金正常調整機制。根據職工平均工資增長、物價上漲情況，適時提高基本養老保險待遇水準。

第十九條　個人跨統籌地區就業的，其基本養老保險關係隨本人轉移，繳費年限累計計算。個人達到法定退休年齡時，基本養老金分段計算、統一支付。具體辦法由國務院規定。

第二十條　國家建立和完善新型農村社會養老保險制度。

新型農村社會養老保險實行個人繳費、集體補助和政府補貼相結合。

第二十一條　新型農村社會養老保險待遇由基礎養老金和個人帳戶養老金組成。

參加新型農村社會養老保險的農村居民，符合國家規定條件的，按月領取新型農村社會養老保險待遇。

第二十二條　國家建立和完善城鎮居民社會養老保險制度。

省、自治區、直轄市人民政府根據實際情況，可以將城鎮居民社會養老保險和新型農村社會養老保險合併實施。

第三章　基本醫療保險

第二十三條　職工應當參加職工基本醫療保險，由用人單位和職工按照國家規定共同繳納基本醫療保險費。

無雇工的個體工商戶、未在用人單位參加職工基本醫療保險的非全日制從業人員

以及其他靈活就業人員可以參加職工基本醫療保險，由個人按照國家規定繳納基本醫療保險費。

第二十四條　國家建立和完善新型農村合作醫療制度。

新型農村合作醫療的管理辦法，由國務院規定。

第二十五條　國家建立和完善城鎮居民基本醫療保險制度。

城鎮居民基本醫療保險實行個人繳費和政府補貼相結合。

享受最低生活保障的人、喪失勞動能力的殘疾人、低收入家庭六十週歲以上的老年人和未成年人等所需個人繳費部分，由政府給予補貼。

第二十六條　職工基本醫療保險、新型農村合作醫療和城鎮居民基本醫療保險的待遇標準按照國家規定執行。

第二十七條　參加職工基本醫療保險的個人，達到法定退休年齡時累計繳費達到國家規定年限的，退休後不再繳納基本醫療保險費，按照國家規定享受基本醫療保險待遇；未達到國家規定年限的，可以繳費至國家規定年限。

第二十八條　符合基本醫療保險藥品目錄、診療項目、醫療服務設施標準以及急診、搶救的醫療費用，按照國家規定從基本醫療保險基金中支付。

第二十九條　參保人員醫療費用中應當由基本醫療保險基金支付的部分，由社會保險經辦機構與醫療機構、藥品經營單位直接結算。

社會保險行政部門和衛生行政部門應當建立異地就醫醫療費用結算制度，方便參保人員享受基本醫療保險待遇。

第三十條　下列醫療費用不納入基本醫療保險基金支付範圍：

（一）應當從工傷保險基金中支付的；

（二）應當由第三人負擔的；

（三）應當由公共衛生負擔的；

（四）在境外就醫的。

醫療費用依法應當由第三人負擔，第三人不支付或者無法確定第三人的，由基本醫療保險基金先行支付。基本醫療保險基金先行支付後，有權向第三人追償。

第三十一條　社會保險經辦機構根據管理服務的需要，可以與醫療機構、藥品經營單位簽訂服務協議，規範醫療服務行為。

醫療機構應當為參保人員提供合理、必要的醫療服務。

第三十二條　個人跨統籌地區就業的，其基本醫療保險關係隨本人轉移，繳費年限累計計算。

第四章　工傷保險

第三十三條　職工應當參加工傷保險，由用人單位繳納工傷保險費，職工不繳納工傷保險費。

第三十四條　國家根據不同行業的工傷風險程度確定行業的差別費率，並根據使用工傷保險基金、工傷發生率等情況在每個行業內確定費率檔次。行業差別費率和行業內費率檔次由國務院社會保險行政部門制定，報國務院批准後公布施行。

社會保險經辦機構根據用人單位使用工傷保險基金、工傷發生率和所屬行業費率

檔次等情況，確定用人單位繳費費率。

第三十五條　用人單位應當按照本單位職工工資總額，根據社會保險經辦機構確定的費率繳納工傷保險費。

第三十六條　職工因工作原因受到事故傷害或者患職業病，且經工傷認定的，享受工傷保險待遇；其中，經勞動能力鑒定喪失勞動能力的，享受傷殘待遇。

工傷認定和勞動能力鑒定應當簡捷、方便。

第三十七條　職工因下列情形之一導致本人在工作中傷亡的，不認定為工傷：

（一）故意犯罪；

（二）醉酒或者吸毒；

（三）自殘或者自殺；

（四）法律、行政法規規定的其他情形。

第三十八條　因工傷發生的下列費用，按照國家規定從工傷保險基金中支付：

（一）治療工傷的醫療費用和康復費用；

（二）住院伙食補助費；

（三）到統籌地區以外就醫的交通食宿費；

（四）安裝配置傷殘輔助器具所需費用；

（五）生活不能自理的，經勞動能力鑒定委員會確認的生活護理費；

（六）一次性傷殘補助金和一至四級傷殘職工按月領取的傷殘津貼；

（七）終止或者解除勞動合同時，應當享受的一次性醫療補助金；

（八）因工死亡的，其遺屬領取的喪葬補助金、供養親屬撫恤金和因工死亡補助金；

（九）勞動能力鑒定費。

第三十九條　因工傷發生的下列費用，按照國家規定由用人單位支付：

（一）治療工傷期間的工資福利；

（二）五級、六級傷殘職工按月領取的傷殘津貼；

（三）終止或者解除勞動合同時，應當享受的一次性傷殘就業補助金。

第四十條　工傷職工符合領取基本養老金條件的，停發傷殘津貼，享受基本養老保險待遇。基本養老保險待遇低於傷殘津貼的，從工傷保險基金中補足差額。

第四十一條　職工所在用人單位未依法繳納工傷保險費，發生工傷事故的，由用人單位支付工傷保險待遇。用人單位不支付的，從工傷保險基金中先行支付。

從工傷保險基金中先行支付的工傷保險待遇應當由用人單位償還。用人單位不償還的，社會保險經辦機構可以依照本法第六十三條的規定追償。

第四十二條　由於第三人的原因造成工傷，第三人不支付工傷醫療費用或者無法確定第三人的，由工傷保險基金先行支付。工傷保險基金先行支付後，有權向第三人追償。

第四十三條　工傷職工有下列情形之一的，停止享受工傷保險待遇：

（一）喪失享受待遇條件的；

（二）拒不接受勞動能力鑒定的；

（三）拒絕治療的。

第五章　失業保險

第四十四條　職工應當參加失業保險，由用人單位和職工按照國家規定共同繳納失業保險費。

第四十五條　失業人員符合下列條件的，從失業保險基金中領取失業保險金：

（一）失業前用人單位和本人已經繳納失業保險費滿一年的；

（二）非因本人意願中斷就業的；

（三）已經進行失業登記，並有求職要求的。

第四十六條　失業人員失業前用人單位和本人累計繳費滿一年不足五年的，領取失業保險金的期限最長為十二個月；累計繳費滿五年不足十年的，領取失業保險金的期限最長為十八個月；累計繳費十年以上的，領取失業保險金的期限最長為二十四個月。重新就業後，再次失業的，繳費時間重新計算，領取失業保險金的期限與前次失業應當領取而尚未領取的失業保險金的期限合併計算，最長不超過二十四個月。

第四十七條　失業保險金的標準，由省、自治區、直轄市人民政府確定，不得低於城市居民最低生活保障標準。

第四十八條　失業人員在領取失業保險金期間，參加職工基本醫療保險，享受基本醫療保險待遇。

失業人員應當繳納的基本醫療保險費從失業保險基金中支付，個人不繳納基本醫療保險費。

第四十九條　失業人員在領取失業保險金期間死亡的，參照當地對在職職工死亡的規定，向其遺屬發給一次性喪葬補助金和撫恤金。所需資金從失業保險基金中支付。

個人死亡同時符合領取基本養老保險喪葬補助金、工傷保險喪葬補助金和失業保險喪葬補助金條件的，其遺屬只能選擇領取其中的一項。

第五十條　用人單位應當及時為失業人員出具終止或者解除勞動關係的證明，並將失業人員的名單自終止或者解除勞動關係之日起十五日內告知社會保險經辦機構。

失業人員應當持本單位為其出具的終止或者解除勞動關係的證明，及時到指定的公共就業服務機構辦理失業登記。

失業人員憑失業登記證明和個人身分證明，到社會保險經辦機構辦理領取失業保險金的手續。失業保險金領取期限自辦理失業登記之日起計算。

第五十一條　失業人員在領取失業保險金期間有下列情形之一的，停止領取失業保險金，並同時停止享受其他失業保險待遇：

（一）重新就業的；

（二）應徵服兵役的；

（三）移居境外的；

（四）享受基本養老保險待遇的；

（五）無正當理由，拒不接受當地人民政府指定部門或者機構介紹的適當工作或者提供的培訓的。

第五十二條　職工跨統籌地區就業的，其失業保險關係隨本人轉移，繳費年限累

計計算。

第六章　生育保險

第五十三條　職工應當參加生育保險，由用人單位按照國家規定繳納生育保險費，職工不繳納生育保險費。

第五十四條　用人單位已經繳納生育保險費的，其職工享受生育保險待遇；職工未就業配偶按照國家規定享受生育醫療費用待遇；所需資金從生育保險基金中支付。

生育保險待遇包括生育醫療費用和生育津貼。

第五十五條　生育醫療費用包括下列各項：

（一）生育的醫療費用；

（二）計劃生育的醫療費用；

（三）法律、法規規定的其他項目費用。

第五十六條　職工有下列情形之一的，可以按照國家規定享受生育津貼：

（一）女職工生育享受產假；

（二）享受計劃生育手術休假；

（三）法律、法規規定的其他情形。

生育津貼按照職工所在用人單位上年度職工月平均工資計發。

第七章　社會保險費徵繳

第五十七條　用人單位應當自成立之日起三十日內憑營業執照、登記證書或者單位印章，向當地社會保險經辦機構申請辦理社會保險登記。社會保險經辦機構應當自收到申請之日起十五日內予以審核，發給社會保險登記證件。

用人單位的社會保險登記事項發生變更或者用人單位依法終止的，應當自變更或者終止之日起三十日內，到社會保險經辦機構辦理變更或者註銷社會保險登記。

工商行政管理部門、民政部門和機構編製管理機關應當及時向社會保險經辦機構通報用人單位的成立、終止情況，公安機關應當及時社會保險經辦機構通報個人的出生、死亡以及戶口登記、遷移、註銷等情況。

第五十八條　用人單位應當自用工之日起三十日內為其職工向社會保險經辦機構申請辦理社會保險登記。未辦理社會保險登記的，由社會保險經辦機構核定其應當繳納的社會保險費。

自願參加社會保險的無雇工的個體工商戶、未在用人單位參加社會保險的非全日制從業人員以及其他靈活就業人員，應當向社會保險經辦機構申請辦理社會保險登記。

國家建立全國統一的個人社會保障號碼。個人社會保障號碼為公民身分號碼。

第五十九條　縣級以上人民政府加強社會保險費的徵收工作。

社會保險費實行統一徵收，實施步驟和具體辦法由國務院規定。

第六十條　用人單位應當自行申報、按時足額繳納社會保險費，非因不可抗力等法定事由不得緩繳、減免。職工應當繳納的社會保險費由用人單位代扣代繳，用人單位應當按月將繳納社會保險費的明細情況告知本人。

無雇工的個體工商戶、未在用人單位參加社會保險的非全日制從業人員以及其他靈活就業人員，可以直接向社會保險費徵收機構繳納社會保險費。

第六十一條　社會保險費徵收機構應當依法按時足額徵收社會保險費，並將繳費情況定期告知用人單位和個人。

第六十二條　用人單位未按規定申報應當繳納的社會保險費數額的，按照該單位上月繳費額的百分之一百一十確定應當繳納數額；繳費單位補辦申報手續後，由社會保險費徵收機構按照規定結算。

第六十三條　用人單位未按時足額繳納社會保險費的，由社會保險費徵收機構責令其限期繳納或者補足。

用人單位逾期仍未繳納或者補足社會保險費的，社會保險費徵收機構可以向銀行和其他金融機構查詢其存款帳戶；並可以申請縣級以上有關行政部門作出劃撥社會保險費的決定，書面通知其開戶銀行或者其他金融機構劃撥社會保險費。用人單位帳戶餘額少於應當繳納的社會保險費的，社會保險費徵收機構可以要求該用人單位提供擔保，簽訂延期繳費協議。

用人單位未足額繳納社會保險費且未提供擔保的，社會保險費徵收機構可以申請人民法院扣押、查封、拍賣其價值相當於應當繳納社會保險費的財產，以拍賣所得抵繳社會保險費。

第八章　社會保險基金

第六十四條　社會保險基金包括基本養老保險基金、基本醫療保險基金、工傷保險基金、失業保險基金和生育保險基金。各項社會保險基金按照社會保險險種分別建帳，分帳核算，執行國家統一的會計制度。

社會保險基金專款專用，任何組織和個人不得侵占或者挪用。

基本養老保險基金逐步實行全國統籌，其他社會保險基金逐步實行省級統籌，具體時間、步驟由國務院規定。

第六十五條　社會保險基金通過預算實現收支平衡。

縣級以上人民政府在社會保險基金出現支付不足時，給予補貼。

第六十六條　社會保險基金按照統籌層次設立預算。社會保險基金預算按照社會保險項目分別編製。

第六十七條　社會保險基金預算、決算草案的編製、審核和批准，依照法律和國務院規定執行。

第六十八條　社會保險基金存入財政專戶，具體管理辦法由國務院規定。

第六十九條　社會保險基金在保證安全的前提下，按照國務院規定投資營運實現保值增值。

社會保險基金不得違規投資營運，不得用於平衡其他政府預算，不得用於興建、改建辦公場所和支付人員經費、運行費用、管理費用，或者違反法律、行政法規規定挪作其他用途。

第七十條　社會保險經辦機構應當定期向社會公布參加社會保險情況以及社會保險基金的收入、支出、結餘和收益情況。

第七十一條　國家設立全國社會保障基金，由中央財政預算撥款以及國務院批准的其他方式籌集的資金構成，用於社會保障支出的補充、調劑。全國社會保障基金由

全國社會保障基金管理營運機構負責管理營運，在保證安全的前提下實現保值增值。

全國社會保障基金應當定期向社會公布收支、管理和投資營運的情況。國務院財政部門、社會保險行政部門、審計機關對全國社會保障基金的收支、管理和投資營運情況實施監督。

第九章　社會保險經辦

第七十二條　統籌地區設立社會保險經辦機構。社會保險經辦機構根據工作需要，經所在地的社會保險行政部門和機構編制管理機關批准，可以在本統籌地區設立分支機構和服務網點。

社會保險經辦機構的人員經費和經辦社會保險發生的基本運行費用、管理費用，由同級財政按照國家規定予以保障。

第七十三條　社會保險經辦機構應當建立健全業務、財務、安全和風險管理制度。

社會保險經辦機構應當按時足額支付社會保險待遇。

第七十四條　社會保險經辦機構通過業務經辦、統計、調查獲取社會保險工作所需的數據，有關單位和個人應當及時、如實提供。

社會保險經辦機構應當及時為用人單位建立檔案，完整、準確地記錄參加社會保險的人員、繳費等社會保險數據，妥善保管登記、申報的原始憑證和支付結算的會計憑證。

社會保險經辦機構應當及時、完整、準確地記錄參加社會保險的個人繳費和用人單位為其繳費，以及享受社會保險待遇等個人權益記錄，定期將個人權益記錄單免費寄送本人。

用人單位和個人可以免費向社會保險經辦機構查詢、核對其繳費和享受社會保險待遇記錄，要求社會保險經辦機構提供社會保險諮詢等相關服務。

第七十五條　全國社會保險信息系統按照國家統一規劃，由縣級以上人民政府按照分級負責的原則共同建設。

第十章　社會保險監督

第七十六條　各級人民代表大會常務委員會聽取和審議本級人民政府對社會保險基金的收支、管理、投資營運以及監督檢查情況的專項工作報告，組織對本法實施情況的執法檢查等，依法行使監督職權。

第七十七條　縣級以上人民政府社會保險行政部門應當加強對用人單位和個人遵守社會保險法律、法規情況的監督檢查。

社會保險行政部門實施監督檢查時，被檢查的用人單位和個人應當如實提供與社會保險有關的資料，不得拒絕檢查或者謊報、瞞報。

第七十八條　財政部門、審計機關按照各自職責，對社會保險基金的收支、管理和投資營運情況實施監督。

第七十九條　社會保險行政部門對社會保險基金的收支、管理和投資營運情況進行監督檢查，發現存在問題的，應當提出整改建議，依法作出處理決定或者向有關行政部門提出處理建議。社會保險基金檢查結果應當定期向社會公布。

社會保險行政部門對社會保險基金實施監督檢查，有權採取下列措施：

（一）查閱、記錄、複製與社會保險基金收支、管理和投資營運相關的資料，對可能被轉移、隱匿或者滅失的資料予以封存；

（二）詢問與調查事項有關的單位和個人，要求其對與調查事項有關的問題作出說明、提供有關證明材料；

（三）對隱匿、轉移、侵占、挪用社會保險基金的行為予以制止並責令改正。

第八十條　統籌地區人民政府成立由用人單位代表、參保人員代表，以及工會代表、專家等組成的社會保險監督委員會，掌握、分析社會保險基金的收支、管理和投資營運情況，對社會保險工作提出諮詢意見和建議，實施社會監督。

社會保險經辦機構應當定期向社會保險監督委員會匯報社會保險基金的收支、管理和投資營運情況。社會保險監督委員會可以聘請會計師事務所對社會保險基金的收支、管理和投資營運情況進行年度審計和專項審計。審計結果應當向社會公開。

社會保險監督委員會發現社會保險基金收支、管理和投資營運中存在問題的，有權提出改正建議；對社會保險經辦機構及其工作人員的違法行為，有權向有關部門提出依法處理建議。

第八十一條　社會保險行政部門和其他有關行政部門、社會保險經辦機構、社會保險費徵收機構及其工作人員，應當依法為用人單位和個人的信息保密，不得以任何形式洩露。

第八十二條　任何組織或者個人有權對違反社會保險法律、法規的行為進行舉報、投訴。

社會保險行政部門、衛生行政部門、社會保險經辦機構、社會保險費徵收機構和財政部門、審計機關對屬於本部門、本機構職責範圍的舉報、投訴，應當依法處理；對不屬於本部門、本機構職責範圍的，應當書面通知並移交有權處理的部門、機構處理。有權處理的部門、機構應當及時處理，不得推諉。

第八十三條　用人單位或者個人認為社會保險費徵收機構的行為侵害自己合法權益的，可以依法申請行政復議或者提起行政訴訟。

用人單位或者個人對社會保險經辦機構不依法辦理社會保險登記、核定社會保險費、支付社會保險待遇、辦理社會保險轉移接續手續或者侵害其他社會保險權益的行為，可以依法申請行政復議或者提起行政訴訟。

個人與所在用人單位發生社會保險爭議的，可以依法申請調解、仲裁、提起訴訟。用人單位侵害個人社會保險權益的，個人也可以要求社會保險行政部門或者社會保險費徵收機構依法處理。

第十一章　法律責任

第八十四條　用人單位不辦理社會保險登記的，由社會保險行政部門責令限期改正；逾期不改正的，對用人單位處應繳社會保險費數額一倍以上三倍以下的罰款，對其直接負責的主管人員和其他直接責任人員處五百元以上三千元以下的罰款。

第八十五條　用人單位拒不出具終止或者解除勞動關係證明的，依照《中華人民共和國勞動合同法》的規定處理。

第八十六條　用人單位未按時足額繳納社會保險費的，由社會保險費徵收機構責

令限期繳納或者補足，並自欠繳之日起，按日加收萬分之五的滯納金；逾期仍不繳納的，由有關行政部門處欠繳數額一倍以上三倍以下的罰款。

第八十七條　社會保險經辦機構以及醫療機構、藥品經營單位等社會保險服務機構以詐欺、偽造證明材料或者其他手段騙取社會保險基金支出的，由社會保險行政部門責令退回騙取的社會保險金，處騙取金額二倍以上五倍以下的罰款；屬於社會保險服務機構的，解除服務協議；直接負責的主管人員和其他直接責任人員有執業資格的，依法吊銷其執業資格。

第八十八條　以詐欺、偽造證明材料或者其他手段騙取社會保險待遇的，由社會保險行政部門責令退回騙取的社會保險金，處騙取金額二倍以上五倍以下的罰款。

第八十九條　社會保險經辦機構及其工作人員有下列行為之一的，由社會保險行政部門責令改正；給社會保險基金、用人單位或者個人造成損失的，依法承擔賠償責任；對直接負責的主管人員和其他直接責任人員依法給予處分：

（一）未履行社會保險法定職責的；
（二）未將社會保險基金存入財政專戶的；
（三）剋扣或者拒不按時支付社會保險待遇的；
（四）丟失或者篡改繳費記錄、享受社會保險待遇記錄等社會保險數據、個人權益記錄的；
（五）有違反社會保險法律、法規的其他行為的。

第九十條　社會保險費徵收機構擅自更改社會保險費繳費基數、費率，導致少收或者多收社會保險費的，由有關行政部門責令其追繳應當繳納的社會保險費或者退還不應當繳納的社會保險費；對直接負責的主管人員和其他直接責任人員依法給予處分。

第九十一條　違反本法規定，隱匿、轉移、侵占、挪用社會保險基金或者違規投資營運的，由社會保險行政部門、財政部門、審計機關責令追回；有違法所得的，沒收違法所得；對直接負責的主管人員和其他直接責任人員依法給予處分。

第九十二條　社會保險行政部門和其他有關行政部門、社會保險經辦機構、社會保險費徵收機構及其工作人員洩露用人單位和個人信息的，對直接負責的主管人員和其他直接責任人員依法給予處分；給用人單位或者個人造成損失的，應當承擔賠償責任。

第九十三條　國家工作人員在社會保險管理、監督工作中濫用職權、玩忽職守、徇私舞弊的，依法給予處分。

第九十四條　違反本法規定，構成犯罪的，依法追究刑事責任。

第十二章　附　則

第九十五條　進城務工的農村居民依照本法規定參加社會保險。

第九十六條　徵收農村集體所有的土地，應當足額安排被徵地農民的社會保險費，按照國務院規定將被徵地農民納入相應的社會保險制度。

第九十七條　外國人在中國境內就業的，參照本法規定參加社會保險。

第九十八條　本法自 2011 年 7 月 1 日起施行。

補充閱讀二：社會醫療保險監督的典型案例

關於「安徽中醫藥大學第三附屬醫院涉嫌騙取醫保基金」事件調查處理情況的通報①

2018年1月18日晚，新華社報導安徽中醫藥大學第三附屬醫院（公辦民營性質，2016年6月開診）存在代病人刷社會保險卡、掛床住院等涉嫌騙取醫保基金的問題。安徽省委、省政府高度重視，第一時間責成由省人力資源和社會保障廳牽頭，會同省衛生計生委、省中醫藥管理局、安徽中醫藥大學、合肥市醫保管理部門組成聯合調查組，對該事件展開全面調查。

經查，媒體報導的代病人刷社會保險卡、掛床住院等涉嫌騙取醫保基金的問題屬實。安徽中醫藥大學第三附屬醫院存在門診代刷社會保險卡、虛увеличення門診次數，以達到提高醫院住院額度指標，增加收治住院病人數量目的；為參保人員辦理掛床住院，醫療費用由醫保統籌基金支出；向合肥市醫保經辦機構申請「門診特殊病種」資格的病歷存在造假等行為。

根據以上違法違規事實，調查組認定：這是一起發生在民生領域性質較為嚴重、社會負面影響較大的違法違規事件。安徽中醫藥大學第三附屬醫院管理薄弱，法律意識淡薄，片面追求經濟利益，對事件負有直接責任。安徽中醫藥大學對第三附屬醫院領導班子監督不夠，未能有效履行主管部門監管教育職責，對事件負有領導責任。省、市醫保經辦機構對該院的醫保經辦監督管理不夠，對事件負有監管責任。

根據有關法律法規和黨紀政紀規定，經省監察委員會審定，對相關責任單位和個人給予以下處罰：

由省人力資源和社會保障廳在全省範圍內對該院予以通報批評；按照醫保管理有關規定，處以5倍罰款，計190,575元，並核減該院醫保統籌基金137萬元。同時，責成安徽中醫藥大學向省政府做出書面檢查。

給予負有主要領導責任的該院黨支部書記張景湖黨內嚴重警告處分、院長何光遠行政記過處分、分管醫保的副院長張鐵銘撤職處分；給予負有重要領導責任的黨總支副書記楊永暉黨內警告處分；給予負有直接責任的該院醫保辦主任撤職處分；對違規的8名醫務人員處以暫停七個月執業活動的處罰，其中情節嚴重、影響惡劣的2名醫務人員予以解聘；責成省市醫療保險經辦機構負責人做出書面檢查，給予批評教育。對其他涉嫌騙取醫保基金的相關線索，按程序移交公安部門處理。

日前，安徽省政府啓動立法程序，已制定《安徽省基本醫療保險監督管理辦法》，即將頒布實施。通過全面建立醫保智能監管系統、完善醫保服務協議、充實社會保險

---

① 資料來源：http://ah.hrss.gov.cn/web/index.html。

稽核隊伍等措施提高監管水準，依法打擊醫保詐欺違法違規行為。

安徽省人社廳、省衛計委、安徽中醫藥大學等有關部門已督促安徽中醫藥大學第三附屬醫院全面開展專項整改，整改完成後，有關部門組織檢查驗收，如仍達不到整改要求，將終止其醫保定點服務協議。

第八章　中國社會醫療保險改革與評價

【內容提要】

◇介紹社會醫療保險改革與發展歷程，改革進程中各類社會醫療保險制度提出的意義，以及其產生的背景與取得的成就。

◇介紹社會醫療保險評價的概念，社會醫療保險評價的原則、目標和意義，重點介紹「全民健康覆蓋」的概念及其四個組成要素和實現路徑，社會醫療保險評價的分類。

第一節　中國醫療保險的改革與實踐

一、城鎮職工醫療保險的改革與發展

中國的職工醫療保險制度創建於 20 世紀 50 年代初，由公費醫療和勞保醫療組成。中華人民共和國成立伊始，黨和政府就很重視保護勞動者健康的工作。1952 年，根據原政務院發布的《關於全國各級人民政府、黨派、團體及所屬事業單位的國家工作人員實行公費醫療的指示》建立了公費醫療制度。公費醫療的經費由各級政府財政預算撥款。享受公費醫療的對象是各級政府機關、黨派、人民團體及教科文衛等事業單位的工作人員及部分傷殘軍人，後來又擴大到高等學校的在校學生。勞保醫療制度是根據 1951 年原政務院發布的《中華人民共和國勞動保險條例》建立的，享受對象是全民所有制企業正式職工及其供養的直系親屬，經費主要來源於企業的福利基金。勞保醫療提供的醫療服務內容與公費醫療基本相同，享受勞保醫療待遇人員的門診、住院醫療費用，除個人按規定自付的部分外，其餘的均由勞保醫療經費支付。

多年來，公費和勞保醫療制度在保障城鎮職工的身體健康、維護社會穩定、促進經濟建設方面，都曾發揮過非常積極的作用。但隨著社會主義市場經濟體制的建立和國有企業改革的不斷深化，舊制度的弊端日益暴露。主要表現為：國家和用人單位對職工醫療費包攬過多，財政和企業不堪重負；對醫患雙方缺乏有效的制約機制，醫療費用增長過快、浪費嚴重；覆蓋範圍過窄，只包括國家機關工作人員、事業單位職工和國營、集體所有制企業職工，不能適應多種所有制經濟共同發展的實際情況；費用

主要來自政府和用人單位，社會互濟和社會化管理程度都很低。為此，改革開放以後，黨和政府開始對公費和勞保醫療制度實施改革，不斷尋求符合市場經濟要求的新的醫療社會保險模式。

1989年3月，國務院正式批准在吉林四平、遼寧丹東、湖北黃石、湖南株洲4個中等城市進行醫療保險制度改革的試點工作。1991年11月召開的黨的十四屆三中全會提出，要建立個人帳戶與社會統籌相結合的醫療保險制度。1992年春，中國第一個醫療保險的專門管理機構——深圳市醫療保險管理局正式組建，同年8月，深圳市職工醫療保險在沙頭角鎮4個月試點的基礎上在全市全面實施。

從1994年3月起，「社會統籌與個人帳戶相結合」模式的新型醫療保險制度在江蘇鎮江和江西九江進行試點，俗稱「兩江醫改」。1996年，國家體改委等四部委提出《關於職工醫療保障制度改革擴大試點的意見》，要求各省、自治區選定兩個以上中等城市作為擴大試點城市，標誌著醫療保險制度改革試點工作由鎮江、九江兩市推向全國57個城市。至此，職工醫療保障制度改革擴大試點工作已在全國27個省、自治區、直轄市全面展開。

1998年年底，在總結各地試點經驗和廣泛徵求意見的基礎上，國務院出抬了《關於建立城鎮職工基本醫療保險制度的決定》，決心用3~5年時間，在中國逐步建立起城鎮職工基本醫療保險制度，實行社會統籌與個人帳戶相結合，覆蓋城鎮全體勞動者，並逐步形成包括基本醫療保險、企業補充醫療保險和商業醫療保險等各種形式在內的醫療保險體系。1998年12月，國務院召開了全國醫療保險制度改革工作會議，發布了《國務院關於建立城鎮職工基本醫療保險制度的決定》（國發〔1998〕44號），明確了醫療保險制度改革的目標任務、基本原則和政策框架，要求在全國範圍內建立覆蓋全體城鎮職工的基本醫療保險制度。以這一文件的發布為標誌，中國城鎮職工醫療保險制度進入了全面發展階段。2017年國務院印發《生育保險和職工基本醫療保險合併實施試點方案》（國辦發〔2017〕6號），其中兩險合併實施是指將這兩個險種的基金收入預算支出等合併統一管理。以下是中國城鎮職工基本醫療保險制度改革的主要內容：

1. 明確了參保對象的範圍

城鎮所有用人單位及其職工和退休人員都必須參加。

2. 確定了由用人單位和個人共同繳費的籌資機制

用人單位繳費控制在在職職工工資總額的6%左右，職工繳費率一般為本人工資的2%。具體到各個統籌地區，則由當地政府根據各方面實際負擔能力、經濟發展水準和醫療消費水準確定，今後逐步調整。

3. 實行了「統帳結合」的制度

個人帳戶的資金來源於兩個部分：一是個人按其工資的2%繳費全部劃入；二是按單位繳費的30%劃入。單位繳費的其餘部分用於建立社會統籌醫療基金。

4. 建立了醫療費用分擔機制

個人帳戶主要支付門診（小額）醫療費用，統籌基金主要支付住院（大額）醫療費用，由社會醫療保險經辦機構統籌調劑使用，按醫療費的一定比例支付。統籌基金設立起付標準（當地職工年平均工資的10%左右）和最高支付限額（當地職工年平均

工資的4倍左右），超過最高支付限額以上的費用，通過職工大額醫療費用補助、公務員醫療補助、企業補充醫療保險和商業醫療保險等途徑解決。

5. 加強了醫療服務的管理措施

明確基本醫療保險給予支付的藥品、診療項目、住院標準等醫療服務範圍，保證參保職工享受必要的用藥、診療等權益。對提供醫療保險服務的醫療機構實行定點管理，促進競爭、規範服務。

6. 對特殊群體實行照顧政策

離休幹部、老紅軍、二等乙級以上革命傷殘軍人的原醫療待遇不變。退休人員參加基本醫療保險，享受一定照顧，個人不繳費，個人帳戶資金比在職職工記入的多，統籌基金支付範圍內個人自付比例比在職職工低。下崗職工與在職職工享受同等基本醫療保險待遇，醫療保險費包括單位繳費和個人繳費兩個部分，以當地職工平均工資的60%為基數，按當地繳費率由再就業服務中心代繳。

7. 推行生育保險和職工基本醫療保險合併實施試點方案

試點主要內容：統一參保登記；統一基金徵繳和管理；統一醫療服務管理；統一經辦和信息服務；職工生育期間內的生育保險待遇不變。

二、新型農村合作醫療制度

2002年10月，中共中央、國務院下發了《關於進一步加強農村衛生工作的決定》，適時做出了從2003年起，在全國農村逐步建立以大病統籌為主的新型農村合作醫療制度和醫療救助制度的決定，提出到2010年，要在全國農村基本建立起適應社會主義市場經濟體制要求和農村經濟社會發展水準的農村衛生服務體系和農村合作醫療制度。2002年年底，國家決定在浙江、吉林、湖北、雲南四省先恢復這一制度，並稱為「新型農村合作醫療制度」（簡稱「新農合」）。2003年1月，國務院辦公廳轉發了國家衛生部、財政部、農業部聯合發布《關於建立新型農村合作醫療制度的意見》的通知，要求從2003年起，各省、自治區、直轄市至少要選擇2~3個縣（市）先行試點，取得經驗後逐步推行，到2010年實現在全國建立基本覆蓋農村居民的新型農村合作制度的目標。2004年4月，國務院辦公廳又轉發了衛生部等11部委《關於進一步做好新型農村合作醫療試點工作的指導意見》，要求各地要切實加強組織管理工作，保證試點工作順利進行。

（一）建立新型農村合作醫療制度要遵循的原則

1. 自願參加，多方籌資

農民以家庭為單位自願參加新型農村合作醫療，遵守有關規章制度，按時足額繳納合作醫療經費；鄉（鎮）、村集體要給予資金扶持；中央和地方各級財政每年要安排一定專項資金予以支持。

2. 以收定支，保障適度

新型農村合作醫療制度要堅持以收定支、收支平衡的原則，既要保證這項制度持續有效運行，又要使農民能夠享有最基本的醫療服務。

3. 先行試點，逐步推廣

建立新型農村合作醫療制度必須從實際出發，通過試點總結經驗，使其不斷完善，穩步發展。

(二) 新型農村合作醫療制度成效

(1) 基本建立起新型農村合作醫療運行機制。經過3年的探索，各地在組織管理、籌資機制、基金管理、醫療服務、補償報銷和監督機制等方面進行了積極的探索，基本上建立起符合實際、運行平穩的新型農村合作醫療管理體系和運行機制，為逐步建立農民醫療保障制度累積了寶貴的經驗。

(2) 新型農村合作醫療對農民的保障作用逐步顯現。很多省份將部分慢性病的門診治療和住院分娩等納入大病報銷範圍，滿足了廣大農民的實際需求，也擴大了農民的受益面。2011年全國新型農村合作醫療共有13.15億人受益，是2010年的1.21倍。共補償資金1,710.19億元，人均保障額度為205.55元。據有關調查顯示，參合農民的醫療服務利用率有所提高，特別是住院服務利用率明顯提高。

(3) 新型農村合作醫療制度得到農民的廣泛認可，參合率不斷上升。自2003年實施以來，由於自己或見到別人獲得補償，農民逐漸減少甚至解除了原有的疑惑和不信任感，越來越多的農民認識到新型農村合作醫療的好處。基層幹部普遍反應籌資難度有所降低，工作容易開展，新農合制度在實施過程中，已經基本全面覆蓋了農村地區，成為農民看病的重要醫療保障手段，對於保證農民正常生活具有重要意義，參合人數和受益人數不斷上升。據有關機構對近2萬戶農民家庭進行調查顯示，有90%的參合農民家庭表示下一年願意繼續參加合作醫療，在未參加的農民中，有51%的人表示下年度要參加合作醫療。

(4) 農村醫療機構、服務條件有所改善，服務質量和水準有所提高。為支持新型農村合作醫療制度建設，中央和地方各級政府加大了對農村衛生的投入力度，同步推進了農村衛生服務體系建設。2004—2005年，共建設和改造了中西部地區10,903所鄉鎮衛生院、265所縣醫院、99所縣婦幼保健機構和57所縣中醫院，並實施了「萬名醫師支援農村衛生工程」。這些措施有效地改善了當地醫療服務能力，提高了縣、鄉、村醫療衛生機構的資源利用效率。據調查顯示，2003—2005年，試點縣的縣醫院門診人次和出院人次年平均增長率分別為6.56%和11.87%，鄉鎮衛生院分別為8.85%和8.58%，均明顯高於全國同期同類醫療機構增長水準。新型農村合作醫療制度在運行過程中採取了按病種付費等一系列較嚴格的監管措施，這在一定程度上約束了提供者不規範的醫療行為，對控制醫療費用的增長起到了一定的作用。

(5) 新農合制度中資金量得到了顯著提升，使得為農村居民治病提供的資金比例也在不斷提高，更好地為農民提供了保障。農民人均純收入在2011年為7,155元，2012年為8,314元，2013年為9,495元，2014年為10,700元，可以看出農民人均純收入在逐年上升，相應的參合人數也在不斷增加。

(三) 與舊的合作醫療相比，新型農村合作醫療有以下特點

(1) 明確了各級政府的職責和經費補助數額。過去各級政府對合作醫療的支持主

要是宣傳、組織和發動,而新型農村合作醫療明確規定,中央財政對中西部地區除市區以外的參加新型農村合作醫療的農民每年按人均 10 元給予補助,地方財政對參加新型合作醫療的農民每年按人均不低於 10 元給予補助。由政府直接對農民看病給予財政補助,是新中國成立以來的第一次。

(2) 突出了以大病統籌為主。以往的農村合作醫療,除少數地區外,大多將保障的重點放在門診或小病上,即「保小不保大」。而新型農村合作醫療將重點放在迫切需要解決的農民因患大病而導致貧困的問題上,對農民的大額醫藥費用或住院醫藥費用進行補助,保障水準明顯提高。

(3) 提高了統籌層次。改變了過去以鄉、村為單位開展合作醫療的做法,要求以縣為單位進行統籌,條件不具備的地方可以從鄉統籌起步,逐步向縣統籌過渡,增強了抗風險和監管能力。

(4) 賦予了農民知情權和監管權,要求將報銷政策、報銷程序等內容及時、完整地向農民公布,確保公開、透明,提高了制度的公平和公正性。

(5) 由政府負責和指導建立組織協調機構、經辦機構和監督管理機構,加強領導、管理和監督。要求將經辦合作醫療工作經費納入地方財政預算,不得擠占、挪用合作醫療基金,體現了新型農村合作醫療制度建設是政府公共事務管理職責。

(6) 同步推進醫療救助制度的建立。通過民政和扶貧部門資助貧困農民參加新型農村合作醫療,並使其享受新型農村合作醫療帶來的好處,共同解決貧困農民看病難的問題。

(四) 新型農村合作醫療存在的問題

(1) 沒有建立穩定、長效的籌資機制。

對農民參合資金的收繳,目前絕大部分地區採取由工作人員逐戶向農民收取個人費用的辦法,工作難度大,籌資成本較高,隨意性大。一些地方政府的補助還存在到位不及時的現象。另外,合作醫療資金目前是按定額方式籌集,尚未建立起以當地經濟發展水準、醫療衛生需求和醫藥費用的增長、農民收入和各級政府財政收入水準增長為基礎的動態、長效籌資增長機制。

(2) 經辦機構建設滯後,不適應新型農村合作醫療的快速發展。

一些地區經辦機構的編制沒有落實,大量使用臨時借調人員,變動頻繁,工作沒有連續性和穩定性。一些地區經辦機構人員和工作經費沒有納入政府財政預算,依靠擠占其他衛生事業費應急,人員、能力和經費等方面不能適應工作要求。其次,新型農村合作醫療信息化水準不高,儘管國家為各縣均配備了計算機,但是由於各地尚未建立起新農合信息平臺,同時也缺乏相應的配套軟件,大部分地區新型農村合作醫療尚未實行信息化管理,管理效率和管理質量還有待提高。另外,醫療資源也無法有效滿足農民的需求。目前,發達的醫療設備、優質的醫療資源以及高水準的醫療衛生人員都集中在較發達城市,而落後的農村地區則面臨「缺醫短藥」的問題。落後地區的農民因當地的醫療服務水準低,距離優質的醫療服務機構遠的實際情況難以滿足及時治療的需求。而較發達城市雖然集中了優質的醫療衛生資源,但不同級別醫院的醫療

設施和專業醫療人員的分配也不合理，故不僅在農村地區，在發達城市也出現看病難問題。

（3）新型農村合作醫療方案還需進一步完善。

一些試點地區在制定補償方案時出於規避基金透支風險的考慮，設定的補償較低，起付線較高，封頂線較低，出現了較多的基金結餘，影響了農民受益。一些地區還沒有實現就診後當時結報，參合農民看病就醫獲得補償仍然不方便，不合理的程序和審批仍然存在，農民不能得到及時的報銷補償。目前，大部分試點地區都建立了家庭帳戶，但對家庭帳戶還缺乏有效的管理辦法。

（4）一些定點醫療機構不合理，醫藥費用上漲較快。

自中國新型農村合作醫療試點開展以來，各地都採取了一系列措施加強醫藥費用監管，控制不合理醫藥費用上漲。但部分地區仍然出現了醫藥費用上漲過快的現象，其中有監管措施不到位的因素，也有醫藥費用支付方式上的原因，但最主要是由於對各級公立醫療機構的合理補償機制尚未有效建立。補償不足導致了醫療機構的趨利現象，使自身的公益性質弱化。儘管各級衛生行政部門加強了對定點醫療機構的監管，但一些試點地區尤其是縣外醫療機構不合理醫藥費用仍然上漲過快，且遠遠超過了農村居民的生病成本，從而對農村居民在改善生活質量方面的支出造成影響。即使存在一定的風險分散機制，新型農村合作醫療制度的覆蓋範圍仍然不夠，保障水準也較低，從而不斷增長的醫療費用最終仍由農村居民自己負擔。

（5）與農村醫療救助工作的銜接還有待進一步加強。

（6）中國相關的社會保障法律不完善。中國的社會保障法律和其他法律法規夾雜在一起，沒有以社會保險法、社會救濟法、社會福利法為主體的社會保障法律，更加沒有作為新型農村合作醫療制度的直接和專門的法律依據。同時中國的社會保障立法建設不穩定，層次較低，且中國已建立的社會保障法沒有合理的立法理念，例如在發達國家以實現社會公正安定和共享為理念，而在中國還沒有真正體現出清晰的立法理念。另外，在中國一些需要國家立法機關即全國人民代表大會制定的法律由行政機關制定的法規取代，而一些由國務院和各級人民政府頒布的法規和政策則由國家立法機關替代。

三、城鎮居民基本醫療保險制度

在1998年國家建立城鎮職工基本醫療保險制度，2002年確定建立新型農村合作醫療保障制度後，缺乏醫療保障制度安排的主要是城鎮非從業居民。為實現基本建立覆蓋城鄉全體居民的基本醫療保障體系的目標，國家將加快建立城鎮居民基本醫療保險制度。2007年7月10日，國務院頒發《關於開展城鎮居民基本醫療保險試點的指導意見》（國發〔2007〕20號）文件，全國79個城市作為首批試點城市拉開了城鎮居民基本醫療保險的建設序幕。城鎮居民基本醫療保險主要解決城鎮非從業人員，特別是中小學生、少年兒童與嬰幼兒、老年人、殘疾人等群體看病就醫問題，這意味著中國醫療保障制度的最後一塊空白被填補。為實現基本建立覆蓋城鄉全體居民的醫療保障體系的目標，國務院決定從2007年起開展城鎮居民基本醫療保險試點（以下簡稱試點）。

先後出拾了《國務院關於開展城鎮居民基本醫療保險試點的指導意見》和《關於印發城鎮居民基本醫療保險經辦管理服務工作意見的通知》，用於指導城鎮居民基本醫療保險試點的開展，保證試點工作順利進行。

城鎮居民基本醫療保險制度的參保範圍和籌資水準：

（1）城鎮居民基本醫療保險制度的參保範圍是：不屬於城鎮職工基本醫療保險制度覆蓋範圍的中小學階段的學生（包括職業高中、中專、技校學生）、少年兒童和其他非從業城鎮居民都可自願參加城鎮居民基本醫療保險。

（2）繳費和補助。以家庭繳費為主，政府給予適當補助。參保居民按規定繳納基本醫療保險費，享受相應的醫療保險待遇，有條件的用人單位可以對職工家屬參保繳費給予補助。國家對個人繳費和單位補助資金制定稅收鼓勵政策。對試點城市的參保居民，政府每年按不低於人均 40 元給予補助，其中，中央財政從 2007 年起每年通過專項轉移支付，對中西部地區按人均 20 元給予補助。在此基礎上，對屬於低保對象的或重度殘疾的學生和兒童參保所需的家庭繳費部分，政府原則上每年再按不低於人均 10 元給予補助，其中，中央財政對中西部地區按人均 5 元給予補助；對其他低保對象、喪失勞動能力的重度殘疾人、低收入家庭 60 週歲以上的老年人等困難居民參保所需家庭繳費部分，政府每年再按不低於人均 60 元給予補助，其中，中央財政對中西部地區按人均 30 元給予補助。中央財政對東部地區參照新型農村合作醫療的補助辦法給予適當補助。財政補助的具體方案由財政部門同勞動和社會保障、民政部等部門研究確定，補助經費要納入各級政府的財政預算。

（3）費用支付。城鎮居民基本醫療保險基金重點用於參保居民的住院和門診大病醫療支出，有條件的地區可以逐步試行門診醫療費用統籌。

城鎮居民基本醫療保險基金的使用要堅持以收定支、收支平衡、略有結餘的原則。要合理制定城鎮居民基本醫療保險基金起付標準、支付比例和最高支付限額，完善支付辦法，合理控制醫療費用。探索適合困難城鎮非從業居民經濟承受能力的醫療服務和費用支付辦法，減輕他們的醫療費用負擔。城鎮居民基本醫療保險基金用於支付規定範圍內的醫療費用，其他費用可以通過補充醫療保險、商業健康保險、醫療救助和社會慈善捐助等方式解決。

四、醫療救助制度

醫療救助制度是政府對患病後無力支付醫療費用的城鄉困難居民按一定標準給予救助的一項醫療保障制度，本質是通過轉移支付實現不同人群和地區之間衛生資源的公平分配，保障貧困人口的衛生服務利用公平。中國醫療救助制度從 2003 年和 2005 年分別在農村和城市建立以來，到 2008 年年底實現了城鄉全覆蓋。

2003 年 11 月，民政部、衛生部和財政部聯合下發了《關於實施農村醫療救助的意見》（以下簡稱《實施意見》）。該《實施意見》指出農村醫療救助制度是通過政府撥款和社會各界自願捐助等多渠道籌資，對患大病農村「五保戶」和貧困農民家庭實行醫療救助的制度。要求各省、自治區、直轄市在全面推行農村醫療救助制度的同時，可選擇 2~3 個縣（市）作為示範點，通過示範指導推進農村醫療救助工作的開展。力

爭到2005年，在全國基本上建立起規範、完善的農村醫療救助制度。各地要建立醫療救助基金，基金主要通過各級財政撥款和社會各界自願捐助等多渠道籌集。將醫療救助資金納入社會保障基金財政專戶。各級財政、民政部門對醫療救助資金實行專項管理，專款專用。救助對象為農村「五保戶」、農村貧困戶家庭成員以及地方政府規定的其他符合條件的農村貧困農民。為加強農村醫療救助基金管理，保證農村醫療救助基金運行安全，財政部和民政部於2004年制定了《農村醫療救助基金管理暫行辦法》，對農村醫療救助基金的具體運作進行了規範。這兩部行政文件的發布標誌著農村醫療救助制度正式開始實施。

為緩解城市困難群眾醫療難，2005年3月14日，國務院辦公廳轉發了民政部、衛生部、勞動保障部和財政部聯合下發的《關於建立城市醫療救助制度試點工作意見的通知》（以下簡稱《通知》），提出：從2005年開始，用2年時間在各省、自治區、直轄市的部分縣（市、區）進行試點，之後再用2~3年時間在全國建立起管理制度化、操作規範化的城市醫療救助制度。《通知》主要針對城市居民最低生活保障對象中未參加城鎮職工基本醫療保險人員、已參加城鎮職工醫療保險但個人負擔仍然較重的人員和其他特殊困難群體。為加強城市醫療救助基金管理，財政部、民政部於2005年6月8日印發《關於加強城市醫療救助基金管理的意見》（財社〔2005〕39號）。這兩份文件的出抬標誌著城市醫療救助制度開始實施。城市和農村醫療救助制度逐步建立並銜接，城鄉醫療救助制度在全國開始建立。至2006年年底中國所有涉農縣（市、區）全面建立了農村醫療救助制度。至2008年年底，所有地市也全部建立了城市醫療救助制度。

到目前為止，城鄉醫療救助在全國範圍內基本建立，救助制度逐步完善，救助水準逐漸提高，在滿足城鄉困難群眾基本醫療服務需求，緩解困難群眾「看病難、看病貴」方面發揮了越來越大的作用。

（一）醫療救助制度實施以年來，取得了以下幾個方面的成績

（1）城鄉醫療救助制度全面建立。各級民政部門把建立健全城鄉醫療救助制度作為解決困難群眾醫療難問題的長效機制，積極研究，大膽探索，努力加快建制步伐。農村醫療救助制度從2003年開始建立，至2006年年底已經覆蓋了所有涉農的縣（市、區）；城市醫療救助制度從2005年開始試點，至2008年6月，全國基本建立了城市醫療救助制度。從全國整體來看，已初步形成城鄉醫療救助制度框架。

（2）農村醫療救助方案逐步完善。各地在實踐中不斷研究新情況、新問題，逐步調整救助方案，使之更趨於科學合理。如一些地方逐步擴大了救助範圍，將特殊困難群體納入了救助範圍；一些地方在完善大病救助、增加救助病種的同時，也開展了常見病救助；還有一些地方降低或取消了救助起付線，實行救助的關口前移，進一步增強了貧困農民就醫的可及性。

（3）救助資金投入不斷加大，救助標準和水準逐步提高。民政部會同財政部積極督促各地根據國家有關要求，加大資金籌措力度。各級民政部門還通過開展社會救助、提取本級福利彩票金的方式籌集救助資金。通過多方籌資，醫療救助資金投入逐步增大。2009年，醫療救助的資金總量約為93.9億元，其中城市35.3億元，農村58.6億

元，人均為 195.8 元。各地根據實際情況，不斷調整救助標準，通過降低起付線、提高救助比例和封頂線，逐步提高救助水準。

（4）探索了更為合理的補助方法。為解決部分救助對象無錢墊付或支付不起先期醫療費用問題，一些地區積極探索了救助金的結算方式，採取醫前或醫中救助方式，先將救助金發放到救助對象手中；也有一些地方加強了醫療救助和合作醫療工作的有效銜接，採取由定點醫療機構先行墊付的方式，使救助對象在定點醫療機構就能直接享受醫療救助服務，醫療機構墊付的救助資金由醫療機構同民政部門事後結算，確保真正貧困的救助對象能夠享受到醫療服務。

（5）各地還結合當地社會救助體系建設，把農村醫療救助作為社會救助體系建設的重要組成部分，採取多種形式推進農村醫療救助工作。不少地區還通過臨時救助、接對幫扶以及慈善機構的愛心捐助等，對患有重病的特困戶、低保戶或其他特殊困難群體給予照顧。不少地區還對一些患有重病、享受醫療救助後生活仍十分困難的貧困家庭，給予其他形式的救助或幫扶。

（6）多層次醫療救助方式逐步成型。城鄉醫療救助制度建立以來，各地根據困難群眾的不同情況和醫療需求，不斷擴大救助範圍，由原來單一的大病救助轉變為實施大病醫療救助、推行門診救助、探索定額救助、鼓勵醫療機構優惠減免，建立了多方面、多層次的醫療救助方式。

（二）醫療救助制度存在的主要問題

（1）醫療救助資金不足，救助力度不大，救助面窄。截至 2016 年，住院和門診人次均救助水準分別為 1,709.1 元和 190.0 元。人均補助水準僅為 885.5 元。這對於患大病的特困群體來講，確實難以解決其實際問題。尤其在部分偏遠的農村地區，配套的醫療救助資金不足甚至不到位是司空見慣的事。本來就財政緊張，就更不可能在醫療救助方面加大投入。

（2）救助制度的運行機制有待進一步完善。目前，農村醫療救助採取由政府主導分配資源的方式，困難群體的確定和救助補償的過程基本上遵循政府分配資源的一般工作程序，如何確保這一過程的公平、公正和透明，是應重點研究的問題。

（3）大多數地方採取的是事後救助的做法，貧困人口先行支付相關醫療費用，事後按規定到民政部門申請救助資金。這種事後發放醫療救助資金的做法，既不方便貧困農民，也使得部分困難人群無力預付醫藥費用，無法獲得醫療救助基金的幫助。

（4）一些地方未能將新型農村合作醫療制度與農村醫療救助制度有機地結合，在相關政策、醫療服務和補助程序等方面有待進一步加強協調與銜接。

（5）定點醫院設計。政府在指定定點醫院救助貧困群體時，實際上將部分需要得到救助困難群體排除在外。如定點醫院無患者所需要的專科，患者選擇其他醫院時就很難甚至很難得到救助。除此之外，定點醫院的醫治費用也相對較高，導致貧困群體越來越貧困。

（6）起付線和封頂線的設計。起付線設計實際使得貧困群體的救助受到限制，貧困群體在接受醫療救助前，必須自己支付醫療費用。根據民政部最低保障司 2006 年監

測報告，全國農村醫療救助平均起付線為 637 元，中部地區平均起付線為 800 多元，也有個別省份的起付線超過了 1,000 元，有的甚至超過了 2,000 元。這對於收入很低的他們來說，簡直無法承擔。另外封頂線也使貧困群體很難從醫療救助中獲益，因為封頂線將救助壓縮在一個較小的範圍，往往貧困群體在大病中的醫療費用少則上萬，多則幾十萬，對他們來說救助效果微乎其微。

（三）進一步完善城鄉醫療救助制度措施

（1）加大投入，拓寬籌資渠道，逐步提高救助規模和救助水準。據調查顯示，現在中等收入水準以下的縣，醫療救助的人均籌資水準只有 12 元左右，中高收入水準的縣為 20 元左右，這樣的籌資水準是不可能實現緩解特困群體就醫困境的政策目標的。因此，應加大各級政府特別是中央和省級政府的投入，並積極完善相關政策措施，充分發揮紅十字會、基金會、慈善機構等社團組織和各類企事業單位等社會力量的作用，多渠道籌集救助資金，加大籌資力度，擴大救助範圍，將救助對象從目前的「五保戶」和特困戶，逐步擴大到貧困戶、優撫對象、傷殘軍人、軍烈屬等困難群體，並不斷提高救助水準。

（2）調整完善運行機制，逐步做到事前救助。各地民政部門應根據醫療救助對象患病情況，按照困難程度和疾病發生狀況給予一定數量的事前救助，為醫療救助對象預付住院押金或給予定點醫療機構一定的授信額度。在補償方式上，探索由醫療機構按照農村醫療救助方案直接為救助對象減免的方式，簡化補助程序，降低運作成本，提高工作效率，方便貧困農民。

（3）加強新型農村合作醫療與農村醫療救助制度的有機銜接。農村醫療救助方案應參考當地新型農村合作醫療的補償方案制訂，發揮綜合協同效應，最大限度地緩解農民和貧困農民的醫藥費用負擔。對於固定的農村醫療救助對象，可根據當地實際情況，由醫療救助基金代付合作醫療報銷起付線以下的部分費用，使救助對象享受新型農村合作醫療待遇；對經合作醫療報銷後個人負擔費用較大，影響家庭基本生活的，也應給予適當的醫療救助。新型農村合作醫療定點醫療機構要嚴格按照當地新型農村合作醫療規定，向救助對象提供醫療服務，防止過度服務。探索研究可行運行機制，使定點醫療機構能夠減收或免收救助對象的住院押金。

（4）醫療救助管理機構獨立化，提升救助效率。實踐中醫療救助工作涉及不同的部門和機構，協調難度較大並且民政部門在醫療救助方面缺乏專業性這些弊端都阻礙著醫療救助工作的發展。基於此應該把醫療救助的報銷，資金救助功能從民政體系中剝離出來劃歸社會保險機構負責，民政部門承擔醫療救助資金籌集救助對象甄別的職責，社會保險機構成立專門的醫療救助管理部門。醫療救助管理部門負責救助標準確定、資金發放等工作，社會保險部門將救助對象的醫療救助信息並入醫療保險信息管理系統實現保險報銷和救助費用的直接結算。給予貧困人員及時的救助，減少其醫療負擔，醫療救助管理部門的獨立化有助於明確職能、提高救助工作效率、避免救助資金的濫用和浪費。

（5）適時出抬新的醫療救助資金管理辦法。為適應醫療保障體系不斷完善的要求，

醫療救助管理部門應研究制定新的醫療救助資金管理辦法，統籌城鄉醫療救助基金專帳，規範城鄉醫療救助基金的籌集分配和使用，提高醫療救助資金使用效益，為城鄉醫療救助對象提供協調統一、沒有差別的醫療救助。

五、補充醫療保險制度

中國一直鼓勵用人單位為職工建立補充醫療保險制度。中國《勞動法》第七十五條指出，「國家鼓勵用人單位根據本單位實際情況為勞動者建立補充保險」。國務院《關於建立城鎮職工基本醫療保險制度的決定》還提出「超過（基本醫療保險）最高支付限額的醫療保險費用，可以通過商業醫療保險等途徑解決」。中國最早的補充醫療保險試點城市是四川省成都市（1996年）。目前，中國已出現的補充醫療保險有以下幾種形式：

1. 國家對公務員實行的醫療補助

根據國務院《關於建立城鎮職工基本醫療保險制度的決定》相關規定，國家公務員在參加基本醫療保險的基礎上，享受醫療補助政策。這種醫療補助政策實際上就是適用於公務員的一種補充醫療保險。實行這種補充醫療保險的目的在於保障國家公務員的醫療待遇水準，使其與改革前相比不下降。

2. 社會醫療保險機構開展的補充醫療保險

這種形式是由社會醫療保險經辦機構在強制性參保的「基本醫療保險」的基礎上開辦的自願參保的補充醫療保險，其保險起付線與基本醫療規定的「封頂線」相銜接，對部分遭遇高額醫療費用的職工給予較高比例的補償，可真正起到分散風險、減輕用人單位和患病職工負擔的作用。由於社會醫療保險機構在補充醫療保險基金的收繳、管理和醫療費用控制方面具有一定的優勢，這種形式不失為解決職工補充醫療保險問題的一個好辦法。執行中應注意的是：補充醫療保險基金和「基本醫療保險」的各項基金間應相互獨立，不得相互透支。同時，應當積極擴大補充醫療保險的投保規模以提高補充醫療保險基金的抗風險能力。

3. 商業保險公司開辦的補充醫療保險

商業保險公司開辦的補充醫療保險分為兩種情況：①由已參加「基本醫療保險」的單位和個人向商業保險公司投保補償高額醫療費用的補充醫療保險，如廈門模式。「基本醫療保險」的「封頂線」即為商業性補充醫療保險的起付線，起付線以上的高額醫藥費由商業醫療保險承擔，但商業保險公司一般仍規定了一個給付上限，如每年的補償金額不超過15萬元或20萬元。目前，國內部分商業保險公司已經積極介入補充醫療保險市場，但由於高額醫療保險（即商業性補充醫療保險）的風險較大，管理難度很高，目前僅有中國太平洋保險公司和中國平安保險公司在某些地區進行了一些初步的探索。估計商業保險公司大規模地承保此類業務還需要一個過程。②由各大商業保險公司提供的針對某些特殊疾病的「重大疾病保險」「癌症保險」等商業保險，也能為職工超過「封頂線」的高額醫療費用提供一定程度的補償。

4. 企業工會自身舉辦的補充醫療保險（互助保險）

補充醫療保險制度還包括由工會組織經營的職工互助保險，即主要利用原有的工

會組織系統開展互助保險業務。對補充醫療保險制度的探索，有利於提高參保人員的醫療保障水準，有利於抵禦更大的醫療費用風險，從而形成中國城鎮職工保障方式多層次、保障資金多渠道、支付方式科學、管理辦法有效的醫療保障體系。

2014年8月10日，國務院正式發布《關於加快發展現代保險服務業的若干意見》（國發〔2014〕29號），被保險業內稱為「新國十條」。對比國務院2006年發布的《關於保險業改革發展的若干意見》（即「舊國十條」），八年之後，國務院再次以「頂層設計」的形式，全面勾畫保險業未來轉型升級新藍圖。文件提出把商業保險建成社會保障體系的重要支柱。商業保險要逐步成為個人和家庭商業保障計劃的主要承擔者、企業發起的養老健康保障計劃的重要提供者、社會保險市場化運作的積極參與者。支持有條件的企業建立商業養老健康保障計劃，支持保險機構大力拓展企業年金等業務。充分發揮商業保險對基本養老、醫療保險的補充作用。其中之一就是要求發展多樣化健康保險服務，鼓勵保險公司大力開發各類醫療、疾病保險和失能收入損失保險等商業健康保險產品，並與基本醫療保險相銜接；發展商業性長期照護保險，提供與商業健康保險產品相結合的疾病預防、健康維護、慢性病管理、醫養結合型等健康管理服務；支持保險機構參與健康服務業產業鏈整合，探索運用股權投資、戰略合作等方式，設立醫療機構和參與公立醫院改制。

六、國家醫療保障局

（一）國家黨政機關機構改革背景

2018年黨的十九屆三中全會公布的《中共中央關於深化黨和國家機構改革的決定》（以下簡稱《決定》），將人力資源和社會保障部的城鎮職工和城鎮居民基本醫療保險、生育保險職責，國家衛生和計劃生育委員會的新型農村合作醫療職責，國家發展和改革委員會的藥品和醫療服務價格管理職責，民政部的醫療救助職責進行整合，組建國家醫療保障局，作為國務院直屬機構。

現行機構設置同國家治理體系和治理能力現代化的要求相比還有許多不適應的地方，「五位一體」總體佈局、「四個全面」戰略佈局在機構設置上還沒有充分體現。主要是：黨的機構設置不夠健全有力，黨政機構職責重疊，仍存在疊床架屋問題，政府機構職責分散交叉，政府職能轉變還不徹底，中央地方機構上下一般粗問題突出，群團改革、事業單位改革還未完全到位，等等。各地區各部門對全面加強黨的領導、全面依法治國、優化自然資源資產管理、生態環境保護、市場監管、文化市場監管等方面體制的呼聲很高。

各地區各部門認為，這次應該下更大決心，突出加強黨的領導、理順黨政關係，統籌謀劃機構設置，爭取更顯著的成效。主要是：加強黨的統籌協調機構，對職能相近或密切相關的黨政機構、事業單位進行適當整合，調整優化中央和國家機關有關部門職能，撤銷職能弱化、職責有重複或階段性任務已完成的機構，新設立部分機構，堅持全國統籌、上下聯動推動機構改革，等等。

(二) 國家醫療保障局的職責設置

為完善統一的城鄉居民基本醫療保險制度和大病保險制度,不斷提高醫療保障水準,確保醫保資金合理使用、安全可控,統籌推進醫療、醫保、醫藥「三醫聯動」改革,更好地保障病有所醫,《決定》提出,將人力資源和社會保障部的城鎮職工和城鎮居民基本醫療保險、生育保險職責,國家衛生和計劃生育委員會的新型農村合作醫療職責,國家發展和改革委員會的藥品和醫療服務價格管理職責,民政部的醫療救助職責整合,組建國家醫療保障局,作為國務院直屬機構。

國家醫療保障局的主要職責是,擬訂醫療保險、生育保險、醫療救助等醫療保障制度的政策、規劃、標準並組織實施,監督管理相關醫療保障基金,完善國家異地就醫管理和費用結算平臺,組織制定和調整藥品、醫療服務價格和收費標準,制定藥品和醫用耗材的招標採購政策並監督實施,監督管理納入醫保範圍內的醫療機構相關服務行為和醫療費用等。同時,為提高醫保資金的徵管效率,將基本醫療保險費、生育保險費交由稅務部門統一徵收。

有專家將其具體細化為醫療服務提供者的遴選者,醫藥價格形成機制、醫保付費政策的設計者和決策者,醫保激勵約束機制實施者,醫療服務質量的監督者等幾個角色。具體而言,國家醫療保障局的職能包括組織制定和調整藥品、醫療服務價格以及收費標準,制定藥品和醫用耗材招標採購政策並監督組織實施,確定醫療機構醫保費用結算辦法和金額,管理醫療機構,實施購買價格談判,管理藥品准入和醫保支付標準,確定醫療救助費用以及其他醫保政策和待遇。

(三) 國家醫療保障局的功能意義

成立國家醫療保障局是醫療保障制度發展的客觀需要,具有劃時代的意義。隨著全民醫保的快速發展,民眾訴求不斷增加,業務複雜性不斷提高,原有各部門分割管理的制度模式、體制和機制呈現出對醫保發展的不適應,需要在管理體制方面進行改革,這也是中國特色社會主義新時代建設的客觀要求。這是黨中央、國務院重視改善民生和深入推進醫保工作的重大決策和部署,是對全民醫保的高度重視,標誌著中國醫療保障制度進入一個新的、更高質量、更全面深刻的改革發展時期。

學者們普遍認同這能夠從根本上解決中國社會醫療保險領域過去存在的很多弊端和矛盾,有利於中國醫保制度的完善,管理能力的提升,民眾待遇的提高和醫藥服務市場的有序和健康發展。具體包括:

第一,有利於醫保制度的完善,適應全體國民日益增長的對於享有更高水準、更高質量醫療保障的美好願望。一是有利於建設更加公平、更有效率、更可持續的醫療保障體系。二是有利於醫保制度整合,解決原本部門博弈難以解決的居民醫保分割管理問題;有利於整合優化醫保制度和經辦資源,節省行政和運行成本,為進一步整合職工和居民醫保創造基礎條件。三是有利於統籌和協調基本醫療保險和醫療救助制度,促進多層次的醫療保障制度體系建設,增強對重大疾病的保障功能。四是有利於加快醫療保障公共平臺的建設,加快完善國家異地就醫管理和費用的結算平臺。

第二,有助於提高醫保的管理服務能力,促進醫改深化和醫藥市場的規範、有序

發展。一是整合了過去分散在各部門的醫保職能，實現了一個部門管醫保，並取消國務院醫改辦，這將有效緩解過去「多龍治水」的多部門協調難困局，也便於問責。二是有利於推動醫保從當前因體制約束僅能發揮醫改的基礎性作用，轉化到發揮對醫改的引領和主導作用，助力醫改的深化。三是明確了醫療服務提供和服務購買分離的第三方購買機制，明確了制度發展方向。四是有助於提升醫保管理地位和權威性，優化醫保職責和職能，提高管理水準和隊伍的專業化程度，更好地制約醫療服務供方。五是有助於推動藥品和醫療服務價格管理體制改革，建立市場化的藥品和醫療服務價格形成機制，有效治理藥價虛高和過度醫療，引導醫藥、醫療市場逐步走向規範、有序發展。

第二節　社會醫療保險評價[①]

　　社會醫療保險是一項社會政策，在中國經歷過十多年的改革與發展，社會醫療保險事業已取得喜人成績，但在發展的同時也不可避免地出現了一些問題，因此需要從公共政策評價的角度對社會醫療保險制度及其運行過程進行評價。目前，公共政策績效評價已受到越來越多國家的重視，其目的是通過公共政策績效評價科學地判斷政策實施的效果、效益、效率和公平性、可持續性，為政策繼續修正、終止或重新制定提供重要依據。公共政策評價可以說是公共政策績效的基礎，而公共政策績效則是公共政策評價結果的綜合反應。公共政策績效往往可以通過單項公共政策評價的結果來反應，各項公共政策評價結果的綜合評價構成公共政策績效的基礎。

一、社會醫療保險評價的概念

　　評價（evaluation）是對政策過程活動的科學性、可行性和有效性進行評判，為決策提供參考意見的活動，是利用科學的方法與技術，系統地搜集相關信息，評價政策方案的內容、規劃以及執行過程、執行結果的一系列活動。其目的在於提供選擇、修改、持續或終止政策方案所需的信息。

　　社會醫療保險評價（social medical insurance evaluation）是指根據國家社會保障發展的總體目標，對其所分屬的子項目——社會醫療保險展開及實施的全過程進行綜合分析與評價，總結經驗、修正缺憾、完善社會醫療保險，以促進中國社會醫療保險制度的健康發展。一般來講，人們往往將更多的精力放在政策的制定和實施的研究上，而忽視了對政策的評價，但只有重視政策評價，人們才能更好地改良和完善公共政策。

二、社會醫療保險評價的原則

（一）全局性原則

　　社會醫療保險是一個面向廣大民眾，涉及多個部門和牽涉多方利益的複雜的社會

[①] 盧祖洵. 社會醫療保險 [M]. 3 版. 北京：人民衛生出版社，2012：254.

系統工程。在評價社會醫療保險時，應有全局性的觀點，不能只站在本部門的角度進行審視、評價，而忽略其他方面所發揮的作用。評價所用的各項指標體系應能全面反應整個社會醫療保險系統的數量、質量、條件、效益及公眾滿意度等情況。

(二) 客觀性原則

社會醫療保險是惠及廣大公眾的社會福利，評價體系應能夠如實反應社會醫療保險的運行情況。客觀性原則主要體現在三個方面：①態度立場客觀，要「不唯上、不唯書、只唯實」，以事實為依據和準繩；②指標客觀，所用的指標體系應能夠反應該地區的社會、經濟發展水準，社會醫療保險的實際運行情況，指標除定性指標外，盡可能用定量指標；③資料真實可靠，用於評價的原始資料數據應完整、真實、翔實，不允許有欺瞞作假現象。

(三) 發展性原則（可持續性原則）

由於社會醫療保險事業的發展與國家政策的調整、社會經濟發展的進步、醫療技術水準的不斷提升等因素密切相關，因此，社會醫療保險的評價也應隨環境的變化及時變更調整，以適應不斷發展的社會環境。

(四) 可操作性原則

評價的指標體系和評價標準是評價工作的依據，在建立評價指標時應充分考慮社會醫療保險的運行實際並與之銜接，指標應明確具體。

(五) 公平性原則

公平性是社會保障的基本原則之一，也是評價社會醫療保險實施情況的重要原則。公平是指，無論其收入水準的高低和支付能力的大小，參保人得到社會醫療保險的數量和質量是相等的。社會醫療保險公平性評價可從籌資公平性、分配公平性和利用公平性三個方面來衡量。

(六) 效率性原則

社會醫療保險資源相對於參保人對醫療保險的需求來說也是有限的。因此，如何合理地、有效地利用社會醫療保險資源，提高社會醫療保險資源的利用率，也是社會醫療保險評價的重要內容。

三、社會醫療保險評價的目標

社會醫療保險的運行是一個動態過程，包括社會醫療保險政策制定、政策執行、政策監控和政策終結（調整）等環節。這些環節都需要以社會醫療保險的評價為其提供判斷依據，沒有社會醫療保險評價的支持，社會醫療保險系統不可能健康地運行。社會醫療保險政策制定者在設計和選擇社會醫療保險政策方案時，總是帶有一定的預測性，在付諸實施時，即使是設計完美的政策也難免受到複雜多變的社會環境的影響和衝擊。因而，不僅在社會醫療保險政策制定時需要對各種政策方案進行評價，而且在政策付諸實施後也需要用科學的方法對政策執行過程、效果及其影響進行評價。社

會醫療保險評價的目的是通過將這些信息直接或者間接地反饋給社會醫療保險政策的制定者、執行者和監控者等相關人員，促使他們適時做出政策反應，選擇好的政策方案、及時調整不當的政策項目、廢止無效的政策文件、調整改善政策執行行為，以期最終達到適合中國國情的全民健康覆蓋。

（一）全民健康覆蓋的概念

世界衛生組織和世界銀行於2月18日至19日聯合主辦了有關全民健康覆蓋問題的部長級會議。來自27個國家衛生部和財政部的高級官員和其他高級衛生和發展利益攸關方代表出席了會議，探討了各國實現全民健康覆蓋的方式，分享創新解決方案，並且確定國際社會可以採取哪些行動支持。

全民健康覆蓋對人口健康有直接影響。獲得衛生服務使人們能夠更具生產力，從而能夠積極為家庭和社區做出貢獻，它還確保兒童能夠到學校上學。同時，針對財務風險的保護措施可以防止人們因為自費支付衛生服務費用而致貧。因此，全民健康覆蓋是可持續發展和減貧的關鍵組成部分，也是減少社會不公平的關鍵要素。全民覆蓋是政府致力於改善其公民福祉的標誌。

要實現全民健康覆蓋，還要承認所有部門對於確保人類健康均發揮著關鍵作用，包括交通、教育和城市規劃部門。

全民健康覆蓋的目標是確保所有人都獲得其所需要的衛生服務，而在付費時不必經歷財務困難。

一個社區或國家要實現全民健康覆蓋，以下幾個因素必不可少：

①一個有力、高效、運轉良好、能夠通過以人為本的綜合保健服務（包括為愛滋病毒、結核病、瘧疾、非傳染性疾病、孕產婦和兒童健康提供的服務）滿足重點衛生需求的衛生系統，包括：為人們提供信息，並鼓勵人們保持健康、預防疾病；及早發現健康方面的狀況；有能力治療疾病；幫助患者康復。

②可負擔性，建立為衛生服務供資的制度，確保人們在利用衛生服務時不經歷財務困難，這可以通過多種方式實現。

③獲得基本藥物和技術以便診斷並處理醫療問題。

④受到良好培訓並積極工作的衛生工作者擁有提供服務並以現有最佳證據為基礎滿足患者需求的充分能力。

（二）全民健康覆蓋的四個要素

1. 衛生系統籌資

衛生服務需要花錢，而且必須有人付錢，因此，如何籌集這些資金是至關重要的。籌集足夠的資金，集中使用這些資金以分攤經濟風險並明智地控制費用開支，幾乎每個國家，無論貧富，都可以改進服務、擴大覆蓋面或降低經濟風險。衛生籌資涉及如何在衛生系統中籌集、分配和使用財政資源。衛生籌資問題包括：①如何及從何處籌集足夠的衛生資金；②如何克服使許多窮人無法獲得衛生服務的財務障礙；③籌資如何平等高效地保障提供多種衛生服務。

衛生籌資系統必須足夠健全以便實現和維持更廣的覆蓋面。為全民健康覆蓋籌資

要以兩個相互關聯的基礎為根據。首先是要確保經濟障礙不能阻止人們利用他們需要的服務——預防、促進、治療和康復；其次是要確保不能因為他們為這些服務交費而遭受經濟困難。

2. 衛生人力

衛生工作者指「從事以增進健康為主要目的的行動的所有人」（2006年世界衛生報告）。世界各地衛生系統工作者面對一系列複雜的外力，因而承受著日益嚴重的壓力和不安全感。老齡化人口、新疾病以及當前疾病日益加重的負擔、逐步升級的衝突和暴力都是工作人員必須準備應對的挑戰。

很顯然，當務之急是加強人力，以便衛生系統能夠應對破壞性疾病，並實現國家和全球目標。強有力的人員基礎結構對於彌合當今衛生承諾與衛生現實之間的差距至關重要。

3. 基本藥物

基本藥物是那些滿足人群衛生保健優先需要的藥品。對藥物的選擇考慮到了患病率、安全性、藥效以及相對成本效益。

在一個正常運轉的醫療衛生體系中，基本藥物在任何時候都應有足夠數量的可獲得性，其劑型是適當的，其質量是有保障的，其價格是個人和社區能夠承受的。

4. 衛生系統（服務提供）

一個衛生系統包括致力於產生以改善健康為主要目的的行動的所有組織、機構和資源。如果衛生系統過分薄弱，不能支持迅速擴大服務覆蓋面，那麼僅簡單地籌集更多的資金並不能實現全民健康覆蓋的目標。

多數國家衛生系統包括公立、私立、傳統和非正式部門。衛生系統的四項基本職能界定為服務提供、資源產生、供資和管理工作。

擁有良好的衛生系統才能在任何時候和任何地點向所有人提供所需的高質量服務。服務的確切內容因國家而異，但無論如何都需要具備以下內容：①強大的籌資機制；②訓練有素的員工隊伍；③有助於作出決定和制定政策的可靠信息；④妥善維持的能夠提供高質量藥物和技術的設施和物流服務。

為進一步加強衛生系統，世界衛生組織需要努力確保：①各國實行支持全民健康覆蓋的國家衛生政策、戰略和計劃；②具備人力資源、政策和資金，使更多人能夠獲得綜合衛生服務；③衛生系統提供以人為本的綜合服務；④人人都能獲得安全、有效的高質量藥品和其他衛生技術；⑤通過創新、開發和提供新的衛生產品和戰略；⑥各國建立良好的民事登記和生命統計系統跟蹤出生、死亡和死因。

(三) 全民健康覆蓋實現路徑的三維目標評價體系

2012年12月12日，聯合國大會一致通過一項決議，敦促各國政府努力向所有人提供負擔得起的高質量衛生保健服務，實現全民健康覆蓋（universal health coverage UHC）（以下簡稱全民覆蓋）。全民覆蓋的目標是確保所有人獲得其所需要的衛生服務，同時還應確保人們不會因使用這些服務而陷入經濟困難。這一定義要求具體實現以下三項目標：①公平獲得衛生服務，確保凡是需要衛生服務的人，而不僅是能夠支

付衛生服務的人，都應獲得這些服務（即人員全覆蓋）；②提供高質量的衛生服務，以改善接受衛生服務者的健康（即醫療服務供給）；③防範財務風險，確保人們不會因病致貧（即費用可負擔性）。

為了指導各國科學有效地實施，世界衛生組織還把全民覆蓋的三項具體目標繪製成了一個三維的目標體系（見圖8-1），用於描述三者的關係，並且用這種三維的思路分析判斷各種醫療保障制度的狀況和水準。按照世界衛生組織的指導意見，各國實現醫療保障之路時，要結合自身社會經濟發展情況，首先應保障覆蓋全體國民，其次保障全民都看得起病（費用可負擔），最後保障有質量的醫療範圍（項目或服務）。

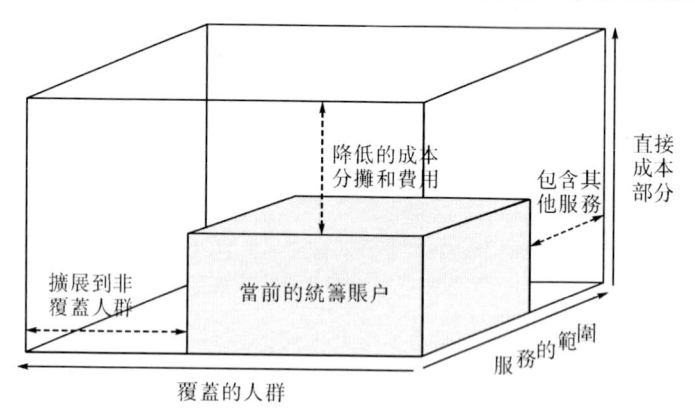

圖 8-1　實現全民醫療保險的三維模型示意圖

圖片來源：世界衛生組織報告《衛生系統籌資——實現全面覆蓋的道路》，2010年。

四、社會醫療保險評價的分類

隨著政策活動的日益複雜化和影響的深化，政策評價也日益呈現出多樣化的特點。國內外學者依據不同的標準，從不同的角度對政策評價進行了分類，而不同的分類表明了學者們研究側重點的不同。我們可以將其用於社會醫療保險的評價過程之中。從評價的實際出發，可以對社會醫療保險政策評價進行下列分類。

（一）按社會醫療保險政策過程所處的階段來劃分

1. 事前評價（預評價）

事前評價是在社會醫療保險政策執行之前進行的評價。所謂「預」，是因為政策效果實際上還未產生，因此，預評價是一種帶有預測性質的評價。這種預測不是毫無根據地猜想，而是在原有政策效果的基礎上，根據已有經驗或者數學模型進行推理。現代科學技術，尤其是電子計算機的發展，使得人們在政策執行之前就能對政策的效果做出準確、有效的估計，使預評價成為可能。事前評價的內容包括三個方面：對社會醫療保險政策實施對象發展趨勢的預測，對社會醫療保險政策可行性的評價，對社會醫療保險政策效果進行評價。由於預評價是在政策執行之前進行的，因此，通過預測政策效果，可以發現政策制定中的某些缺陷，及早採取措施，盡可能將政策的負面影

響降低到最低限度。例如，在社會醫療保險中對「共付比例」的確定，在實施前就對實施後可能產生的後果和影響進行預評價，這樣才能做到心中有數。

2. 執行評價（事中評價）

執行評價就是對社會醫療保險在執行過程中的政策實施情況予以評價。任何政策都必須經過執行才能產生效果和影響，儘管政策執行過程沒有結束，但是政策只要付諸實施，它的效果和影響就會顯露出來。執行評價就是具體分析政策在實際執行過程中的情況，準確地反應出政策的執行效果，並根據實際情況，及時採取有針對性的措施，以更好地達成政策目標。在政策評價中，執行評價佔有重要的地位，它甚至關係到政策的成敗。這是因為只有在動態中瞭解政策執行的情況，才能全面地、正確地評價政策的效果和影響。由於執行評價是在政策執行過程中進行的，執行活動尚未結束，政策執行者可以根據評價結論，盡早調整執行策略和方法。具體分析社會醫療保險政策在實際執行過程中的情況，以確認社會醫療保險政策是否得到嚴格的貫徹執行，從而分析原因和尋找調整的對策，以便進一步完善社會醫療保險制度及運行機制。

3. 事後評價

事後評價是社會醫療保險政策執行後對政策效果的評價。事後評價主要包括政策效益評價和政策影響評價。事後評價旨在衡量社會醫療保險政策對所確認問題的解決程度或影響程度，辨析社會醫療保險政策效果成因，以求通過優化政策運行機制強化和擴大政策效果的一種行為。它在政策執行以後發生，是最主要的一種評價方式。事後評價的結論是關於政策價值的最終反應，對政策過程以及政策系統的改進具有決定性作用。因此是最重要的一種評價方式。

(二) 按評價組織活動方式來劃分

1. 正式評價

正式評價是指事先制訂出完整的評價方案，由確定的評價者嚴格按照規定的程序和內容進行。正式評價是占據主導地位的評價方式，由於正式評價擁有高素質的評價人員、充足的評價資金、科學的評價手段，因此，能比較客觀全面地反應政策效果，成為政府部門考察社會醫療保險政策的可靠依據。

2. 非正式評價

非正式評價對評價者、評價內容、評價結論沒有嚴格的規定和要求，人們可以依據自己所掌握的情況和自己議定的要求與辦法而進行。現實生活中，評價活動大多屬於非正式評價。非正式評價方式靈活，簡單易行，具有廣泛的使用性。通過非正式評價，不但可以全面瞭解社會醫療保險政策的實際效果，還能吸引社會各階層的人士參與評價活動，加強公民的參與意識，但由於非正式評價有很多局限性，評價的結論往往帶有隨意性。

正式評價和非正式評價是政策評價活動的兩種基本方式。正式評價居於主導地位，直接關係到評價活動的質量，是應大力提倡、不斷改進的一種方式；非正式評價一方面可視為正式評價的必要準備，另一方面也是正式評價的一種重要補充。因此，正式評價和非正式評價缺一不可，都應給予足夠的重視。

（三）按評價機構的地位來劃分

1. 內部評價是指社會醫療保險政策系統內部的評價者所進行的評價

社會醫療保險政策系統內部的評價者可以是政策的制定者和執行者，或者是政策機構中的專職評價人員。這類評價的優點：一是評價者置身於社會醫療保險政策系統內部，對整個政策過程具有全面的瞭解，並掌握了大量的有關政策制定和執行的第一手資料，有利於評價活動的開展；二是評價者直接參與社會醫療保險政策制定過程，有條件根據自己的評價結論，迅速調整社會醫療保險政策目標和政策措施，使評價活動及時發揮作用。但是這種評價也有缺點：一是由於評價的結論往往關係到評價者作為政策制定者或執行者的聲譽，因而容易出現誇大成績、迴避失誤的現象；二是作為政策制定者或執行者的評價人員，往往代表著某一機構的局部利益，政策評價容易有一定的片面性；三是置身於機構內部的專職評價人員，容易受到單位利益與人際關係的牽制，也會影響到評價結論的公正性。

2. 外部評價是指社會醫療保險政策系統外的評價者所進行的評價

目前社會上所說的第三方評價即是外部評價，指與政策制定或執行方無隸屬關係和利益關係的第三方或民間機構實施的評價活動。外部評價有些是評價者接受有關單位的委託而進行的，也有些是各種外部評價者自己組織評價的。接受委託的評價者，往往是一些專業性的諮詢公司、營利性或非營利性的研究機構、有關的學術團體，以及高等院校的專家學者。這類評價的最大優點是，由於評價者置身於決策或執行機構之外，不受單位利益的限制，因而能夠客觀、公正地進行評價。同時，由於評價者大都是專業人員，掌握了有關政策評價的理論知識，熟悉政策評價的專門方法和技術，並具有評價不同政策的經驗，因而能夠保證政策評價質量的高水準。不過，值得注意的是，接受委託的評價者，往往在評價經費、評價資料等方面容易受到委託人的控制，有時會造成評價者只對委託人負責，而不對政策本身或社會效益負責的現象。在這種情況下，評價者很可能為了迎合委託人的要求而放棄科學公正的評價結論。各種外部評價者自己組織的評價，主要是輿論界和社會團體中的某些成員和有些公民個人自願組織起來而進行的評價。這類評價一般不代表任何單位的利益，而是代表了社會各階層人士對政策的看法。較之其他評價活動，應該說比較容易做到客觀、公正。但是，這類評價在獲取評價所需的資料和經費方面存在很大的困難，受到很多限制。當它在社會上還沒有取得權威性影響時，評價的結論也不易受到重視。

第三節　中國社會醫療保險系統評價與改革發展

一、社會醫療保險系統評價概述

（一）社會醫療保險系統評價分析的概念

系統評價（systematic assessment）是對新開發的或改建的系統，根據預定的系統目

標，用系統分析的方法，從技術、經濟、社會、生態等方面對系統設計的各種方案進行評審和選擇，以確定最優、次優或滿意的系統方案。

社會醫療保險系統評價是指對於社會醫療保險的預定目標，設定合理的指標，採取適當的分析方法，結合社會醫療保險覆蓋比例、籌資水準、基金使用情況等數據對社會醫療保險的社會效益、公平性和可持續發展能力進行全面分析。社會醫療保險作為一項公共政策，對保障國民的健康狀況具有很重要的作用，通過建立適當的評價系統，並結合實踐運行狀況，能有效地提升這一政策帶來的福利水準，從而使國民健康具有更大的保障範圍和力度。

(二) 社會醫療保險系統評價分析的目標和意義

社會醫療保險是一項保障居民健康狀況的公共政策，必須兼顧公平性和可持續性原則。對社會醫療保險進行系統評價可以有效把握當前基金的使用情況，瞭解社會醫療保險的覆蓋程度以及籌資是否合理等，進而對社會醫療保險的社會效益、可持續能力和規模適度性進行合理評價，有利於進一步加強社會醫療保險對保持社會穩定性方面起到的作用。

1. 社會醫療保險的社會效益評價

社會醫療保險的社會效益是指社會醫療保險通過保障人民基本醫療需求、維護社會穩定的福利效果。完善的社會醫療保險制度能夠較高程度地報銷醫療費用，解決普通居民「看病難」的問題，特別是對於生活條件比較貧困的人而言，完善的社會醫療保障體系能極大地保障他們的基本醫療需求，減少社會成員之間的對立情緒，促進社會公平，維護社會穩定。

2. 社會醫療保險的可持續能力評價

社會醫療保險自產生以來一直是國家的一項基本制度，並將長期地存在和發展下去，所以必須建立良好的營運機制以保障自身的持續穩定發展。對持續穩定能力發展也應該分為投入和產出兩個部分。社會醫療保險的存在、功能的實現同樣需要投入，這部分投入主要來自企業和個人的繳費以及政府的財政支持。要爭取和維持這部分收入，社會醫療保險必須具有贏得信任的能力，這樣才會吸引更多的資金投入，擴大社會醫療保險的規模和範圍，發揮更大的社會功能。國家、企業和個人的投入將用於社會醫療保險的運作，遵循效益原則，在保證社會效益的前提下降低機構管理成本，提高基金管理水準和基金的保值增值能力。因此，社會醫療保險的可持續性主要體現在兩個方面：一是有效的基金運作機制，二是有效的社會保險服務機構。

3. 社會醫療保險的適度規模評價

社會醫療保險是收入再分配行為，屬於宏觀範疇，與社會經濟發展的諸方面有著千絲萬縷的聯繫，因此要注重它與宏觀環境的協調。如果社會醫療保險的發展速度過快，超過了經濟發展的速度，將會出現保險規模過大，支出占國內生產總值比重過高的局面，社會醫療保險便會成為社會的負擔，束縛社會經濟的發展。如果社會經濟的發展速度過慢、支出額過低，就會削弱社會醫療保險的保障作用，難以起到有效的保障作用。社會醫療保險又與人民生活緊密相關，社會醫療保險對個人來說不僅具有保

障功能，而且還具有儲蓄功能，對人民的消費行為、儲蓄行為產生直接影響，促使居民調整當前和未來的消費，從而影響經濟的發展速度。社會醫療保險作為一種公平機制也會影響人們的工作熱情，再分配功能過強，人們的勞動積極性會受到挫傷，進而降低勞動生產率。因此，我們應從社會醫療保險與宏觀、微觀諸方面的協調來評價其規模的合理性。

(三) 社會醫療保險系統評價分析的實施步驟

社會醫療保險系統評價分為基礎數據的引用、分析指標的設定、分析方法的構建及評價結論與報告四個主要步驟，選擇適當的分析方法，結合中國過去多年間各地區社會醫療保險的覆蓋比例、籌資水準和基金使用情況進行分析，運用系統評價的方法得出評價結論和報告，與實踐相結合有針對性地改進社會醫療保險狀況。

二、中國社會醫療保險系統評價分析

(一) 整體目標或者說評價標準——全民健康覆蓋

2012年12月12日召開的聯合國大會提出了全民健康覆蓋的概念，並明確全民健康覆蓋是為了確保所有人獲得的健康服務必須是高質量的、有效的，人們不會因服務付費而陷入經濟困難。向全民提供負擔得起的高質量的衛生保健服務，既是對人人享有初級衛生保健目標的提升，也彰顯了未來世界各國實現全民保健的基本要求。而在聯合國大會層面提出全民健康覆蓋之前，世界衛生組織2010年衛生報告《衛生系統籌資：實現全民覆蓋的道路》以及2012年1月通過的《全民健康覆蓋曼谷聲明》、2012年4月通過的《全民健康覆蓋墨西哥城政治宣言》和2012年7月通過的《衛生部門的資金效益、可持續性和問責制問題突尼斯宣言》，已經不斷強化和宣傳了全面健康覆蓋的理念。2013年2月在瑞士的日內瓦世界衛生組織總部，世界衛生組織和世界銀行又聯合召開了全民健康覆蓋部長級會議，提出「所有的人都獲得所需要的、高質量的衛生服務，而不必擔心陷入經濟困難」，這是聯合國大會提出全民健康覆蓋的基礎文件。

中國醫療保險制度的目標是維護和促進全民健康水準，解決因病致貧和因病返貧問題。全面健康覆蓋與中國醫療保險制度的基本目標是一致的，同時基於全面健康覆蓋理念，構建全民健康保險制度，還需要在保險高度、寬度和深度等多個方面加以完善和改進。

(二)「全民健康覆蓋」四要素指標分析（各自的指標設計）

1. 衛生系統籌資

衛生系統籌資主要包括個人社會保險金繳納和國家財政補貼兩部分，主要應從個人籌資和財政補貼比例進行評判。首先，個人籌資比例過高勢必會加重國民經濟負擔，特別是對於貧困人民而言未能達到很好的保障作用，有悖於基本醫療保險設定的初衷；其次，國家財政補貼比例過高會直接導致財政壓力加劇，影響經濟持續穩定的發展。

此外，發達地區與欠發達地區、城鎮居民和農村居民的衛生系統籌資差距也應該納入評定指標，應適當控制各地區和城鄉差距，更加凸顯基本醫療保險的再分配作用

和公平性。

2. 衛生人力

全民健康覆蓋的當務之急是加強人力，使得衛生系統擁有足夠的健康工作者來應對破壞性疾病，特別是在當下老齡化人口加劇的背景下，從事健康工作的人口比例變得越來越重要。

3. 基本藥物

基本藥物是滿足人群衛生保健優先需要的藥品。要達到全民健康覆蓋的目標，必須將基本藥物範圍作為一項重要指標考慮，需保證在任何時候都可以獲得足夠數量的、質量能夠得到保證的，並且價格能夠為人們所接受的基本藥物。

4. 衛生系統（服務提供）

擁有良好的衛生系統，才能在任何時候、任何地點向所有人提供所需要的高質量服務。目前衛生系統覆蓋並不全面，特別是在一些偏遠農村地區，村鎮衛生系統並不能滿足人們的基本需求，甚至於有一些地區尚未覆蓋到。要實現全民健康覆蓋，必須將衛生系統的質量，特別是覆蓋面納入評判指標中來，確保衛生系統全面覆蓋，並且能穩定有序地提供衛生醫療服務。

(三) 中國社會醫療保險運行分析實踐中值得探討的幾個問題

1. 評價目標不明確，習慣於搞大而全的綜合評價

在現行的社會醫療保險系統評價實踐中，最容易犯的一類錯誤是評價目標不明確。在進行評價前，沒有仔細分析評價的目的是什麼，沒有搞清楚為什麼要進行評價，而是採用習慣的做法，搞大而全的評價，諸如經濟效益、社會效益、技術水準等，都設定指標進行評價。這往往導致評價的結果與評價的初衷大相徑庭。其實，目標是評價的核心，所有的評價都是圍繞目標展開的。目標如果不明確，所得到的評價結果要麼沒有實際意義，要麼沒有實際用途，但是投入了巨大的人力與財力資本，投入與產出不成正比。所以，在進行社會醫療保險系統評價前，一定要明確評價的目標，一方面保證評價的結果達到要求，另一方面排除沒有必要考慮的因素，使評價易於實現。

2. 過分注重評價過程的理性和正規，導致實踐的可操作性降低

社會醫療保險運行分析實踐中，過分注重評價過程的理性和正規，而不注重信息系統評價方法的可操作性。其實，不管選取什麼樣的評價方法，是否具有可操作性是權衡其是否科學的重要標準之一。在實踐中，對有些基礎數據量化指標的確定、數學模型的選取投入了很大的精力，而忽視了評價方法的可操作性，導致評價失敗或者不切合實際。由於社會醫療保險評價系統建設是一個複雜的系統工程，所以應充分估計到評價工作的複雜性，不要一味追求評價的完美和精確的程度，這是因為越精確的評價往往越複雜，越複雜的方法可操作性就越低。因此，有必要在評價方法的可行性和評價的精度之間取得某種妥協，在能夠達到基本目標的前提下簡化評價方法。

3. 沒有將評價結果與實踐進行有效結合

在社會醫療保險系統評價的實踐過程中，沒有充分認識到評價也是一個理論與實踐相結合的反覆過程，同時也缺少相應的實證研究，不能通過實踐進行反饋。其實，

對社會醫療保險系統的評價是根據評價理論進行的，是一個從理論到實踐的過程。評價的結果與社會醫療保險系統的實際情況是否一致，或者說所用的理論適合不適合，也要通過實踐進行檢驗，必要時再去修正現有的評價理論，這又是一個從實踐到理論的過程。從理論到實踐，再上升到理論，幾次反覆之後才能形成一系列相對穩定而成熟的評價方法。在評價實踐中，這一點似乎是很難做到的，因為評價的實踐一般沒有反覆進行的可能性。

三、中國醫療保險制度的發展趨勢

（一）多層次醫療保障體系已然形成

中國的醫療保障體系雖經歷了幾十年的不斷改革與完善，目前卻仍處於一個發展完善的階段。對於此前，中國如何具體實現全民醫療保障體系，存在著不同的觀點和改革方案，但這些方案在對於如何建立健全醫療保障體系，擴大醫療保險覆蓋面，最終實現全民醫保這一方向在某種程度上已經達成了一定的共識。如今，一個多層次、多支柱的醫療保障制度體系雛形已初步建成（如圖8-2所示），並開始惠及全體中國人民。中國醫療保障體制改革的中長期發展目標也已經確定並基本實現，就是要到2020年建立覆蓋全體城鄉居民的基本醫療保障體系，實現人人享有社會醫療保障[①]。

第三層 多種形式的 補充醫療保險	各種商業健康保險		專項補充醫療保險	特殊人群醫療保障
	一般的補充醫療保險(非營利民營醫療保險)			
第二層 社會基本醫療保險 （公共醫療保險）	新型農村合作醫療	城鎮居民 基本醫療保險	職工基本醫療保險	
		未成年人（含大學生） 醫療保險	外來工醫保	
第一層	社會醫療救助			
第零層	公共衛生和基本醫療服務的初級預防保健體系			

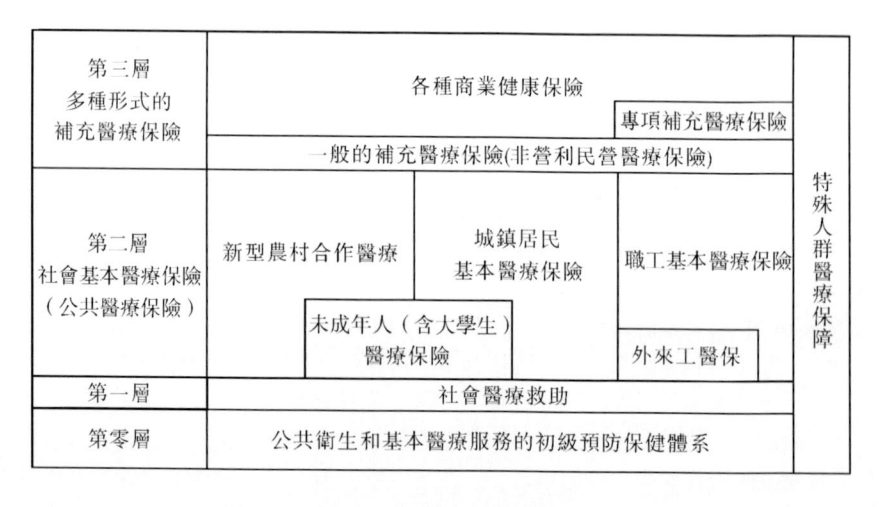

圖8-2　中國多層次醫療保障制度體系[②]

如圖8-2所示，「醫療保障」體系的概念範疇應該是從第一層至第三層，若加上第零層即為「健康保障」體系的概念範疇，這是「醫療保障與健康保障」概念差異的形象表述圖示。在中國，由於社會醫療保險的保障水準及保障目標是「保基本、廣覆蓋」，保險保障範圍定位於為必需的醫療服務提供補償，並堅持以住院和大病保障為

[①] 具體參見中共中央、國務院2009年3月17日發布的《關於深化醫藥衛生體制改革的意見》。
[②] 方輝軍. 城鎮居民醫療保障研究：模式與路徑選擇［D］. 成都：西南財經大學，2009.

主，所以中國社會醫療保險也往往被加上「基本」兩個字，稱為社會基本醫療保險（social essential health insurance）。嚴格來講，圖示中正在試驗推進的「新型農村合作醫療」和「城鎮居民基本醫療保險」是自願型社區醫療保險（voluntary community-based health insurance）模式，還不能算是真正意義上的社會醫療保險（法律規定必須強制參加），所以不妨也稱其為公共醫療保險（public health insurance）。特殊人群醫療保障是指針對軍人以及某些高級別國家領導幹部的特殊人群醫療保障待遇。專項補充醫療保險是指針對某類職工人群基本醫療保險之外設置的補充醫療保險待遇，如公務員醫療補助、企業補充醫療保險。

(二) 中國居民醫療保險城鄉統籌發展的必然趨勢

城鄉二元醫療保險存在很多弊端。制度分設和管理分割造成居民重複參保，政府財政重複補貼。城鄉醫保分別設立醫保經辦機構、開發信息系統，分別投入日常運行費用，大大增加了管理成本。這些均造成了個人和政府在資金、人力投入上的浪費。目前，中國已經實現了制度全覆蓋——全民醫保。不過，醫保制度城鄉分設、醫保管理城鄉分割帶來的問題也日顯突出，影響到了全民醫保的公平性和管理效率。進一步完善醫療保險制度，有必要盡快全面開展醫療保險的城鄉統籌，實現城鄉醫療保險制度和管理上的銜接、整合和統一。並且國務院於 2016 年 1 月 3 日印發《關於整合城鄉居民醫療保險制度的意見》，也似乎標誌著中國居民醫療保險城鄉統籌發展的趨勢。

1. 城鄉二元醫療保險及其弊端

城鄉二元醫療保險存在很大弊端，具體表現為：一是醫保制度按人群和城鄉分設，三項醫療保險制度以戶籍、就業狀況來劃分覆蓋範圍，城鄉醫保的制度分設和管理分割造成部分城鄉居民重複參保，特別是農民工、在城鎮入學的農村中小學生同時參加職工醫保（或居民醫保）和新農合的情況比較嚴重，也造成了財政的重複補貼。二是城鄉醫保制度分設、管理分割造成同一地區城鄉居民的就醫選擇、保障範圍和待遇水準等方面存在明顯差異，也有損醫療保險制度的公平性。城鎮職工在醫保籌資和待遇支付水準上都大大高於新農合，城鎮居民醫保在籌資水準、保障範圍和待遇支付水準上也明顯高於新農合。另外，農村地區醫療服務提供水準也明顯落後於城鎮地區，這也是造成城鄉醫療保險水準差距的重要因素。三是城鄉醫保分別設立醫保經辦機構、開發信息系統，分別投入日常運行費用，大大增加了管理成本；同時，分割管理也降低了管理效率。

2. 建立統一的城鄉居民醫保制度

在實現新農合地市級統籌的條件下，應適時整合新農合和城鎮居民醫保，建立統一的城鄉居民醫保制度。新農合和城鎮居民醫保具有非常大的同質性：第一，兩種制度的模式基本相同，儘管一種稱為醫療保險，一種稱為合作醫療，但實質上都是政府主辦的社會保險制度（社區醫療保險模式）；第二，兩種制度都實行自願參保、通過政府財政補貼吸引城鄉居民參保的參保原則；第三，兩種制度一開始都實行大病統籌，即主要為住院和門診大病承擔支付責任，在隨後的制度完善過程中，兩種制度都不約而同地開展普通門診統籌，在大病統籌的基礎上把保障範圍延伸到普通門診；第四，

兩種制度的籌資都是通過政府財政補貼和家庭繳費兩個渠道來實現，而且，政府補貼的人均標準針對新農合和城鎮居民醫保是相同的，在逐步調整的過程中也是同步提高的。兩種制度的同質性為制度的整合和統一創造了條件，更重要的是，建立統一的城鄉居民醫保制度，不分戶籍，將城鄉居民納入同一制度，讓農村居民可以享受與城鎮居民相同的醫療保險，能夠真正破解醫療保險的城鄉二元問題，更好地體現了醫療保險的公平性。另外，從醫療保險管理的現實問題來看，將城鄉居民納入統一的醫保制度，可以更有效地解決重複參保問題。

3. 縮小城鄉醫療服務水準差異，促進城鄉居民醫療保障的公平性

醫療保險不僅僅是籌資，而是籌資和服務提供的結合體：通過保險籌資，並用籌資形成的集團購買力來集中購買醫療服務。參保患者最終獲得的醫療保險待遇體現在所獲得的醫療服務上。醫療保險待遇的水準不僅體現在醫保所能提供的費用支付水準上，也體現在醫療服務提供的水準上。當前，大多數的醫療服務資源集中在城市，優質的醫療服務資源更是集中在少數大城市，農村醫療服務資源缺乏、醫療技術水準低下的狀況並未得到根本改變，醫療服務水準的城鄉差距依然巨大。因此，在統一城鄉居民醫保、縮小城鄉醫保制度待遇支付水準差距的同時，更要加強對農村地區醫療服務體系的建設，將政府的衛生投入更多地向農村地區傾斜，大力增加對農村地區的醫療服務設施的投入，強化對農村衛生技術人員的培訓和培養，從而逐步縮小城鄉醫療服務水準差異。通過縮小城鄉醫保待遇支付水準差距和縮小城鄉醫療服務水準差距兩手抓，真正縮小城鄉醫療保障水準的差距，促進城鄉居民醫療保障的公平性。

(三) 籌建全國性的社會保障事務

為健全全國範圍內的社會保障制度，單獨的管理保障部門是必不可少的。中國對於社會保障事物的處理和管轄，並沒有設立一個單獨的部門，而是通過原有的勞動部、民政部以及保障部三者協同處理，各司其職。這種社會保障事務處理模式略顯複雜，三個部門在原有的工作任務之上加重了責任比重。所以，中國也需要成立一個單獨的部門去處理社會保障事務，並且推出配套法律，在處理醫療問題方面能做到有條不紊、有理可依。這種管理模式已經在一些發達地區進行試點，如果建立起來相應的單獨管理部門，能夠逐步推廣到全國。

(四) 建立老年人醫療保險制度 (長期照護保險)

中國正逐步進入老齡化社會，這不但會給家庭造成負擔，同時也會影響社會和政府的經濟實力。中國還處在發展中階段，很多醫療設施和配套法律都還有所欠缺，然而，近年來中國人口老齡化的速度在不斷上升。所以，中國必須要未雨綢繆，選取人口老齡化程度相對較高的地區，試點建立老年人醫療保險制度，為未來應對人口老齡化累積和提供良好的制度實踐經驗做準備。而中國也於2016年7月根據《關於開展長期護理保險制度試點的指導意見》，在全國範圍啟動了長期護理保險制度的試點，這也顯示建立老年人醫療保險制度是中國社會醫療保險制度的必然趨勢。

【本章思考題：重點及難點】

◇社會醫療保險評估的目標及其意義，結合當前國內社會醫療保險現狀，談談你對全民健康覆蓋的認識。

◇社會醫療保險系統評估的目標及其意義，請簡述社會醫療保險系統評估分析的實施步驟。

◇中國當前社會醫療保險分析實踐還面臨諸多限制，請談談在未來社會醫療保險發展的過程中應該如何應對。

◇社會醫療保險委託經辦模式及其現實價值，請簡述現階段中國在保險委託經辦模式中存在哪些不足。

補充閱讀一：全民健康覆蓋

全民健康覆蓋（universal health coverage）意味著所有人都可以獲得所需的衛生服務，而不會造成經濟困難。它不但能改善居民健康狀況，而且能減少貧困，創造就業機會，推動包容性經濟增長，促進性別平等，並保護人群免受流行病的侵害。

一、世界上有半數的人缺乏基本衛生服務，還有1億人因衛生費用而陷入極度貧困[①]

根據世界銀行和世界衛生組織最近的報告，世界上至少有半數人口無法獲得基本衛生服務。每年都有大量的家庭陷入貧困，因為他們必須自己負擔醫療費用。

目前，有8億人將至少10%的家庭預算花費在自己、患兒或其他家庭成員的醫療費用上。對於近1億人，這些開支足以讓他們陷入極度貧困，使他們每天的生活費只能達到1.90美元或更少。《全民健康覆蓋情況追蹤：2017年全球監測報告》今天發布的調查結果也同時刊登在《柳葉刀全球衛生》雜誌上。

世界衛生組織總幹事譚德塞博士說：「世界上有半數人口仍然缺乏最基本的衛生服務，這是完全不能接受的，而且沒有必要。存在一種解決方案：全民健康覆蓋使每個人都能夠在他們所需的時間和地點獲得所需的衛生服務，而且不會造成經濟困難。」

世界銀行集團主席金墉博士說：「報告明確指出，如果我們認真對待，不僅要改善健康狀況，而且要消除貧困，我們就必須迫切地加大全民健康覆蓋的力度，投資於健康，而且更普遍地投資於人力，對於創建人力資本以及實現可持續和包容的經濟增長至關重要。但體系已經破碎：我們需要從根本上改變籌集衛生和人力資本資源的方式，特別是在國家層面。我們正在許多方面開展工作，幫助各國越來越有效地把資金花費在人力上，並加快實現全民健康覆蓋。」

有一些好消息：報告顯示，在21世紀，越來越多的人能夠獲得若干重點衛生服務，如免疫和計劃生育以及針對愛滋病毒的抗逆轉錄病毒療法和用以預防瘧疾的藥浸

---

① 數據來源：世界衛生組織網站（http://www.who.int/zh/）。

蚊帳。此外，與本世紀初相比，現在陷入極端貧困的人數有所減少。

但是，全民健康覆蓋的進展非常不均衡。撒哈拉以南非洲和南亞地區在服務可得性方面仍有很大差距。在其他地區，計劃生育和嬰兒免疫等基本衛生保健服務變得更容易獲得，但缺乏經濟保障意味著家庭因為自費購買這些服務而加重經濟困境。即使在東亞、拉丁美洲和歐洲等較富裕地區，這也造成挑戰，越來越多的人將至少10%的家庭預算花費在自費醫療費用上。

不但在國家之間，而且在國家內部也存在衛生服務方面的不平等。國家平均水準可以掩蓋弱勢群體的低水準衛生服務覆蓋率。例如，在低收入和中低收入國家最貧窮的五分之一家庭中，只有17%的母親和兒童至少接受了七項基本婦幼保健干預措施中的六項，而在最富裕的五分之一家庭中，該比例達到74%。

該報告是目前在日本東京舉行的「全球2017年全民健康覆蓋論壇」的討論重點。該論壇由作為國內和國際上全民健康覆蓋主要支持者的日本政府召集，共同贊助方包括日本國際協力事業團、UHC2030（倡導全民健康覆蓋的主導性全球運動）、聯合國兒童基金會、世界銀行和世衛組織。除了來自30多個國家的國家元首和部長，日本首相安倍晉三、聯合國秘書長安東尼奧·古特雷斯、世界銀行行長金墉、世衛組織總干事譚德塞和聯合國兒童基金會執行主任安東尼·雷克也將出席會議。

「過去的經驗告訴我們，設計一個健全的衛生籌資機制以便保護每個脆弱的個人免受經濟困難，並發展衛生保健設施和包括醫生在內的人力隊伍以便為無論在任何地方生活的人們提供必要的衛生服務，對於實現『人人享有衛生保健』至關重要，」日本厚生勞動福利大臣加藤勝信先生說：「我堅信，整個政府對全民健康覆蓋的這些早期投資是日本經濟在後來快速發展的重要促成因素。」

100多個國家於12月12日的全民健康覆蓋日開始各種活動，論壇是這些活動的高潮，目的是要突顯全民健康覆蓋日益增長的全球勢頭。力求在全球和國家層面上展示對全民健康覆蓋的高級別大力政治承諾，突出探索實現全民健康覆蓋的國家經驗，並強化關於如何加強衛生系統和有效促進全民健康覆蓋的知識基礎。

論壇的主要高級別會議將於明天12月14日舉行，同時還將全天舉辦一次「創新展示會」，突出推動世界各地衛生系統進步的創新舉措，並將在晚間舉行一次公眾慶祝活動。在論壇閉幕式上將發表一項名為「東京全民健康覆蓋宣言」的行動承諾。

「如果沒有衛生保健，孩子們怎麼能夠充分發揮其潛能？如果沒有健康、富有成效的人口，社會怎樣能夠實現其理想？」聯合國兒童基金會執行主任安東尼·雷克說。「全民健康覆蓋有助於為今天的兒童提供平等的競爭環境，並轉而幫助他們明天打破貧困和健康不良的跨代循環。」

在2016年的伊勢志摩七國集團峰會和第六屆東京非洲發展國際會議的基礎上（兩次會議都強調了全民健康覆蓋的必要性），東京論壇被認為是加速實現2030年全民健康覆蓋目標（可持續發展目標的一個重要組成部分）的里程碑。然後，各國將為下一個全球事件進行準備：2019年的聯合國大會全民健康覆蓋問題高級別會議。

二、聯合國大會呼籲會員國為實現全民醫保目標加速進展，設立國際全民醫保日

聯合國大會①2017年12月12日通過了兩項決議，呼籲會員國作出更大努力，確保實現全民醫保目標，並將12月12日定為國際全民醫保日。

在12日通過的一項決議中，由193個會員國組成的聯合國大會呼籲各國作出努力，確保所有人都能平等地獲得高質量的基本醫療衛生服務。

聯合國大會還在決議中鼓勵所有會員國促進所有人，特別是弱勢群體，有效、充分和有意義地參與制定、執行和監測與實現人人享有最高身心健康標準方面人權的法律、政策和方案，並執行與健康有關的可持續發展目標，包括全民醫保戰略。

聯合國大會還在該決議中呼籲根據國際人道主義法加強對醫務人員和人道主義工作人員、他們的運輸工具和設備，以及醫院和其他醫療設施的保護，特別是在武裝衝突局勢中。

此外，聯合國大會還宣布將在2019年舉行一次全民醫保高級別會議。

在當天通過的另一項決議中，聯合國大會宣布將12月12日定為國際全民醫保日，並請所有會員國和相關方通過教育和其他活動，每年以適當方式並根據國家優先事項舉辦紀念活動，以提高對強有力和有復原力的衛生系統和全民醫保的必要性的認識。

三、聯合國報告：全球一半人口缺乏基本衛生服務

世界衛生組織和世界銀行2017年12月13日聯合發布的一份報告顯示，全球至少有一半的人口無法獲得基本的醫療衛生服務；每年有將近1億人因必須自己支付醫療費用而陷入極端貧困。

世界銀行和世界衛生組織共同撰寫的《追蹤全民醫保：2017年全球監測報告》顯示，世界有8億人至少將10%的家庭預算用於自己、生病的孩子或其他家庭成員的醫療費用。

此外，對於近1億人口來說，這些開支足以使他們陷入極度貧困，迫使他們每天的生活費還不到1.90美元。

世界衛生組織總干事覃德塞表示：「世界上一半的人口還沒有得到最基本的衛生服務，這是完全不可接受的。」他指出，解決方案是存在的，這就是提供全民醫保，讓每一個人在需要的時間和地點都能獲得所需的醫療衛生服務，而不會面臨經濟困難。

世行集團總裁金鏞表示：「如果嚴肅對待改善健康狀況和消除貧困的問題，我們就必須緊急加大力度實現全民醫保。」

撒哈拉以南非洲和南亞地區醫療衛生服務的可獲得性差距很大。在其他地區，計劃生育和嬰幼兒免疫等基本保健服務越來越多，但由於缺乏財政保障，很多家庭難以支付這些服務。

即使在東亞、拉丁美洲和歐洲等更富裕的地區，也有越來越多的人花費至少10%的家庭預算來支付自費醫療費用。

衛生服務的不平等不僅存在於國家之間，而且也存在於國家內部，全國平均水準往往會掩蓋弱勢人口所能得到的低衛生服務水準。

---

① 聯合國新聞網（http://www.un.org/zh/index.html）。

在低收入和中低收入國家中，最貧窮的五分之一的家庭中只有17%的母親和兒童接受了七項基本的婦幼保健干預措施中的至少六項，而在最富裕的五分之一家庭中，這一比例為74%。

四、聯合國秘書長古特雷斯呼籲投資全民醫保

聯合國秘書長古特雷斯2017年12月14日強調，健康是每個人的權利和經濟發展的推動力，聯合國願意協助各國實現全民衛生保健。

古特雷斯是在參加正在日本東京舉行的「2017全球全民醫保論壇」時發表上述講話的。他說：「我們的目標必須是保護和促進所有人的身心健康，健康既是結果也會推動進步。」

他補充說：「更可持續、更具包容性、更繁榮的未來是我們願景的核心。當我們投資於健康，尤其是婦女和青少年健康時，我們的社會會更具包容性和復原力。」

古特雷斯對日本首相安倍晉三宣布向發展中國家提供29億美元推進全民醫保表示讚賞，並稱日本在1961年實現全民醫保後，開啟了隨後幾十年的經濟增長，使其成為率先展示全民醫保巨大能量的國家之一。

2018年9月是《阿拉木圖宣言》通過40週年，該宣言設立了實現人人享有衛生保健的目標。

古特雷斯還表示，最近幾十年來有針對性的投資帶來了衛生保健領域的許多重大進展。

補充閱讀二：普通門診統籌與大病保險制度評價實例

本閱讀材料僅供學習參考，相關政府部門制度文件有修訂的不在此列。

成都市城鄉居民基本醫療保險門診統籌

一、基金預算

門診統籌實行基金預算管理下的總額控制制度。門診統籌基金支出預算根據門診統籌歷年運行數據，並適度考慮平均增長率來確定，支出預算總額原則上不超過預算年度城鄉居民基本醫療保險成年人低檔個人繳費標準的35%。門診統籌基金在城鄉居民基本醫療保險統籌基金中實行分科目核算，單獨統計。

二、實施範圍

成都市城鄉居民基本醫療保險的參保人員按規定享受門診統籌待遇。參加城鄉居民基本醫療保險的大學生門診待遇按照成都市人民政府關於大學生醫療待遇的相關規定執行。

三、支付範圍

門診統籌基金為參保人員支付下列規定費用的報銷：

（一）診查費、注射費、清創、縫合、換藥、洗胃、導尿、灌腸費；

（二）胸片、數字化攝影（含CR、DR）、B超（含彩超）、常規心電圖檢查；

（三）血液分析（含血常規）、尿液分析（含尿常規）、大便常規檢查、血糖測定、

尿糖測定、肝功、腎功、電解質、血脂、乙肝五項檢測；

（四）普通針刺療法（含電針）費用；

（五）國家基本藥物目錄（基層醫療衛生機構配備使用部分）、四川省公布的國家基本藥物補充目錄規定的藥品費用以及按照規定比例使用且符合醫療保險規定的非基本藥品費用。

四、支付標準

參保人員在門診統籌醫療機構發生的符合門診統籌支付範圍的門診醫療費用，由門診統籌基金按60%的比例支付。一個自然年度內門診統籌基金為個人報銷的門診醫療費用累計不超過200元。

五、定點管理

（一）門診統籌醫療機構的確定。

實施了基本藥物目錄制度的基層公益性醫療機構應當承擔門診統籌服務；定點醫療機構的計算機信息系統應當滿足門診統籌信息化管理的需要；醫療保險經辦機構按年度與門診統籌醫療機構簽訂服務協議。

（二）門診統籌醫療機構的監督管理。

市和區（市）縣醫療保險經辦機構在行政主管部門領導下負責門診統籌的管理工作，區（市）縣醫保經辦機構在市級醫保經辦機構的指導下，負責轄區內門診統籌的監督管理；衛生行政部門應負責對醫療機構服務行為的監管；結合鄉村衛生服務一體化管理和基本藥物制度的實施，對村級定點醫療機構的監管責任由其一體化管理的鄉鎮衛生院負責。

實行一體化管理的村衛生室和社區衛生服務站由其上級鄉鎮衛生院或社區衛生服務中心代為申請開展門診統籌服務，鄉鎮衛生院及社區衛生服務中心為開展門診統籌服務的申請主體。

1. 鄉鎮衛生院及社區衛生服務中心開通門診統籌業務時由所屬地的醫保經辦機構負責受理，具體流程如下：

（1）鄉鎮衛生院及社區衛生服務中心申請開通門診統籌業務，應提供加蓋公章的《鄉鎮衛生院及社區衛生服務中心開展門診統籌業務申請表》（見附件1）和成都市基本醫療保險定點醫療機構資格證書；

（2）區（市）縣醫保經辦機構對申請資料進行審核，完成確認工作後通知其進行信息系統整改；

（3）信息系統整改驗收合格後，與所屬地醫保經辦機構簽訂醫保服務管理協議；

（4）所屬地的醫保經辦機構將新增鄉鎮衛生院及社區衛生服務中心開展門診統籌服務的情況以紅頭文件的形式報市人社局、醫保局備案；

（5）市醫保局收到備案文件後，及時通知市勞動保障信息中心開通門診統籌業務。

2. 實行一體化管理的村衛生室和社區衛生服務站申請開通門診統籌業務時，應由其上級鄉鎮衛生院及社區衛生服務中心向所屬地的醫保經辦機構提交申請，具體流程如下：

（1）由上級鄉鎮衛生院及社區衛生服務中心提供加蓋公章的《村衛生室及社區衛

生服務站開展門診統籌業務申請表》(見附件2);

(2) 區(市)縣醫保經辦機構收到申請資料後進行審核,完成確認工作後通知其進行信息系統整改;

(3) 信息系統整改驗收合格後,由鄉鎮衛生院及社區衛生服務中心與其實行一體化管理的村衛生室和社區衛生服務站簽訂內部管理協議,明確雙方責任、權利和義務;

(4) 所屬地的醫保經辦機構將新增一體化管理的村衛生室和社區衛生服務站開展門診統籌服務的情況以紅頭文件的形式報市人社局、醫保局備案;

(5) 市醫保局收到備案文件後,及時通知市勞動保障信息中心開通門診統籌業務;

(6) 實行一體化管理的村衛生室和社區衛生服務站開通門診統籌服務後,由其上級鄉鎮衛生院或社區衛生服務中心負責其日常管理。同時鄉鎮衛生院和社區衛生服務中心負責每年對其一體化管理的村衛生室及社區衛生服務站進行考核。

六、就醫及結算管理

(一) 參保人員在門診統籌醫療機構就醫時,應提供本人身分證、社會保險卡,在門診統籌醫療機構刷卡確認參保情況和待遇享受等信息。

(二) 門診統籌醫療機構應認真核驗參保人員的身分證明和社會保險卡,做好門診就醫記錄,妥善保存處方及門診醫療費用發票等資料;臨床醫師應根據參保人員病情,合理檢查、合理用藥、合理治療,並在門診病歷中真實完整記錄診治和處方情況。門診統籌醫療機構應當逐步實行門診電子病歷和電子處方管理,門診電子病歷、電子處方和費用明細,應在規定時限內上傳到醫療保險經辦機構。

(三) 參保人員在門診統籌醫療機構發生的門診醫療費用,屬於個人自付的部分,由本人與門診統籌醫療機構結算。參保人員在門診統籌醫療機構刷卡結算時,應在門診醫療費用發票上簽字確認。

(四) 參保人員在門診統籌醫療機構發生的屬於門診統籌基金支付的門診醫療費用,由醫療保險經辦機構和門診統籌醫療機構結算。村衛生室及社區衛生服務站的門診統籌費用,由鄉鎮衛生院或社區衛生服務中心代為結算。醫療保險經辦機構受理門診統籌醫療機構費用結算申請後,除特殊情況外應當在20個工作日內完成審核、結算工作。

(五) 門診統籌實行「總額控制、屬地管理、按月結算、年終清算、超支不補」的結算管理辦法。

1. 市醫療保險經辦機構根據全市門診統籌基金預算,結合各區(市)縣參保人數、基層醫療機構服務情況、以及歷年門診統籌實際結算等因素,確定各區(市)縣門診統籌年度控制額。

2. 各區(市)縣醫療保險經辦機構根據本轄區門診統籌年度控制額,在總額範圍內根據定點醫療機構實際情況核定轄區內門診統籌醫療機構的年度總額控制指標,並以正式文件形式報市醫保局備案。村衛生室及社區衛生服務站門診統籌年度控制額由其一體化管理的鄉鎮衛生院及社區衛生服務中心在年度控制額中分配。

3. 各區(市)縣醫療保險經辦機構按月與門診統籌醫療機構結算,年度總額控制指標平均分配到月。門診統籌醫療機構按月申報的結算金額小於月度預算指標的,實

七、不予支付情形

參保人員發生的下列門診醫療費用，門診統籌基金不予支付：

（一）未持社會保險卡就醫或持他人社會保險卡就醫的門診醫療費用；

（二）在非門診統籌醫療機構就醫的門診醫療費用；

（三）在住院期間發生的門診醫療費用；

（四）享受門診特殊疾病待遇期間發生的與門診特殊疾病同病種門診醫療費用；

（五）其他本市基本醫療保險相關政策規定不予支付情形的門診醫療費用。

珠海市補充醫療保險暫行辦法

第一章　總　則

第一條　為進一步完善本市多層次的醫療保障體系，提高醫療保障水準，根據《國務院辦公廳關於印發深化醫藥衛生體制改革 2012 年主要工作安排的通知》（國辦發〔2012〕20 號）、《關於開展城鄉居民大病保險工作的指導意見》（發改社會〔2012〕2605 號）和《印發廣東省城鄉居民醫療保險引入市場機制擴大試點工作方案的通知》（粵府辦〔2012〕31 號）等文件要求，結合本市實際，制定本辦法。

第二條　本辦法適用於已參加了本市社會基本醫療保險的參保人。

第三條　補充醫療保險堅持政府主導與市場機制相結合，與基本醫療保險政策和管理體制相衝接的原則。

第四條　補充醫療保險通過公開招標的方式，選擇符合條件的商業保險公司按照非營利性的方式承辦。

第五條　市人力資源和社會保障行政部門負責補充醫療保險的政策制定、組織協調、指導監督等工作。

市社會保險經辦機構負責補充醫療保險資金的劃撥及相關財務核算、業務銜接等工作，並對補充醫療保險承辦機構的經辦業務給予指導，按照協議進行管理。

市社會保障卡管理中心負責補充醫療保險信息系統的建設及管理工作。

市財政部門負責補充醫療保險資金的監督管理和財政專戶的資金撥付工作。

市衛生、審計、社會保險基金監督委員會等有關部門按各自職責做好補充醫療保險工作。

第六條　市人力資源和社會保障行政部門、市社會保險經辦機構、市社會保障卡管理中心開展補充醫療保險工作所需經費列入市財政預算。

第二章　保險項目

第七條　補充醫療保險項目包括：

（一）自付部分補償。

1. 職工醫療保險及外來勞務人員大病醫療保險（以下統稱職工醫療保險）。

參保人社會保險年度內發生基本醫療保險範圍內住院核准醫療費用累計自付

10,000元以上的部分，由補充醫療保險資金支付70%。

2. 城鄉居民基本醫療保險及未成年人醫療保險（以下統稱居民醫療保險）

參保人社會保險年度內發生基本醫療保險範圍內住院核准醫療費用累計自付20,000元以上的部分，由補充醫療保險資金支付70%。

（二）高額醫療費用補償。

1. 職工醫療保險。

參保人社會保險年度內累計住院核准醫療費用在30萬元以上，50萬元以內（含50萬元）的部分，由補充醫療保險資金支付70%。

2. 居民醫療保險。

參保人社會保險年度內累計住院核准醫療費用在20萬元以上，40萬元以內（含40萬元）的部分，由補充醫療保險資金支付70%。

（三）特定重大疾病自費項目補償。

職工醫療保險或居民醫療保險統籌基金累計結餘超過15個月該險種上年度月平均支付額度時，設立特定重大疾病自費項目補償。參保人因患特定重大疾病社會保險年度內使用治療性自費項目累計在3萬元以上、15萬元以內（含15萬元）的醫療費用，由補充醫療保險資金支付70%。特定重大疾病病種及治療性自費項目範圍由市人力資源和社會保障行政部門另行制定。

特定重大疾病自費項目補償實施後，當該險種統籌基金累計結餘低於9個月上年度月平均支付額度時應增加個人籌資，相關費用可從醫療保險個人帳戶支付。

（四）附加補充保險項目。

附加補充保險項目包括醫療費用個人負擔部分的再補償、重大疾病的現金補償、意外傷殘和死亡的補償、長期護理保險等。附加補充保險項目由政府鼓勵和引導，補充醫療保險承辦機構開發，由參保人以團購的方式自願購買。具體實施辦法由市人力資源和社會保障行政部門另行制定。

以上保障項目由市人力資源和社會保障行政部門根據社會基本醫療保險基金的運行情況和補充醫療保險的發展情況逐步實施。

第八條　參保人同一社會保險年度內，在本市社會基本醫療保險各險種之間轉換的，自付部分補償轉換險種後住院核准醫療費用自付部分重新計算；高額醫療費用補償、特定重大疾病自費項目補償已享受的待遇額度累計計算。

第九條　參保人可享受補充醫療保險承辦機構提供的健康教育、健康諮詢、健康講座、健康評估、健康導護、慢性病管理、導醫服務等健康管理服務。

第十條　參保人補充醫療保險待遇自本辦法啟動後與其社會基本醫療保險待遇同步享受。

第十一條　補充醫療保險待遇費用自發生之日起2年內未提出待遇申請的，視為自動放棄。

第十二條　下列費用不納入補充醫療保險資金支付範圍：

（一）應當由工傷、生育保險基金承擔的醫療費用。

（二）應當由公共衛生負擔的費用。

（三）在境外發生的醫療費用。
（四）未經核准市外就醫發生的醫療費用。
（五）本市社會基本醫療保險規定的住院起付標準費用。
（六）超本市社會基本醫療保險規定標準的床位費用。
（七）住院的特需服務費用。
（八）基本醫療保險藥品目錄中單味使用不予支付的中藥飲片及藥材費用。
（九）基本醫療保險藥品目錄中單味或復方均不予支付的中藥飲片及藥材費用。
（十）本規定之外的基本醫療保險不予支付的診療項目費用。

第三章　資金來源

第十三條　補充醫療保險資金來源：

（一）自付部分補償、高額醫療費用補償及特定重大疾病自費項目補償所需資金按參保人數及人均費用標準從職工醫療保險或居民醫療保險統籌基金中安排。

（二）附加補充保險項目所需資金由個人繳納。個人繳納的費用可由職工醫療保險個人帳戶支付。

第十四條　補充醫療保險籌資標準按公開招標結果執行。

第四章　就醫及費用支付

第十五條　參保人在定點醫療機構就醫（含非定點醫療機構急診）發生的屬補充醫療保險支付範圍的醫療費用，由補充醫療保險資金支付。

第十六條　補充醫療保險就醫管理及費用結算按本市社會基本醫療保險相關規定執行。屬補充醫療保險應支付的費用由補充醫療保險承辦機構與參保人和定點醫療機構結算。

第五章　保險承辦

第十七條　承辦補充醫療保險的商業保險機構須同時符合以下條件：

（一）國內具有獨立法人資格或獨立承擔民事責任和服務能力並經中國保監會批准設立，取得《經營保險業務許可證》。

（二）在中國境內經營健康保險專項業務5年以上，具有良好市場信譽；在本省設有分支機構，具有在本省開展健康險經驗。

（三）具備完善的服務網絡和較強的醫療保險專業能力，配備醫學等專業背景的專職工作人員。

（四）商業保險機構總部同意分支機構參與當地補充醫療保險業務，並提供業務、財務、信息技術等支持。

（五）具有建設與社會保險信息系統對接的補充醫療保險信息系統的能力。

（六）市人力資源和社會保障行政部門規定的其他條件。

第十八條　補充醫療保險通過公開招標方式確定承辦機構，每一承辦期3年。

第十九條　補充醫療保險承辦機構負責補充醫療保險的業務承辦、資金管理及相關信息化建設等工作。

第二十條　市社會保險經辦機構與補充醫療保險承辦機構簽訂協議，並對補充醫療保險承辦機構的經辦業務進行指導。

第二十一條　承辦協議應明確保障範圍、保險責任、承保要求、費用標準、資金的撥付與清算、信息資料共享及保密、違約責任、責任免除等內容。

第二十二條　補充醫療保險資金由市社會保險經辦機構按協議約定劃撥至補充醫療保險承辦機構。

第二十三條　補充醫療保險承辦機構應依照協議按時足額支付相關醫療費用。

第二十四條　補充醫療保險承辦機構承擔開展補充醫療保險業務相關費用。

第二十五條　補充醫療保險承辦協議期結束時，市社會保險經辦機構對協議期內劃撥資金進行清算。清算按照「自負盈虧，保本微利，收支平衡」的原則進行，對政策性虧損的應建立相應調整機制。具體辦法由市人力資源和社會保障行政部門另行制定。

第二十六條　補充醫療保險承辦機構未履行協議的，應當承擔違約責任；情節嚴重的，可終止協議。補充醫療保險資金剩餘部分全額收回社會基本醫療保險統籌基金。

協議終止後，在確定新的承辦機構之前，補充醫療保險待遇支付工作由市社會保險經辦機構負責。

第二十七條　協議終止前3個月，按本辦法第十七、十八條規定確定下一協議期的承辦機構。同等條件下，原承辦機構優先。

第二十八條　市人力資源和社會保障行政部門制定對承辦機構的考核辦法。考核分日常考核和年度考核，其中日常考核由市社會保險經辦機構負責，年度考核由市人力資源和社會保障部門會同市財政、社會保險基金監督委員會等部門考核。

協議期結束時，按日常考核和年度考核各占50%形成綜合考核結果。綜合考核結果與補充醫療保險劃撥資金的清算掛勾。

第六章　法律責任

第二十九條　補充醫療保險法律責任按《中華人民共和國保險法》《中華人民共和國合同法》《珠海市社會保險反詐欺辦法》等相關規定執行。

第七章　附　則

第三十條　本辦法由市人力資源和社會保障行政部門負責解釋。

第三十一條　對補充醫療保險醫療待遇支付比例、支付限額、支付範圍等的調整，由市人力資源和社會保障行政部門提出意見，報市人民政府批准執行。

第三十二條　本辦法自2013年1月1日起施行。

參考文獻

[1] 周綠林，李紹華. 醫療保險學 [M]. 3版. 北京：科學出版社，2017：2.

[2] 繼暉. 社會保障徵繳的稅費之爭與改革方向 [J]. 學習時報，2017（4）.

[3] 胡志. 中國分級診療制度運行中的問題和對策 [N]. 光明日報，2017-02-16：11.

[4] 蘇靜靜. 世界衛生組織健康定義的歷史源流探究 [J]. 中國科技史雜誌，2016（04）：485.

[5] 袁偉. 美國醫療保險制度考察報告 [J]. 中國醫療保險，2015（10）：69.

[6] 盧祖洵. 社會醫療保險學 [M]. 3版. 北京：人民衛生出版社，2012：33.

[7] 程曉明，葉露，任苒. 醫療保險學 [M]. 2版. 上海：復旦大學出版社，2012：11.

[8] 孫曉明. 發達國家和地區醫療體制與保險制度 [M]. 2版. 上海：上海科學技術出版社，2012：663.

[9] 丁純. 德英兩國醫療保障模式比較分析——俾斯麥模式和貝弗里奇模式 [J]. 財經論叢，2009（1）：22.

[10] 鄭小華，胡錦梁，錢恩奎，等. 中美兩國醫療費用控制理論與方法比較研究 [J]. 中國循證醫學雜誌，2009，9（11）：1,193-1,199.

[11] 方輝軍. 城鎮居民醫療保障研究：模式與路徑選擇 [D]. 成都：西南財經大學，2009.

[12] 熊先軍. 社區醫療保險管理 [M]. 北京：中國勞動社會保障出版社，2008：2.

[13] 王波. 論醫學模式的演變與醫務社會工作概念的發展 [J]. 華東理工大學學報（社會科學版），2006（04）：16.

[14] 張曉，劉蓉. 社會醫療保險概論 [M]. 北京：中國勞動社會保障出版社，2004：45.

[15] 程曉明，葉露，陳文. 醫療保險學 [M]. 上海：復旦大學出版社，2003：46.

[16] 施建祥. 中國醫療保險發展模式論 [M]. 北京：中國物價出版社，2003：129.

[17] 田勇，馮振翼. 醫療保險基本理論與實踐 [M]. 北京：中國勞動社會保障出版社，2003：318.

［18］施建祥. 中國醫療保險發展模式論［M］. 北京：中國物價出版社，2003：243

［19］張洪波. 中國商業醫療保險研究［D］. 北京：中央財經大學，2002.

［20］蔡仁華. 發達國家醫療保險制度［M］. 北京：時事出版社，2001：260.

［21］仇雨臨，孫樹菡. 社會醫療保險［M］. 北京：中國勞動社會保障出版社，2001：196.

［22］張笑天，王保真. 社會醫療保險原理與方法［M］. 北京：中國人口出版社，1996：408.

國家圖書館出版品預行編目（CIP）資料

社會醫療保險：附中國案例 / 陳滔 編著. -- 第一版.
-- 臺北市：財經錢線文化, 2020.05
　　面；　公分
POD版

ISBN 978-957-680-431-1(平裝)

1.社會保險 2.健康保險 3.中國

548.92　　　　　　　　　　　　　109006801

書　　名：社會醫療保險：附中國案例
作　　者：陳滔 編著
發 行 人：黃振庭
出 版 者：財經錢線文化事業有限公司
發 行 者：財經錢線文化事業有限公司
E - m a i l：sonbookservice@gmail.com
粉 絲 頁：　　　　　　網　址：
地　　址：台北市中正區重慶南路一段六十一號八樓 815 室
8F.-815, No.61, Sec. 1, Chongqing S. Rd., Zhongzheng
Dist., Taipei City 100, Taiwan (R.O.C.)
電　　話：(02)2370-3310　傳　真：(02) 2388-1990
總 經 銷：紅螞蟻圖書有限公司
地　　址：台北市內湖區舊宗路二段 121 巷 19 號
電　　話:02-2795-3656　傳真:02-2795-4100　　網址：
印　　刷：京峯彩色印刷有限公司（京峰數位）
　　本書版權為西南財經大學出版社所有授權崧博出版事業股份有限公司獨家發行電子書及繁體書繁體字版。若有其他相關權利及授權需求請與本公司聯繫。
定　　價：450 元
發行日期：2020 年 05 月第一版
◎ 本書以 POD 印製發行